Herbert Raisch (Hg.):
Auf dem Weg zur Einheit
Aspekte einer neuen Identität

FORSCHEN - LEHREN - LERNEN

**Beiträge aus dem Fachbereich IV
(Sozialwissenschaften)
der Pädagogischen Hochschule Heidelberg**

Band 9

Herbert Raisch (Hg.)

Auf dem Weg zur Einheit

Aspekte einer neuen Identität

Schulz-Kirchner Verlag

Idstein 1994

Die Deutsche Bibliothek - CIP-Einheitsaufnahme

Auf dem Weg zur Einheit: Aspekte einer
neuen Identität / Herbert Raisch (Hg.). -
Idstein : Schulz-Kirchner, 1994
    (Forschen - lehren - lernen ; Bd. 9)
    ISBN 3-8248-0209-0
NE: Raisch, Herbert [Hrsg.]; GT

Wissenschaftlicher Beirat:
Prof. Dr. Uwe Uffelmann, Heidelberg
Prof. Dr. Hans-Peter Henecka, Heidelberg
Prof. Dr. Gerd Hepp, Heidelberg
Prof. Dr. Dagmar Klose, Potsdam
Prof. Dr. Joachim Maier, Dresden
Prof. Dr. Herbert Raisch, Heidelberg
Prof. Dr. Armin Reese, Heidelberg
Prof. Dr. Jörg Thierfelder, Heidelberg

ISBN 3-8248-0209-0
Alle Rechte vorbehalten
© Wissenschaftlicher Verlag Dr. Ullrich Schulz-Kirchner,
    Idstein 1994
Umschlagentwurf: Iris Conradi
Druck und Bindung: Rosch-Buch, Hallstadt
Printed in Germany

Inhalt

Vorwort des Herausgebers 7

Dagmar Klose, Potsdam
Geschichtsbewußtsein im Spannungsfeld zweier Gesellschaftssysteme 9

Uwe Uffelmann, Heidelberg
Innere Wiedervereinigung durch historisches Lernen -
Zugänge zum gemeinsamen Verstehen der Zeit der Teilung 24

Jörg Thierfelder, Heidelberg
Deutsch-deutsche Kontakte im Schatten der großen Politik -
Geschichte einer kirchlichen Patenschaftsbeziehung
zwischen 1964 und 1968 46

Ulrich Bubenheimer, Heidelberg
Beobachten - Einbinden - Ausbürgern. Kultur der Anpassung
in der Tradition der evangelischen Kirche 62

Herbert Schweizer, Heidelberg
Das Schicksal der Demokratiebewegung 76

Joachim Maier, Dresden
"Du sollst das Recht des Fremden nicht beugen" (Dtn 24, 17) -
Baustein für eine erneuerte Ethik im vereinten Deutschland 95

Norbert Scholl, Heidelberg
Postulate eines Religionsunterrichts,
der sich als Hilfe zur Identitätsfindung versteht 118

Udo Margedant, Bad Godesberg/Schwerin
**Identitätshemmende Wirkungen der Erziehung
zum sozialistischen Menschen** 134

Gerd Hepp, Heidelberg
**Psychosoziale und politische Bewußtseinslagen -
Vor welchen Herausforderungen steht die politische Bildung
in den neuen Bundesländern?** 148

Herbert Schneider, Heidelberg/Dresden
**Zwischen Effektivitätssteigerung und Identitätssicherung.
Ein Problem der kommunalen Gebiets- und Verwaltungsreform
in den neuen Bundesländern** 161

Herbert Raisch, Heidelberg
**Zur Innovation raumbezogener Identität in Deutschland
nach der Vereinigung - Schwerpunkt Ostdeutschland** 177

Autorenverzeichnis 198

Vorwort des Herausgebers

Deutschland ist wieder eins, aber die Deutschen sind noch nicht wieder vereinigt. Fast vier Jahre nach dem Freudentaumel über die Wiedervereinigung ist vielerorts Ernüchterung eingekehrt. Die Deutschen in Ost und West sind sich (wieder) fremd geworden. Wer nach dem Gemütszustand und nach der Bewußtseinslage des geeinten, aber so wenig einigen Deutschlands fragt, wer Erläuterungen für das gegenseitige Fremdsein und Nichtverstehen einfordert, der kann in diesem Band Antworten finden.

Angeregt durch den Auftrag des Grundgesetzes, "... die Einheit vollenden", hat der Sozialwissenschaftliche Fachbereich der Pädagogischen Hochschule Heidelberg beschlossen, aus der Fülle und Vielfalt an Aspekten im Einigungsprozeß das zentrale Phänomen der Identität auszuwählen und zu bearbeiten. Autoren aus Ost und West unternehmen interdisziplinär den Versuch, von Positionen der Theologie und der Soziologie, der Geschichte, der Wissenschaftlichen Politik und der Geographie aus, Beobachtungen zum Einigungsprozeß zu beschreiben und zu erklären, Ursachen im Wandel des Identitätsverständnisses aufzuzeigen und daraus Folgerungen für neue Identitäten abzuleiten. Den Kolleginnen und Kollegen aus den neuen und aus den alten Bundesländern gilt mein Dank, daß sie sich bereitgefunden haben, das gemeinsame Projekt zu verwirklichen. Ebenso gilt mein besonderer Dank Herrn Dr. Ullrich Schulz-Kirchner für seine außerordentliche Kompetenz und für seine Hilfe.

Heute beginnen viele Menschen im Osten zu resignieren, im Westen dagegen macht sich Reformmüdigkeit breit. Wer sich jedoch bequem zurücklehnt und meint, mit der Transplantation bundesdeutscher Strukturen auf Ostdeutschland sei alles getan, man brauche nur noch unser Vereinigungswerk bestaunen, der irrt gewaltig. Viele Menschen im Osten hatten große Illusionen nach der Wende; für manche blieben nur Arbeitslosigkeit und der Verlust restituierter Häuser. Wir dürfen es nicht zulassen, daß sich unter den Ostdeutschen der Eindruck verfestigt, nach einem Unrechtsstaat jetzt einem Rechtsstaat ausgesetzt zu sein, dessen Gesetze von Geld und Macht ausgelegt werden. Es ist notwendig, in ganz Deutschland gesellschaftspolitische Reformen voranzubringen, nicht nur im Osten, damit neue Identität wachsen kann. Sicherlich braucht es dazu eines langen Atems. Das ist kein Prozeß, der binnen kurzer Zeit abgeschlossen ist. Es werden viele Jahre vergehen, bis sich die mentale Kluft schließt.

Die Autoren dieses Buches wollen mit ihren Aussagen und Analysen, Beobachtungen und Gedanken dazu beitragen, daß sich die Menschen in Ost und West besser verstehen. Sie wollen dabei mithelfen, das gegenwärtige Klima der Vergangenheitsbewältigung, das von individueller und kollektiver Verdrängungssehnsucht geprägt wird, zu bereinigen. Die Beiträge können der berechtigten Hoffnung Ausdruck geben, daß die innere Vereinigung der Deutschen gelingen möge. Um aber die innere "Einheit zu vollenden", um Identität entstehen zu lassen, bedarf es genügend schöpferischer Kraft, angemessener Bescheidenheit und ein erhebliches Maß an Dankbarkeit für die Wiedervereinigung.

Heidelberg, im März 1994

Herbert Raisch

Dagmar Klose

Geschichtsbewußtsein im Spannungsfeld zweier Gesellschaftssysteme

"Und schließlich: Wie würde denn die Wiedervereinigung der beiden deutschen Staaten, wie sie sich nun in vierzig Jahren entwickelt haben und wie sie heute sind, überhaupt aussehen können? Merkwürdigerweise versagt da das Vorstellungsvermögen. Eine Wiedervereinigung der Art, daß einer der beiden deutschen Staaten verschwände und in dem anderen aufginge, kann man sich gerade noch ausmalen. Freilich würde das einen Krieg voraussetzen, und eine Wiedervereinigung dieser Art könnte wohl unter heutigen Bedingungen nur noch im Massengrab stattfinden. Aber eine Wiedervereinigung, in der die beiden deutschen Staaten, so wie sie nun einmal sind und geworden sind, zu einem funktionierenden Staat verschmelzen würden, ist nicht vorstellbar, nicht einmal theoretisch."[1]

1. Der methodische Zugang

Die Worte Sebastian Haffners, eines an Lebenserfahrungen und Kenntnissen reichen Historikers und Publizisten, der wohl weise zu nennen ist, seien dem Thema vorangestellt. Kontrapunktisch weisen sie darauf hin, daß der Nimbus der Allmacht, mit dem "Geschichtsbewußtsein" gerade in der DDR verklärt wurde, eher Option als Realität ist.

Welche Wirkungsmöglichkeiten historischer Bildung kommen in Entscheidungssituationen des Individuums tatsächlich zum Tragen? Sind es nicht vielmehr die vitalen Bedürfnisse, die hier ganz entscheidend die selektive Auswahl im historischen Fundus kanalisieren? Und führt uns nicht die Dynamik des gesellschaftlichen Lebens, das so recht keiner Dramaturgie folgen will und alsbald zu Geschichte gerinnt, gelegentlich an der Nase herum?

Angesichts dieser Unwägbarkeiten wächst das Maß unserer Bescheidenheit bezüglich möglicher Sinnbildung und -findung des Individuums durch Geschichte.

Dennoch provoziert gerade die historisch einmalige Chance, wie sie der Aufeinanderprall zweier konträrer Gesellschaftssysteme im Rahmen einer Nation mit sich bringt, Neugier, welche Prägungen aufeinandertreffen, wie sie sich reiben, wie sie sich modifizieren.

Wie proportionieren sich hierbei die gemeinsamen kulturhistorischen Wurzeln und eine vierzigjährige diametral entgegengesetzte Orientierung? Welchen Zusammenhang gibt es zwischen der Geschichtskultur einer Gesellschaft und der Identität des Individuums, die doch stets eine historisch geprägte ist?

Wenn wir diesen Fragen nachgehen, so stehen wir vor einer Reihe überdurchschnittlicher Schwierigkeiten: Selbst wenn es gelänge, das jeweils avisierte normative Geschichtsbewußtsein zu beschreiben und zu erklären, so können wir mangels empirischer Aufklärungsmöglichkeiten nur Vermutungen anstellen, welche realen Wirkungen bei der Masse der Bevölkerung erreicht sein mögen, welche Spuren im Bewußtsein gegraben worden sind. Und schließlich macht dieses Geschichtsbewußtsein als wesentlicher Teil des Bewußtseins des Individuums, als Persönlichkeitseigenschaft, darauf aufmerksam, daß die Problematik nicht losgelöst von der Verwurzelung des Individuums im jeweiligen soziokulturellen Bedingungsgefüge untersucht werden kann, aber auch nicht losgelöst von der individuellen psychischen Struktur. Diese Verflechtung eröffnet für die Erörterung des Themas eine unumgängliche, spannende, aber auch letztlich nicht zu bewältigende Dimension. Es werden Fragestellungen notwendig, die weit über den engen Zirkel Geschichtsschreibung - Geschichtspädagogik (oder: -propaganda) -Geschichtsbewußtsein hinausgehen, die philosophische, anthropologische, psychologische, pädagogische und linguistische Grundlagen berühren und bemühen.

Die evidente Bedeutung persönlicher Lebensumstände in diesem Prozeß nötigt überdies zu Recherchen über Biographisches. Biographisches wiederum ist eingebettet in generationsspezifische Gegebenheiten, denn es ist wohl naheliegend, daß eine gewisse Gemeinsamkeit an prägenden historischen Erfahrungen auch längerfristige Einstellungen und Verhaltensweisen einer Altersgruppe hervorbringt.[2]

Neben diesen statischen Aufnahmen werden gerade die Prozesse interessant, die allgemein mit Revision des Geschichtsbewußtseins umschrieben werden sollen. Daß damit notwendigerweise Veränderungen in der Identität der Individuen verbunden sind, bedarf wohl keiner weiteren Erklärung.

Methodische Zugänge könnten infolgedessen sein:

- Beobachtungen über gesellschaftlich erwünschtes Geschichtsbewußtsein auf der Folie von Gesellschaftssystem und Geschichtskultur
- Beschreibung und Erklärung wahrscheinlicher Prägemechanismen und inhaltlicher Besetzungen von Geschichtsbewußtsein (Schwerpunkt: DDR)
- Beobachtungen zu Mechanismen der Revision von Geschichtsbewußtsein unter konfrontativen Bedingungen

Einleitend sind einige methodenkritische Bemerkungen erforderlich, die die theoretisch-empirischen Voraussetzungen charakterisieren.

2. Theoretisch-empirische Voraussetzungen

Der äußerst heterogene Umgang mit den Begriffen Geschichtsbild, Geschichtsverständnis, Geschichtsbewußtsein macht zunächst einen definitorischen Exkurs erforderlich.

In der DDR wurde Geschichtsbewußtsein als gewichtiger Bestandteil des gesellschaftlichen und individuellen Bewußtseins aufgefaßt, als dessen Kern das von der Fachwissenschaft erarbeitete Geschichtsbild galt. Ihm wurde Abbildcharakter des realen Geschichtsprozesses zugesprochen. Auf dem Hintergrund der Widerspiegelungs- und Abbildtheorie ist es auch nicht verwunderlich, daß zwischen den Begriffen Vergangenheit und Geschichte nicht unterschieden wurde. Weitere dem Geschichtsbild zugesprochene Eigenschaften sind auf der Grundlage dieser Prämisse in sich stimmig. Dieses "erstmals wissenschaftliche" Geschichtsbild war verbunden mit dem Anspruch an objektive Wahrheit und präsentierte sich in relativer Geschlossenheit. Es vereinte sowohl historische Tatsachen, historisch-materialistische Deutungen als auch weltanschaulich-ideologische Wertungen. Sein philosophisches Kernstück, der historische Materialismus, rekrutierte Erklärungs-, Deutungs- und Wertungsmuster im Geflecht von Fakten, Prozessen, Ereignissen und Persönlichkeiten.

Wenn vom Geschichtsbild als Kern des Geschichtsbewußtseins gesprochen wurde, so wurden zugleich Gegenwartserlebnisse und Zukunftsvorstellungen als Einflußfaktoren akzeptiert. Sie rangierten jedoch in ihrer Wertigkeit hinter der pragmatischen systematischen historischen Unterweisung, wobei dem systematischen schulischen Geschichtslehrgang große Bedeutung beigemessen wurde.[3]

Über Potenzen für Sinn- und Identitätsbildung eines so verstandenen Geschichtsbewußtseins wird noch zu sprechen sein. Es soll zunächst auf einen Faktor aufmerksam gemacht werden, der schon von der theoretischen Prämisse her diesen Prozeß behinderte. Die in unzulässiger Vereinfachung interpretierte Widerspiegelungs- und Abbildtheorie negierte wesentliche erkenntnistheoretische und psychologische Begründungszusammenhänge. Sie sollte den Automatik-Fetischismus des avisierten Geschichtsbildes zu Geschichtsbewußtsein wissenschaftlich legitimieren und boykottierte ihn in der Realität, denn sie konnte die individuell unterschiedliche Wahrnehmungswelt der Menschen natürlich nicht außer Kraft setzen. Diese theoretische Fehlleistung und die Erschütterung des Geschichtsbildes durch die aktuellen Weltereignisse selbst stellen m.E. die entscheidenden Eingriffsstellen beim zunehmenden Zweifel an die Glaubwürdigkeit des Geschichtsbildes dar.

Zugleich geben meist unveröffentlichte Arbeiten, z.T. Dissertationen, Einblick in theoretisch-methodologische und empirische Versuche, diese Dogmatik zu unterwandern. Sie haben jedoch keinen Eingang in offizielle Dokumente und programmatische

Erklärungen gefunden, so daß sie im Rahmen dieses Beitrages außer Betracht bleiben. Die Kritik zielt folgerichtig auf die mangelnde Reflexivität nicht nur dieses Geschichtsbildes, sondern von Geschichtsbildern überhaupt. Denn sie legitimieren aus der historischen Perspektive gegenwärtige Sinnwelten in einer geschlossenen Konzeption, die sich von alternativen Konzeptionen rigide abgrenzt.[4]

Dem kann man nichts entgegenhalten. Eine andere Sicht tritt jedoch hinzu, wenn lernpsychologische, speziell gedächtnispsychologische Bedingungen einbezogen werden. Sie unterstreichen die Notwendigkeit individueller Geschichtsbilder für die Ausprägung von Geschichtsbewußtsein und werfen Fragen auf, wie zugleich die notwendige Reflexivität in das Geschichtsbild integriert werden kann. Damit würde der Begriff des Geschichtsbildes zugleich neu definiert werden müssen.

Während in der DDR Vergangenheit und Geschichte, wie bereits dargestellt, synonym verwandt wurden, lassen sich die durchaus unterschiedlichen Aussagen von Historikern und Didaktikern möglicherweise im Sinne Jeismanns bündeln, der, auf eine knappe Formel gebracht, Geschichte als einen Vorstellungskomplex von Vergangenheit versteht, der durch das gegenwärtige Selbstverständnis und durch Zukunftserwartungen strukturiert und gedeutet wird.[5] Diese dynamische Auffassung erleichtert es auch, das Geschichtsbewußtsein als etwas Vielschichtiges und sich in ständiger Bewegung Befindliches zu charakterisieren. Diese Vielschichtigkeit spricht Jeismann terminologisch mit dem Geschichtsverlangen oder -begehren, dem Geschichtsbild und schließlich dem Geschichtsbewußtsein an.

"In diesem Verständnis ist der Begriff Geschichtsbewußtsein ein Ausdruck dafür, daß sich das Verhältnis zu Geschichte aus der Überwältigung durch die erlebnishaft vermittelte Vergangenheit ebenso löst wie aus der verfestigten, partikularen Sinndeutung und aus der Flucht in eine 'an sich' zu verstehende vergangene Geschichte. Dieser Begriff erhebt vielmehr den Anspruch, daß die elementaren Geschichtsbedürfnisse der Lebenswelt, die Sinndeutungsversuche gegenwärtiger sozialer Formationen und die wissenschaftliche Erkenntnismethode 'aufgehoben' werden in der ständigen Bemühung, einen reflektierten Zusammenhang vielfältiger Art zwischen Vergangenheit und Gegenwart zu erkennen."[6]

Dieser Vielschichtigkeit muß auch in der psychologischen Dimension entsprochen werden, denn es dürfen nicht nur Wirkungsmechanismen untersucht werden, die sich im Bewußtsein offenbaren, sondern gerade auch solche, die in den Schichten des Vor- und Unbewußten liegen, wofür andere diagnostische Verfahren erforderlich wären. Einige Bemerkungen zur gebräuchlichen Untersuchungsmethodik:

Der normative Aspekt von Geschichtsbewußtsein ist sowohl in seiner Struktur als auch in seiner historischen Entwicklung in kaum übersehbarer Vielfalt publiziert worden.

Desgleichen kann man von der gesicherten Plattform ausgehen, daß repräsentative Aussagen über das Geschichtsbewußtsein der Bevölkerung in der Bundesrepublik Deutschland und der DDR auf empirischer Grundlage nicht möglich sind. Und das, was die empirischen Forschungen offenbaren, gibt eher zu Pessimismus Anlaß. Es ist anzunehmen, daß der individuelle Erfahrungshorizont, gepaart mit einem bestimmten Niveau des Geschichtsverlangens, zu einem größeren Prozentsatz unterhalb der Schwelle gesellschaftlich erwünschten Geschichtsbewußtseins liegt. "Triviales Geschichtsbewußtsein", so könnte man analog zum gleichnamigen Buch von V. Knigge folgern, dürfte das interessantere Forschungsfeld sein. Es sollte auch keine peiorative Bewertung dieses Tatbestandes vorgenommen werden, sondern individuelle Wahrnehmungs- und Verarbeitungsmechanismen von Geschichte sollten akzeptiert und nicht zensiert werden.

Methodenkritisch wäre demzufolge als erstes anzumerken, daß das Untersuchungsinstrumentarium in der Regel die tieferliegenden Dimensionen von Geschichtsbewußtsein gar nicht erfaßt.

Des weiteren ermöglichen die dominierenden quantitativen Untersuchungen lediglich Trendergebnisse, eingeschlossen die alten Vorhaltungen, ob das Item wirklich das Anliegen abprüft und inwieweit der Interpretationsspielraum tatsächlich ausgelotet wird. Zu unterschiedlichen Deutungen eines Faktums gelangt man bereits je nachdem, ob man es von der Innenschau aus (emische Position) oder von der Außensicht aus (etische Position) analysiert und interpretiert, ein Umstand, der angesichts der quantitativ dominierenden westdeutschen Untersuchungen zum Geschichtsbewußtsein in der DDR bzw. in den neuen Bundesländern schwer wiegt. Hinzu tritt die individuelle Wahrnehmungs- und Verarbeitungsstrategie des Interpreters.

In der Regel sind die Untersuchungen auf einzelne historische Inhalte gerichtet und erfassen somit kaum bewußtseinsprägende Zusammenhänge und Entwicklungslinien einschließlich ihrer Deutungen. Noch kärglicher sind Versuche, Aneignungsergebnisse in Relation zu Vermittlungsprozessen zu ermitteln, um damit auch Mechanismen von Struktur und Genese individuellen Geschichtsbewußtseins aufzuhellen.

Qualitative Untersuchungen sind spärlich, sehr mühselig und auf Grund der notwendigerweise geringen Population kaum verallgemeinerbar. Dennoch vermitteln gerade sie tiefere Einblicke in das Wirkgeflecht und geben somit m.E. größeren Aufschluß über personale Mechanismen der Bewegung von Geschichtsbewußtsein. Neben der Rezeption vorliegender Literatur berufe ich mich auf langjährige eigene empirische Untersuchungen sowie in hohem Maße auf die Möglichkeiten der teilnehmenden Beobachtung.

3. Wahrscheinlichkeitsfelder für inhaltliche Ausprägungsmerkmale von Geschichtsbewußtsein (Schwerpunkt: DDR)

Das offiziöse Geschichtsbild in der DDR war durchaus nicht identisch mit dem fortgeschrittensten Stand der Geschichtswissenschaft zu einzelnen Themen. Es war, wie wir wissen, parteipolitisch instrumentalisiert, und bezogen auf den schulischen Geschichtslehrgang, doppelt doktriniert, denn die Parteipolitik mußte noch den engen Trichter der Schulpolitik passieren.

Da die Polemik gegen das offiziöse Geschichtsbild in der DDR als bekannt vorausgesetzt werden kann, wende ich mich der Frage zu, welche Züge dieses Geschichtsbildes geeignet waren, von der menschlichen Psyche "angenommen" zu werden. Ich will nicht verhehlen, daß diese Reflexion nicht nur aus einer Mischung von Beteiligtsein und kritischer Distanz ironisch ausfällt, sondern auch wegen der Parallelität von Aneignungsmustern im Westen Deutschlands und den "Nachwirkungen" im Osten.

An erster Stelle, weil in höchstem Maße sinnstiftend, sei die Fortschrittsproblematik oder -linie genannt: Sie integrierte historisch-anthropologischen Optimismus und die Bedeutung des aktiv handelnden Individuums in diesem Sinne. Somit eröffnete sie eine "reale" Zukunftsvision und zeichnete das fortschrittlich handelnde Subjekt mit menschheitsfördernder Verantwortlichkeit aus. Der Glaube an die "Vernunft in der Geschichte"[7] mußte maßgeblich zur Ausbildung von Idealen und zur Bewußtheit der eigenen Verantwortung und natürlich auch des eigenen Wertes beitragen. Zu beachten ist in diesem Zusammenhang, daß von einer einlinigen Fortschrittsauffassung zunehmend abgegangen wurde und das Verhältnis von Fortschritt und Rückschritt bei tendenzieller Durchsetzung des Aufstiegs der Menschheit, z.B. im Bild des Januskopfes Eingang fand.[8]

Ausgezeichnet wurde der Partizipient dieses Geschichtsbildes auch mit dem Schild der höchsten Moral, die seit Menschengedenken von einigen Fackelträgern (angeführt von Spartacus) punktuell weitergetragen wurde und seit der Oktoberrevolution in Rußland als menschheitsleitendes Feuer lodert. Dagegen mußten sich die Werte der amerikanischen und französischen Revolution als gewisse Errungenschaften, aber letztlich doch kümmerliche klassenbedingte Bemühungen der Bourgeoisie um ihre egozentrischen Interessen erweisen, die letztlich nicht der gesamten Menschheit dienlich sein konnten. Unterhalb dieser hohen moralischen Schwelle waren wohl weniger edle oder auch gewalttätige Handlungen möglich bzw. sogar notwendig, denn letztlich garantierte nur die Macht der fortschrittlichen Klasse ein menschenwürdigeres Leben. Auf der Gratwanderung des Menschheitsfortschritts sind viele Opfer notwendig, zumal, wenn die machtausübende Klasse die Interessen einer Mehrheit vertritt und den "Gesetzmäßigkeiten" der Geschichte endlich zum Durchbruch verhilft. Dies dialektisch zu begründen, erwies sich nicht als schwierig, im Gegenteil: Es wurde ein "Sinn" in das oft so sinnlos anmutende blutige Arsenal der Geschichte hineingelegt.

Sinnstiftende Befriedigung des menschlichen Harmoniebedürfnisses war gekoppelt an relativ eindeutige Wertzuweisungen, und die eigene Orientierung erleichterte ein metageschichtlicher Maßstab. Diese der menschlichen Psyche eher bequemen undifferenzierten Schwarz-Weiß-Schemata, Freund-Feind-Bilder, Gut-Böse-Klassifikationen sind wohl geeignet, ein Massenbewußtsein zu erzeugen und als stabile Aneignungsmuster lange weiterzuwirken. Gleiches gilt für das marxistisch-leninistische Deutungsmuster dieses Geschichtsbildes in seiner geringen Strukturiertheit. Es konnte auch von Kindern und Jugendlichen als Ordnungsmuster der Geschichte angeeignet werden. Und schließlich verwies der wissenschaftliche Anspruch dieses Geschichtsbildes gelegentliche infolge faktologischer Widersprüche hervorgebrachte Zweifel in das Reich der individuellen Unzulänglichkeit. Das heißt, wo das personale Wissen des Einzelnen nicht ausreichte, mußte es durch den Glauben an höhere Autoritäten ersetzt werden.

Ein solches Konglomerat von "Wissenschaftlichkeit", Mythos, Glaube, Zukunftsoptimismus, Moralität und Handlungsaufforderung kann wohl eine breite Basis finden, zumal im Kindes- und Jugendalter das Bedürfnis nach Affirmation gegenüber der Geschichte dominiert. Etwa bis zum 13. Lebensjahr wird Geschichte überdies vorrangig moralisch angeeignet, ist Geschichtsbewußtsein moralisch zentriert. Die in dieser Entwicklungsperiode gewonnen bzw. narrativ suggerierten Einsichten sind nachweisbar "eingeschreint".

Wahrscheinlich bewirkten gerade der hohe moralische Impetus und die wissenschaftliche Begründung eine stabile Langzeitwirkung im Bewußtsein "geschichtsbewußter" Menschen, so daß die zwar schwer zugängliche, doch mit beinah kriminalistischer Neugier beschaffte Literatur zu den sogenannten "weißen Flecken" eher zur Differenziertheit von Betrachtungsweisen einzelner historischer Ereignisse, Persönlichkeiten und Prozesse beitrug, als daß das Geschichtsbild in seinen Fundamenten erschüttert wurde. Im Zusammenhang mit Perestroika und Glasnost wurde gerade der sozialistische Idealismus derjenigen stimuliert, die an die Realisierbarkeit eines humanistischen Sozialismus nach wie vor glaubten.

Es scheint, als hätten affirmative Geschichtsbilder, die die Affinität der Rezipienten ermöglichen, eher Chancen, in der Breite angenommen zu werden als diskursive und offene reflexive Vergegenwärtigungen von Geschichte. Das Bedürfnis nach ewigen Wahrheiten, Zuweisung von richtig und falsch, nach eindeutigen Antworten ist offensichtlich stark ausgeprägt.

Diese Hypothese stützen nicht nur massenwirksame sozialpsychologische Mechanismen der Geschichtspropaganda im Nationalsozialismus; sie wiederholen sich auch einerseits in gewisser Weise in der Abstraktion im Geschichtsbild der DDR. Damit ist gemeint, auf welche psychische Latenz sie zielen. Andererseits werden hier die in tiefenpsychologischen Schichten angesiedelten Elemente "vom Kopf auf die Füße gestellt", d.h. mit der Verkündung von Wissenschaftlichkeit, der Inanspruchnahme der objektiven Wahrheit, auf einen unantastbaren Altar gehoben.

Offenkundig sind solche historisch-psychologischen Wirkungsmechanismen im Aneignungsprozeß übermächtige Phänomene, so daß es eigentlich nicht verwundern kann, wenn bei diametral unterschiedlichem historisch-politischem Konzept wie in der BRD und der DDR keine so unterschiedlichen Befunde nachweisbar sind, zumindest nicht, wenn von konkreten Inhalten auf Bewußtseinselemente abgehoben wird.

In der Bundesrepublik Deutschland kamen Friedeburg und Hübner im Ergebnis empirischer Studien 1964 zu dem Schluß, daß das Geschichtsbild der Jugend vor allem von drei Elementen geprägt wird: von übermächtigen Subjekten, personalisierten Kollektiva und stereotypen sozialen Ordnungsschemata.[9] Auf nachhaltige Wirkungen der NS-Propaganda verweist Christoph Kleßmann. Er konstatiert mit Verblüffung, "wie konstant eine auch an anderen Fragen abzulesende positive Einstellung zum Nationalsozialismus blieb".[10]

Eine vergleichende Massenuntersuchung zum Geschichtsbewußtsein von Kindern und Jugendlichen in den alten und neuen Bundesländern unter der Leitung Bodo von Borries' deutet auf der Ebene erster Auswertungen ebenfalls auf solche historisch-psychologische Phänomene hin, die unter entwicklungspsychologischem Aspekt noch präzisiert werden können.[11]

Insgesamt gesehen, ist mir keine empirische Untersuchung bekannt, die nicht eklatante Differenzen zwischen den normativen Ansprüchen an Geschichtsbewußtsein und den realen Befunden offenlegt. Diese zweifellos wegen ihrer verhängnisvollen Vergangenheit für die Deutschen extrem negativ ausfallenden Prägungen sollten nicht den Blick dafür verstellen, daß andere, in ihrer Geschichte weniger gebrochene Nationen, auf analoge Elemente ihres Geschichtsbildes durchaus nicht verzichten und auch nicht verzichten können, weil ohne die Beachtung dieser historisch-psychologischen Wirkungsmechanismen wohl kaum ein Nationalbewußtsein als wesentlicher Teil des Geschichtsbewußtseins erreicht werden dürfte.

4. Verarbeitungsmuster und graduelle Abstufungen bei der Entwicklung von Revisionskompetenz in der Umbruchsituation

Ich will zunächst versuchen, generelle Einflußfaktoren im Prozeß der Bewußtseinsveränderungen zu bündeln. Dazu gehören zum einen bestimmte Komponenten der Persönlichkeitsstruktur, wodurch das Individuum bis zur Wende geprägt war und die natürlich weiterwirken:

- die Eigenständigkeit der Persönlichkeit selbst, d.h. ihr Persönlichkeitsprofil
- ihr Sozialisations-, Identifikations- und Integrationsgrad mit dem Staat DDR, seiner Ideologie, seinem Geschichtsbild
- der generationsspezifische Erfahrungshorizont
- das Geschichtsinteresse und der professionelle Bezug zur Historie

Als entscheidende Faktoren für Revisionsprozesse möchte ich herausfiltern
- das Aktionsfeld, das das Individuum seit der Wende zur Gestaltung der eigenen Lebenssituation eingeräumt bekam bzw. das es sich selbst eroberte.
- die Stärke der Persönlichkeit.
- das Niveau des Geschichtsinteresses und Geschichtsbewußtseins.
- das sozial-kommunikative Umfeld des Individuums und schließlich
- die Intensität der Erschütterung des bisherigen Bewußtseins.[12]

Es hat wohl keinen anständigen, mit der DDR verbundenen Menschen gegeben, der angesichts der Wende nicht erst einmal geschwiegen hat.[13] Es konnte keine andere Reaktion geben als die äußere Nicht-Reaktion. Waren bereits seit 1985 Wandlungsprozesse in Gang gesetzt worden, so brach spätestens mit der Auflösung der UdSSR, des "sozialistischen Weltsystems", das gesamte Welt- und Geschichtsbild zusammen. Aber nicht nur dies: In der nun folgenden intensiven deutsch-deutschen Begegnung kristallisierten sich nach anfänglicher euphorischer Stimmungslage und exotischer Neugier die tiefgehenden Wahrnehmungs-, Denk-, Fühl-, Verhaltens- und Handlungsprogramme heraus, die sich die Menschen unter ganz verschiedenartigen soziokulturellen Bedingungen angeeignet hatten, die ihre Persönlichkeitsstruktur ausmachen und in ihrer Gesamtheit deren Identität charakterisieren. Somit wurde in der Ich-Wir-Balance jeglicher Identität nicht nur das Wir erschüttert, mußte der epochale, gesellschaftliche Bezug neu definiert werden; auch das Ich war gezwungen, sich neu zu orientieren.

Mit anderen Worten: Es macht das Wesen historischer Umbrüche aus, daß sich nicht nur die gesellschaftlichen Verhältnisse ändern, sondern daß sich auch die Wahrnehmungs- und Verarbeitungsmuster einschließlich der Kategorien verändern müssen, die bisher der Orientierung in der Realität dienten.

Fassen wir nach Ciompi das "affektiv-kognitive Bezugssystem" des Menschen als eine auf den verschiedenen hierarchischen Ebenen prinzipiell immer wieder gleich organisierte, funktionelle Struktureinheit der Psyche, so wirkt dieses Bezugssystem wie ein vorgegebenes Raster, das alle Wahrnehmungen und Abläufe im gleichen Kontext entscheidend beeinflußt. Damit bestätigen und konsolidieren sich psychische Systeme fortwährend rekursiv selber.

Erst bei Verlust der Selbstverständlichkeit, wenn diese Ordnungen und Affekte, die das Bezugssystem charakterisieren, durch Widersprüche massiv in Frage gestellt werden, wie das die Wende brachte, wird dem Individuum bewußt, daß seine gewohnte Welt keineswegs selbstverständlich ist. Gerade diese Selbstverständlichkeit hat jedoch eine Stützfunktion: Sie vermittelt Sicherheit und Kontinuität im Erleben der Wirklichkeit, auf die das Individuum zur adäquaten Lebensbewältigung dringend angewiesen ist. Der Verlust dieser Stützfunktion mußte somit außerordentlich schmerzhaft erlebt werden und mit dem Wunsch nach schneller Neuorientierung kompensiert werden.

Der Mensch versucht das Bedürfnis nach Wiederherstellung eines möglichst spannungsarmen Gleichgewichts zwischen Innen- und Außenwelt auf zwei Wegen zu befriedigen: über den Einbau von Elementen aus der Außenwelt in bereits bestehende innere Strukturen (Assimilation) und über die Anpassung dieser vorbestehenden Struktur an die neu aufgenommenen Elemente (Akkomodation).[14] Über eine gewisse Zeitspanne mußten diese Interaktionen zwischen Innen- und Außenwelt sehr ambivalent sein, da "Ordnungskriterien" diametral entgegengesetzter Gesellschaftssysteme im Wett- bzw. Widerstreit miteinander lagen. Mit ambivalenten Gedanken und Gefühlen ist jedoch kaum zielgerichtetes Handeln möglich; dies erklärt die psychische Situation der Menschen unmittelbar nach der Wende und ihre Veränderung in den folgenden Jahren (von der massiven Irritation bis zu in der Tendenz doch schnellen "Sammlung"). Dies erklärt auch, daß Wahrnehmungs- und Verarbeitungsmuster, Denk- und Verhaltensprogramme der Menschen in West und Ost noch längere Zeit nicht synchron sein können und gegenseitige Schuldzuweisungen für Mißverständnisse oder "Zensierung" völlig unangebracht sind.

Ich habe diese psychischen Funktionsmechanismen vorangestellt, um für die individuell sehr unterschiedlichen Revisionsmöglichkeiten des Bewußtseins allgemein und des Geschichtsbewußtseins speziell zu sensibilisieren, die in hohem Maße von den eingangs genannten Faktoren beeinflußt wurden und werden. Die Wahrnehmung des Individuums ist immer selektiv, und diese Selektion nimmt es entsprechend seinen Bedürfnissen vor. Im Geflecht der Wirkfaktoren nimmt nach meinen Beobachtungen die aktuelle soziale Lebenssituation eine zentrale Stellung ein.

Ein postsozialistischer Optimismus, der die Werte des Sozialismus verteidigte, wurde recht schnell, sicher auch unter dem Eindruck der Vorgänge in der Sowjetunion sowie in Ost- und Südosteuropa zu Grabe getragen. Immerhin hatten 1990 auf die Frage: "Bedeuten für Sie die Herbstereignisse 1989 das Ende der marxistischen Geschichtsauffassung?" 78,1 Prozent mit "Nein" geantwortet. Interessant zu beobachten war, wie das Gebäude dieser Geschichtsauffassung zerbröckelte: Für unhaltbar wurden erklärt: die Lehre von der führenden Rolle der Arbeiterklasse in der neueren Geschichte (82,7 %), gefolgt von der Imperialismus-Lehre (63,3 %) und der Lehre von der bürgerlichen Ideologie (53,3 %). Dagegen wurde die Lehre von der Geschichte als Abfolge von Klassenkämpfen mit 71,7 % bejaht, gefolgt von der Lehre über die gesetzmäßige Abfolge der Gesellschaftsformationen (57,2 %).[15] Offensichtlich fallen Thesen, die praktisch überprüfbar sind, eher zusammen, als solche, die lediglich der Abstraktion zugänglich sind.

Blättert man im Allensbacher Jahrbuch der Demoskopie 1984-1992, so fällt zunächst unter der Rubrik Selbstbild der Deutschen ins Auge, daß die West-Ost-Unterschiede gering sind. Dies könnte auf die erwähnten historisch-psychologischen Phänomene, auf sehr tiefliegende gemeinsame kulturhistorische Wurzeln und auch auf die schnelle Anpassung der Ostdeutschen an ihre neue Situation hindeuten. Andererseits finden sich Gewichtungen bei einzelnen historischen Themen, die auf den spezifischen Umgang mit diesen Inhalten in der BRD und der DDR zurückzuführen sind.

Einige Beispiele:

Auf die Frage, ob die Deutschen zuviel mit der Vergangenheit, speziell mit dem Dritten Reich, beschäftigt seien und zu wenig nach vorn sähen, antworten 40 Prozent der Altbundesbürger mit Ja, während nur 28 Prozent in den neuen Bundesländern dieser Meinung sind. Ostdeutsche bewerten das Dritte Reich rigider; dies bestätigt sich auch in der erwähnten Studie Bodo von Borries'. Historische Prägungen werden auch bei der Stellungnahme zur Frage deutlich, welcher Deutsche am meisten für Deutschland geleistet habe. Für die alten Bundesländer ist es Konrad Adenauer (34 Prozent 1992); in den neuen rangiert er mit Abstand dahinter (9 Prozent 1992). Zugleich schlagen die aktuellen Ereignisse durch: Helmut Kohl (21 Prozent 1990, 13 Prozent 1992 in den neuen Bundesländern); 0 Prozent 1990, 6 Prozent 1992 in den alten Bundesländern. Ähnlich verhält es sich mit Hans Dietrich Genscher. Für die Erhaltung des Friedens zu sorgen, halten 44 Prozent in den neuen Ländern 1990 für eine Bestimmung der Deutschen (alte Länder 29 Prozent). Bis 1992 wird der prozentuale Anteil nahezu ausgeglichen. Vermittler für das geeinte Europa zu sein, halten 1990 noch 26 Prozent der Ostdeutschen für ihre Bestimmung (10 Prozent alte Länder); 1992 haben sie resigniert (8 Prozent neue Länder und 11 Prozent alte Länder). Schließlich geben sich die Ostdeutschen noch vor der Schuldzuweisung an die Russen die größte Schuld an der Teilung Deutschlands (37 Prozent gegenüber 17 Prozent in den alten Ländern). Dies könnte unter dem Eindruck der sogenannten friedlichen Revolution zustande gekommen sein. Auch eine Aufwertung des Nationalgefühls nehmen die Ostdeutschen gegenüber den Westdeutschen vor (Differenz 10 Prozent), wohl um ein Mangelsyndrom auszugleichen. Eins sind sich die Deutschen allerdings darin, "wieder gern Deutsche(r) zu sein" (83 bzw. 82 Prozent).[16]

Eine Typologie der Verarbeitungsmuster nehmen Weidenfeld und Lutz für die westlichen Bundesländer vor, und sie beschreiben auch Ansätze für generationsspezifische Verarbeitungsmuster in den neuen Bundesländern.[17] Zweifellos muß in dieser Richtung weitergedacht und gründlich recherchiert werden.

Mit meiner Beschreibung von Prototypen versuche ich typische Verarbeitungsmuster im Prozeß der Revision des Geschichtsbewußtseins zu erfassen, ohne den generationsspezifischen Hintergrund explizit darzustellen und ohne sie der o.g. Typologie zuzuordnen. Dies muß weiteren Arbeiten vorbehalten bleiben.

Eingangs möchte ich hervorheben, daß jegliche Revision von Geschichtsbewußtsein sowohl des äußeren Anstoßes als auch der inneren Bereitschaft bedarf. Eine Erneuerung von innen heraus dürfte kaum möglich sein, weil ein kontrastierendes Denk-, Fühl-und Verhaltensprogramm, einschließlich der zur Verfügung stehenden Kategorien, als Pendant dazu notwendig ist. Umgekehrt führt die lediglich äußere Einwirkung, ggf. unter Druck, ebenfalls kaum zu Lernbereitschaft und -fähigkeit des Individuums, eher im Gegenteil zu Blockierung und zu Widerstand.

Solche Blockierungsprozesse, die letztlich zu extrem verzerrter Wahrnehmung der Wirklichkeit führen und Depressivität und/oder Aggressivität erzeugen, fanden und finden statt, wo die gewohnte materielle und soziale Sicherheit, die bisher in Anspruch genommene Autorität massiv bedroht ist. Denn niemand kann seinen Lebensinteressen bewußt zuwiderhandeln, jeder trifft seine Entscheidungen, bestimmt seine Handlungen in der Absicht, seine Lebensqualität zu erhöhen.[18] Trifft sich dieser Umstand mit generationsspezifischen Prägungen, beispielsweise mit dem nahtlosen Übergang vom Pimpf oder HJ-Führer zum FDJ- oder SED-Funktionär und den dort trainierten Denk- und Verhaltensmustern, so darf nicht verwundern, daß zum eigenen "Überleben" das alte Freund-Feind-Denken unabdingbar ist. Es findet ein Prozeß der Verdrängung statt: Der Mangel an eigenem differenziertem Denk-und Urteilsvermögen, die Unfähigkeit zu Liberalität und Verhaltenskorrektur wird auf die "Gegenpartei" projiziert: Sie bekommt die Schuldzuweisungen, während die eigene Person zum Widerstandskämpfer, Märtyrer, Charakterdarsteller und Wahrheitsapostel hochstilisiert wird.

Eine Revision des Geschichtsbewußtseins kann nicht stattfinden, sondern im besten Falle lediglich ein Austausch von Elementen.

Wer bisher ohne Geschichtsbewußtsein auskam, also nur gelegentliches Geschichtsverlangen befriedigte, verspürt auch kein Bedürfnis zur Revision; es besteht auch keine Veranlassung dazu. Geschichte wird nicht als lebensnotwendig und identitätsstiftend reflektiert, obwohl sie unbewußt wirkt.

Ähnliches trifft auf passive Rezipienten zu. Sie rezipieren ohne Schwierigkeiten andere Geschichtsversionen und verhalten sich ebenso angepaßt wie früher. Sofern dies Gruppen betrifft, die nicht professionell mit Geschichte beschäftigt sind, mag man dies lediglich bedauern. Bedenklich stimmen jedoch Beobachtungen in der Studentenschaft und bei Lehrern, die auf einen Mangel an Auseinandersetzungsbereitschaft hindeuten, was ein Defizit an Anstrengungsbereitschaft einschließt. Dieser Weg des geringsten Widerstandes kann wahrlich nicht der Königsweg zur Entwicklung von Revisionskompetenz sein. Sicherlich werden hier nochmals Erziehungsmechanismen des Systems wirksam, vielleicht aber auch anthropologische Konstanten.

Faktoren und Mechanismen von Veränderungsprozessen im Bewußtsein lassen sich am günstigsten bei Personen analysieren, deren Geschichtsbewußtsein die triviale Ebene übersteigt, die also normativen Parametern nahekommen. Über eine bestimmte

Klientel von Studenten hat Marion Klewitz sehr interessante Fallstudien geschrieben und in diesem Zusammenhang auch eine Skalierung von Revisionskompetenz entwikkelt.[19] In Verbindung mit meinen eigenen Beobachtungen erscheinen mir folgende Phänomene bemerkenswert:

Revision findet nicht, wie Rolf Schörken meint, in der Weise statt, daß zwei Geschichtsbilder, das alte und das neue, aufeinander bezogen werden.[20] Sie können gar nicht aufeinander bezogen werden, da das alte weitgehend unreflektiert existiert und das "neue" noch keine Konturen hat. Es findet vielmehr ein wechselvoller Prozeß von Assimilation und Akkomodation statt, d.h., daß bei weitem nicht alle Elemente des alten Geschichtsbildes verworfen werden. Im kognitiv-affektiven Bezugssystem sind am frühesten die Fakten austauschbar; resistenter sind die Deutungsmuster und beinahe unantastbar die emotionalen Bewertungen. Letztere könnten möglicherweise mittels kognitiver Anstrengungen differenziert werden. Ich hege jedoch Zweifel, ob sie gelöscht werden können. Es ist eher zu vermuten, daß sie nur durch stärkere Emotionen abgelöst werden. Am stabilsten sind solche emotionalen Verankerungen, wenn sie mit persönlichen Erlebnissen, positiven Lebenserfahrungwen verknüpft sind, wie sie das Leben in der DDR ja auch bereithielt. Sie wirken zumeist im Unbewußten weiter, sind also unreflektiert. Solche rational nicht begreifbaren Emotionen schlagen nicht selten in Diskussionen unvermittelt durch. Sie sind ein Beweis für die stimulierende Kraft der Emotionen bei der Konstitution von Geschichtsbewußtsein und ein Indiz dafür, wie vielschichtig Geschichte sowohl aufgearbeitet als auch durchgearbeitet werden muß, wenngleich ich der Überzeugung bin, daß sie letztlich nicht zu bewältigen ist.

Indem ich dies schreibe, ist mir die Waghalsigkeit des Unterfangens bewußt und auch die Vorläufigkeit meiner Äußerungen, die ich als Beteiligte, von der heimischen Position aus, mit diesem geringen zeitlichen Abstand analytisch bewältigen kann. Denn es ist wohl so, wie der Philosoph Karl-Friedrich Wessel schreibt, "daß die Gegenwart so gut wie nicht zu erkennen ist und wenn überhaupt, dann nur über die Vergangenheit und die Zukunft."[21] Wie mag l'histoire de longue duree, Braudels Geschichte langer Dauer, die 1989 eingeleitete Wende deuten und beurteilen? Bleibt etwas von der "Fußnote" in der Geschichte, der DDR? Geschichtsphilosophische Deutungen können derzeit hinter faktologischen Begründungen nur ganz verhalten vermutet werden. Die beiden völlig entgegengesetzten Sozialisationsmodelle der BRD und der DDR konnten nicht "vereinigt" werden, desgleichen nicht die Wertvorstellungen, die Mentalitäten überhaupt.[22] Doch obschon allgemein anerkannt wird, daß die Ostdeutschen ungeheuer viel nachzuholen haben, so glaube ich doch, daß sie in mindestens zwei Positionen vorgeprellt sind: Schwerlich ist der Glaube an eine Zukunftsvision zu erschüttern, in der der Mensch menschlich lebt und "Vernunft" in die Geschichte bringt, so erschüttert der reale Boden für die Vision auch war. Wer will heute darüber urteilen, ob eine vergleichsweise langsame Entwicklung, annähernd gleiche Distributionsverhältnisse, die damit verbundene Wärme und Vertrautheit in den zwischenmenschlichen Beziehungen nicht menschenwürdiger ist als die Konkurrenz- und Konsumgesellschaft mit ihrem Raubbau am Planeten und an menschlichen Ressourcen? Dieser so diskreditierten Gesellschaft der DDR ist auch das Werden eines Frauentyps geschuldet, der ein Selbstbewußtsein entwickelte, das in der täglichen professionellen Tätigkeit verwurzelt ist. Dadurch wuchs jenseits von Feminismus ein natürliches Zusammengehen von Mann und Frau, ein Umstand, der ostdeutsche Frauen und Mädchen recht fassungslos angesichts des nunmehr angesagten "Geschlechterkonfliktes" macht.

Solche mentalen Langzeitprägungen vereinen sich mit nicht wenigen Stimmen aus der westlichen Hemisphäre, die über Möglichkeiten anderer Gesellschaftsentwürfe nachdenken. Nicht zufällig lebt die kontroverse Diskussion um politische Utopien wieder auf, wird das Bedürfnis nach Zukunftsvisionen artikuliert.[23]

Die Psyche des Menschen ist so beschaffen, daß er ohne diese Phantasie, in der Zukunft zu denken, nicht leben kann. An dieser so sympathischen menschlichen Eigenart vermag auch kein politischer Pragmatismus ernsthaft zu rütteln.

Anmerkungen

1 Haffner, Sebastian: Von Bismarck zu Hitler. Ein Rückblick. Knaur 1989, S. 324

2 Weidenfeld.; Lutz, F. Ph.: Die gespaltene Nation. Das Geschichtsbewußtsein der Deutschen nach der Einheit. In: Aus Politik und Zeitgeschichte Beilage zur Wochenzeitung "Das Parlament" vom 24.7.1992, S. 5

3 Laabs, Hans-Joachim u.a. (Hrsg.): Pädagogisches Wörterbuch, Berlin 1987, S. 149 f.

4 Jeismann, Karl-Ernst: Geschichtsbewußtsein als zentrale Kategorie der Geschichtsdidaktik. In: K. Bergmann u.a. (Hrsg.): Jahrbuch für Geschichtsdidaktik, Bd. 1, Pfaffenweiler 1988, S. 12 f.

5 Ders.: Geschichtsbewußtsein als zentrale Kategorie des Geschichtsunterrichts. In: G. Niemetz (Hrsg.): Aktuelle Probleme der Geschichtsdidaktik, S. 49

6 Ders.: Geschichtsbewußtsein als zentrale Kategorie der Geschichtsdidaktik, a.a.O. S. 14

7 Vgl. das gleichnamige Buch von Eichhorn, W./Küttler, W.: "... daß Vernunft in der Geschichte sei", Berlin 1989.

8 Diese Auffassung schlägt sich im unveröffentlichten Manuskript der Unterrichtshilfen für die Abiturstufe, die den Lehrplan von 1989 (DDR) begleiten sollten, in mehreren Sequenzen nieder.

9 Vgl. Friedeburg, L. von, Hübner, P.: Das Geschichtsbild der Jugend. München 1964, S. 11
Vgl. auch die Literaturübersicht im Beitrag von J. Rüsen u.a.: Untersuchungen zum Geschichtsbewußtsein von Abiturienten im Ruhrgebiet, III. Rückblick in die Forschungsgeschichte. In: Borries von / Pandel / Rüsen (Hrsg.): Geschichtsbewußtsein empirisch. Pfaffenweiler 1991, S. 246-264.

10 Kleßmann, Christoph: Geschichtsbewußtsein nach 1945: Ein neuer Anfang? In: Geschichtsbewußtsein der Deutschen. Materialien zur Spurensuche einer Nation. Köln 1989, S. 127.

11 Vgl. Borries, Bodo von: Geschichtliche Vorstellungen und politische Einstellungen in Ost- und Westdeutschland - Ein Werkstattbericht über eine repräsentative Schülerbefragung. In: D. Klose / U. Uffelmann (Hrsg.): Vergangenheit - Geschichte -Psyche. Idstein 1993, S. 125-150.

Klose, Dagmar: Vergangenheit - Geschichte - Psyche. Ein interdisziplinäres Gespräch. Tagungsfazit II, ebenda S. 215-223.

12 Vgl. Weidenfeld, W. / Lutz, F. Ph.: Gespaltene Nation. Das Geschichtsbewußtsein der Deutschen nach der Einheit, S. 5 f.

13 Vgl. Wessel, Karl Friedrich: Über die den Individuen möglichen Vermittlungen zwischen Vergangenheit und Gegenwart -Oder: Gibt es eine individualisierte Geschichte? In: Vergangenheit - Geschichte - Psyche, a.a.O., S. 26.

14 Vgl. Ciompi, Luc.: Außenwelt. Innenwelt. Die Entstehung von Raum, Zeit und psychischen Strukturen. Göttingen 1988, S. 168 und 177 f.

15 Vgl. Schörken, Rolf: Wohin mit dem Marxismus-Leninismus? In: H. Süssmuth (Hrsg.): Geschichtsunterricht im vereinten Deutschland. Auf der Suche nach Neuorientierung (Teil 1), S. 137-144.

16 Vgl. Noelle / Neumann, E. / Köcher, R. (Hrsg.): Jahrbuch der Demoskopie, Bd. 9, 1993, S. 372 ff.

17 Weidenfeld, W. / Lutz, F. Ph., a.a.O. S. 14 ff.

18 Holzkamp, Klaus: Was heißt "Psychologie vom Subjektstandpunkt? Überlegungen zur subjektwissenschaftlichen Theoriebildung. In: Journal für Psychologie, 1 (1993), 2, S. 67.

19 Vgl. Klewitz, Marion: Geschichtsbewußtsein im Umbruch -Interviews mit Studierenden aus der DDR im Fach Geschichte an der Freien Universität Berlin. In: D. Klose / U. Uffelmann (Hrsg.): Ebenda S. 73-100.

20 Vgl. Schörken, Rolf: Wohin mit dem Marxismus-Leninismus?, a.a.O., S. 143.

21 Wessel, Karl-Friedrich: Über die den Individuen möglichen Vermittlungen zwischen Vergangenheit und Gegenwart - Oder: Gibt es eine individualisierte Geschichte? In: D. Klose / U. Uffelmann (Hrsg.): Vergangenheit - Geschichte - Psyche, a.a.O. S. 24.

22 Vgl. Merseburger, Peter: Von der doppelten Vergangenheit. In: Hardtwig, W. / Winkler, H.A. (Hrsg.): Deutsche Entfremdung. Zum Befinden in Ost und West. München 1994, S. 121.

23 Vgl. Saage, Richard: Hat die politische Utopie eine Zukunft? Darmstadt 1992.

Uwe Uffelmann

Innere Wiedervereinigung durch historisches Lernen - Zugänge zum gemeinsamen Verstehen der Zeit der Teilung. Ein Essay.

Die innere Wiedervereinigung der seit 1990 vereinten Deutschen steht noch in den Anfängen. Die 'beschädigten' Identitäten[1] der Menschen in den neuen Bundesländern erfordern ein hohes Maß an 'Revisionskompetenz'[2], aber auch die Westdeutschen sind zur Überprüfung Ihrer Identitäten gehalten, doch haben sie es immer noch nicht begriffen.[3] Die innere Wiedervereinigung hat viele Dimensionen. Hier interessiert die historische. Da Identität immer auch historisch ist[4], vollzieht sich Identitätsrevision durch historisches Lernen, ausgehend von den in der individuellen Identität (Ich-Identität) als dem strukturierenden Zentrum des Geschichtsbewußtseins vorhandenen Vorstellungen über den Geschichtsverlauf, die auf täglichem Erinnern beruhen und die historischen Interpretationen beeinflussen.[5] Diese Interpretationen geschehen in jedem Fall, ob geleitet oder ungeleitet. Geleitetes historisches Lernen zu ermöglichen, ist Aufgabe der Geschichtsdidaktik, die zwischen alltäglichem und wissenschaftlichem Erinnern zu vermitteln hat, wobei der Anteil des wissenschaftlichen Erinnerns durch methodisch kontrollierte empirische Fundierung und Reflexion vergrößert werden muß, ohne der empfindlichen Identität Gewalt anzutun. Auf diesem Wege kann historisches Lernen zur Identitätsbildung und -revision beitragen und Geschichtsbewußtsein fördern, offen "für den Diskurs zwischen unterschiedlichen Positionen, ohne den unsere Demokratie nicht existieren kann."[6] Soll historisches Lernen zur inneren Wiedervereinigung beitragen, so bedarf es neben der Förderung der Ich-Identität auch einer Vergewisserung von etwas allen inhaltlich Gemeinsamem, also einer kollektiven Identität (Wir-Identität).[7] Da komplexe Gesellschaften keine vereinfachenden Identitätsmuster wie das traditionell-nationalistische mehr zulassen, ist auch die kollektive Identität notwendigerweise eine komplexe[8], die sich aus verschiedenen Strängen und auf verschiedenen Ebenen konstituiert. Die westeuropäischen und amerikanischen diesbezüglichen Prozesse haben - allerdings erst auf dem Verordnungswege 1945 - schließlich auch die Westdeutschen gelehrt, daß die Wir-Identität zuallererst und auf Dauer eine demokratische sein muß. Nun wird seit 1989 den Ostdeutschen wiederum von den Westdeutschen Demokratie verordnet, nachdem die DDR mit anderen Vorzeichen die traditionalen Verarbeitungsmuster des Nationalen und die autokratischen Herrschaftsmuster fortgesetzt hatte.

Demokratische Identität speist sich einmal aus den o.g. wünschenswerten individuellen Identitätsbildungen, zum anderen aus der Verfassung und den demokratischen Traditionen in der Geschichte. Sie hat auch die nationale Identität zu integrieren. Hier geht es nicht an, Traditionen aufzunehmen, sondern dem nationalen Element eine neue, eine demokratische Qualität zu verleihen. Und hier sind Ost- und Westdeutsche gleichermaßen gefordert, die Westdeutschen - für manchen vielleicht überraschend - deshalb, weil sie sich, als halbe Nation die scheinbar unerreichbare ganze fordernd, um positive Verarbeitungen gedrückt haben und mit dem vagen Europa, zu dem man von der Region aus springen konnte, einen Ersatz zu haben meinten. Die Nation blieb für die Westdeutschen eine Leerstelle. Für die Ostdeutschen wurde die nationale Identität abrupt außer Kraft gesetzt. Eine Leerstelle also auch hier. Rechtsradikalismus schon vor der Wende im Westen und danach auch im Osten beweisen die Existenz der Leerstelle Nation.

Eine neue nationale, in die demokratische Identität integrierte zu erarbeiten, verlangt, ausgehend von den Wertsetzungen des in Überarbeitung befindlichen Grundgesetzes sowie z.B. der Verfassung des Landes Brandenburg als erstem Ost-West-Synthese-Versuch, folgende Prozesse historischen Lernens, von dem der erste vornehmlich die ehemaligen DDR-Bürger betrifft, da sie vermeintlich keine Verantwortung für die Zeit des Nationalsozialismus zu tragen brauchten:

1. Diskussion der auf der Gesamtheit der deutschen lastenden Hypothek des Nationalsozialismus.
2. Erarbeitung von 45 Jahren getrennter Geschichte als gemeinsamer Vergangenheit.
3. Ausleuchtung der gesamten Geschichte der Deutschen in Europa auf tragfähige, Geschichtsbewußtsein fördernde Gemeinsamkeiten hin.

Hier soll der zweite Bereich unter der Frage nach Möglichkeiten des Zugriffs auf die Gemeinsamkeit der getrennten 45-jährigen Geschichte betrachtet werden. Dies geschieht nicht in Gestalt einer begründeten Auflistung eines Themenkanons. Vielmehr wird versucht, drei unterschiedliche Themen aus der Vor- und Frühgeschichte von DDR und Bundesrepublik unter einer gemeinsamen Fragestellung, aber mit unterschiedlichen Zugriffen, miteinander zu verknüpfen und das anhand neuester fachwissenschaftlicher Befunde gewonnene Ergebnis - im dritten Teil nicht frei von Polemik - zur Diskussion zu stellen.

Bessere Zukunft für die Deutschen?

1. **Von Buchenwald zur thüringischen SED 1945/1946.
Oder: Entwurf und Wirklichkeit einer besseren Zukunft**

Wer wäre besser legitimiert gewesen für eine bessere Zukunft der Deutschen Sorge zu tragen, als Vertreter des aktiven Widerstands in den Konzentrationslagern des Dritten Reiches? Die in der inneren Emigration verbliebenen Demokraten von Weimar sicher nicht in gleichem Maße, obwohl auch sie die Schrecken des Regimes erfahren haben. Und die Emigranten? Sie beobachteten das Geschehen nur von außen und konnten in relativer Ruhe ihre Vorstellung von Zukunft entwickeln. Würden diese aber den konkreten Erfordernissen in Deutschland Rechnung tragen? Die Legitimation wird beiden Gruppen niemand absprechen können. Gab es denn überhaupt diese Best-Legitimierten?

Im Herzen Deutschlands, im Konzentrationslager Buchenwald bei Weimar, kam es unter Leitung von Hermann Brill, einem thüringischen Politiker der Weimarer Zeit und einem der späteren Väter des Bonner Grundgesetzes, zu einer Volksfront aus Sozialdemokraten, Kommunisten, christlichen und liberalen Demokraten.[9] Brills am 13. April 1945 in Buchenwald verfaßtes Buchenwalder Manifest 'Für Frieden, Freiheit, Sozialismus' "ist der einzige ausformulierte politische Entwurf für ein neues Deutschland nach dem Dritten Reich, der im linken Widerstand erarbeitet worden ist. Es haftet ihm die Qualität an, ein Dokument des aktiven Widerstands zu sein."[10] Es ist bekannt, daß die Amerikaner Buchenwald am 11.04.1945 befreit haben, nicht allgemein bekannt ist bisher, daß sich die zur "Staatsgründunglegende" der DDR hochstilisierte Selbstbefreiung des Lagers auf ein paar Aktionen des Nachmittags des 11.04.1945 beschränkte, nachdem die Lagerleitung den Räumungs- und Rückzugsbefehl für die Wachmannschaften erteilt hatte.[11] Nicht bekannt ist auch, daß Brill, welcher zu den recht wenigen Deutschen gehörte, die die Sieger des Zweiten Weltkriegs als Befreier sahen, der erste Deutsche war, der Buchenwald am 27.04. verlassen durfte[12], um sofort in den Dienst der Amerikaner zum Zweck der Mitarbeit "am Wiederaufbau Deutschlands" zu treten. Die amerikanische Militärregierung akzeptierte Brills Ansatz, was nur diejenigen erstaunen mag, die immer noch meinen, die USA hätten schlicht alles verurteilt, was den Geruch von Sozialismus gehabt habe. Vertreter eines Sozialismus' demokratischer Prägung waren für sie nachweislich durchaus angemessene Partner für die geplante Demokratisierung der Deutschen.[13] Aber in Brills Konzeption hatten auch die Kommunisten ihren Ort. Waren sie auf seiner Linie? Brill wollte die Spaltung der deutschen Arbeiterklasse überwinden, aber noch im befreiten Buchenwald zeigte sich, daß nur wenige Kommunisten das Buchenwalder Manifest voll unterstützten, während sich viele an den Moskauer Richtlinien orientierten. Das manifestierte sich symbolisch in einem Flaggenstreit am Maifeiertag 1945, als die KPD-Vertreter des am 22.04.1945 gegründeten Deutschen Komitees gegen den erklärten Willen der Sozialdemokraten und Demokraten eine rote Fahne mit gelbem Stern durchsetzten. "Sozialdemokraten und Kommunisten treten mit getrennten Marschrichtungen den Auszug aus Buchenwald an."[14] Dennoch hatten die Kommunisten damit die Plattform von Buchenwald noch nicht verlassen. Aber Brill und seine Anhänger wollten eben nicht das Bündnis mit der Sowjetunion, wohl ein "engstes Einvernehmen" mit ihr. Der Weg zum "Eintritt Deutschlands in den angelsächsischen Kulturkreis" sollte nicht gefährdet werden. Sozialismus war für Brill nicht an die Sowjetunion gebunden.

War die Überwindung der Spaltung der Arbeiterklasse, die sich in Buchenwald bis zur Befreiung präformiert hatte, eine Illusion? Brill, seit dem 09.06.1945 vorläufiger Regierungspräsident der Provinz Thüringen[15], setzte alles daran, Gemeinsamkeit zu stiften, denn für ihn war die Verwirklichung des Sozialismus "unmittelbare Gegenwartsaufgabe".[16] Das bedeutete nicht nur die konsequente Entnazifizierung, die er mit Zustimmung der amerikanischen Militärregierung in Gang setzte, und die die konsequenteste war, die jemals versucht wurde - Leitlinie für die gesamtdeutsche Neubewertung der Entnazifizierung in allen Besatzungszonen ? -, sondern die Veränderung des Parteienspektrums. Wenn allgemein als einzige Innovation im deutschen Parteiensystem die überkonfessionelle christliche Partei CDU gilt, sollte man auch wissen, daß Anfang Juli 1945 in Thüringen ein "parteipolitischer Revolutionsversuch" stattgefunden hat.[17] Den Kommunisten ein Beispiel geben wollend, verhinderte Brill die Wiederbelebung der traditionellen SPD, ohne den sozialdemokratischen Boden zu verlassen und gründete am 08.07.1945 den 'Bund demokratischer Sozialisten - SPD'. Die Parteigründung reichte ihm aber nicht. Im Vorgriff auf die neue Einheitspartei wurde sofort ein Anmeldeformular verteilt, auf dem stand: "Programm des Bundes demokratischer Sozialisten, ausgearbeitet und beschlossen von Kommunisten und Sozialdemokraten, die jahrelang im Konzentrationslager Buchenwald gemeinsam unter dem Joch der Hitlertyrannei leiden mußten. Wir fordern alle auf, die guten Willens sind, für ein neues, demokratisches und sozialistisches Deutschland zu wirken, sich *schon jetzt* für unseren Bund anzumelden. *Das Komitee.*"[18] Schon am 09.07.1945 fand eine Besprechung des Landesvorstandes mit der Bezirksleitung der KPD statt, auf der "vorbereitende Maßnahmen zur Schaffung eines gemeinsamen Aktionsprogramms und organisatorische Maßnahmen zur Herstellung einer politischen Einheit des werktätigen Volkes" beschlossen wurden: "Diese Vereinbarung der Landesleitung zu engster Zusammenarbeit gelten für die Ortsgruppen beider Parteien in allen Stadt- und Landkreisen Thüringens." Diesen Beschluß hielt man sogar auf einem für die Öffentlichkeit bestimmten Plakat fest.[19] War Brill am Ziel? War das in Buchenwald gründende Konzept für ein neues demokratisches und sozialistisches Deutschland im Begriff, Wirklichkeit zu werden? Die Tatsache, daß das Plakat nur wenige Tage danach von der sowjetischen Militärkommandantur beschlagnahmt wurde, nicht ausgehängt werden durfte und nur durch Zufall in einem einzigen Exemplar erhalten ist, deutet das Scheitern des Buchenwalder Weges zur Erneuerung Deutschlands, dem die Amerikaner sich nicht versagt hatten, an den neuen Machthabern in Thüringen an.

27

Was war geschehen? Als Brill seinen großen Erfolg errang, waren die Amerikaner bereits aus Thüringen und West-Sachsen abgezogen (01. bis 03.07.1945) und hatte die 8. sowjetische Armee seit dem 02.07. ihren Einzug gehalten. Bereits am 05.07. begegneten sich Brill und Walter Ulbricht, den Brill im "deutschen Oktober 1923 überspielt" hatte, was ihm Ulbricht nie verzeihen konnte. "... Schon damals war Brill die politische und auch physische Liquidierung für den Fall einer siegreichen kommunistischen Revolution in Deutschland angedroht worden."[20] In beiden Personen traten sich zwei verschiedene politische Ideen gegenüber. Wer würde siegen, welche Idee würde reüssieren? Mit Ulbricht kam auch der Moskauer Emigrant Georg Schneider, der am 10.07.1945 die Leitung der KPD in Thüringen übernahm und den auf Buchenwalder Boden deformierten thüringischen Genossen den richtigen Weg zu weisen hatte, nämlich wie er die Sozialdemokraten "von der Wichtigkeit unserer Politik zu überzeugen und sie für unsere Politik zu gewinnen" hatte.[21] In seinen Erinnerungen sagt er es klar: "Ich müßte mich zuerst durchsetzen gegen die falsch verstandene gemeinsame Politik mit der damals in Thüringen schon sehr aktiv arbeitenden sozialdemokratischen Partei."[22]

Da war sie wieder, die Sozialfaschismusthese, und Brill wurde zum "rechten Sozialdemokraten". War die historische Schuld am Versagen der deutschen Arbeiterklasse geklärt, so war auch das Schicksal des Buchenwalder Ansatzes besiegelt, dem die Kommunisten ja sowieso nur halbherzig zugestimmt hatten. Man konnte sie also schnell auf die neue Schiene setzen. Und Brill? Schon am 16.07.1945 ersetzte man ihn durch Rudolf Paul, der nicht Regierungspräsident, sondern Landespräsident wurde. Doch gab er trotz vorübergehender Verhaftung nicht auf, wie er auch das Angebot der Amerikaner abgelehnt hatte, mit ihnen nach Westen zu ziehen, um dort Verantwortung zu übernehmen.

Fortan setzte er alles daran, die kommunistische Machtergreifung in Thüringen zu verhindern. Die KPD erreichte aber, daß nun auch in Thüringen das System der Blockparteien durchgesetzt wurde (17.08.1945), was für den Bund demokratischer Sozialisten die Unterstellung unter dem Zentralausschuß der Ostberliner SPD und damit die Ablegung des neuen Namens bedeutete. "Das Buchenwald-Erbe war verflogen, der aus eigener Widerstandskraft und -leistung resultierende Motivationsschub dahin, die Führungskraft begann auf die KPD überzugehen."[23]

Brill verlor trotz seines Gegensteuerns auch in der SPD zugunsten von Heinrich Hoffmann, der bedingungslos dem KPD-Modell folgte, an Einfluß. Und die von der KPD am 08.08.1945 durchgesetzte Aktionsgemeinschaft mit der SPD hatte nur äußerlich noch etwas mit der Idee Brills zu tun. Die Wirklichkeit der SBZ holte diesen Entwurf der besseren Zukunft Deutschlands ein. Würde der von Moskau inspirierte Entwurf die bessere Zukunft bringen können? Bei der Bodenreform geriet die thüringische SPD immer mehr ins Schlepptau der KPD. Noch einmal trat Brill seit Ende

September 1945 ins Rampenlicht. Auf einer Parteiversammlung in Probstzella und in der Folgezeit entwickelte er noch einmal seine politischen Ideen. Dabei wurde deutlich, wie wichtig ihm die Entwicklung demokratischer Kräfte in der Gesellschaft war und daß sie Vorrang vor der Schaffung demokratischer Institutionen (Mehrparteiensystem, Gewerkschaften, Genossenschaften, basisdemokratischer Organisationen) haben sollten. Erst das neue Denken, dann die Ordnung! Dieses neue Denken sollte in der politischen Einheit der Arbeiterklasse Gestalt annehmen. Sie sollte nicht aus einer Addition von SPD und KPD gebildet, sondern eine Partei neuer Qualität werden. Auffällig ist jedoch, daß er jetzt den Sozialismus nicht mehr als Gegenwartsaufgabe sah.[24] Eindeutig entsprach das, was da gegen seinen Willen unter den Händen der KPD zur Wirklichkeit wurde, nicht seinen Zielen. Auf dem 1. Landesparteitag der SPD vom 27./28.10.1945 wurde Brill zwar zum Landesvorsitzenden gewählt und konnte sich noch einmal gegenüber der KPD profilieren, sein Schicksal aber war besiegelt, als die KPD nach dem Desaster bei den österreichischen Parlamentswahlen am 25.11.1945 zu Überlebenszwecken die große Einheitskampagne, die bereits Anfang des Monats eingeleitet worden war, forcierte. In Thüringen war im Oktober 1945 Georg Schneider durch Werner Eggebrecht ersetzt worden, der immerhin - wie Brill - zu den Widerstandskämpfern aus deutschen Zuchthäusern und Lagern zählte und die thüringische KPD vom Geruch des Übergewichtes der Moskauer Emigranten befreite. Am 29.12.1945 trat Brill vom Landesvorsitz zurück und ging in den Westen. Und nun begann unter Vorsitz von Heinrich Hoffmann eine in der Geschichte der Vereinigung von KPD und SPD zur SED einzigartige Entwicklung. Die thüringische SPD folgte Hoffmanns Linie und forcierte die Einheit in einer "Rasanz"[25], die selbst der KPD zu schnell ging. Am 07.04.1946 fand der Vereinigungsparteitag in Gotha statt. Das Schicksal der SPD war besiegelt. Der bis heute geführte Streit um Einheitsstreben oder Zwangsvereinigung[26] ist für Thüringen dahingehend zu beantworten, daß die SPD-Führung die Einheit freiwillig gesucht hat. Brills Entwurf war auf dieser Basis nicht zu verwirklichen. Den Weg in den Sozialismus Moskauer Prägung hat er verweigert. Es war 1945 sein Verlangen, "die durch die beiden Weltkriege in seinen Augen verursachte 'schöpferische Zerstörung ... vom Standpunkt der nächsten 30 Jahre zu begreifen' und für den Aufbau eines neuen Geschichtsbewußtseins aus dem 'seelischen Reservoir der Arbeiter und Bauern' heraus zu nutzen. Nach seinen Vorstellungen konnte das Ziel nur ein 'Sozialismus in der demokratischen Form seiner Erscheinung' sein. Brill glaubte durch die Geschichte bewiesen zu sehen, daß sowohl die deutschen Sozialdemokraten als auch die deutschen Kommunisten mit ihren sozialistischen Zielvorstellungen gescheitert waren, die einen wegen reformistischer, die anderen wegen revolutionärer Abweichungen. Auf der anderen Seite belegten die historischen Beispiele für die Einführung einer Demokratie in Deutschland, 1848 und 1918, nach seinem Urteil ebenfalls Irrtümer politischer Methodik. In beiden Fällen hätte man geglaubt, 'durch eine bloße Änderung der Verfassungsgesetze eine Änderung des politischen Charakters des Staates herbeiführen zu können'. Preußische Reaktion und nationalsozialistische Perversion hätten jedoch gezeigt, daß keine politische Verfassung, die eine demokratische sein will, ... Aussicht auf Bestand (hat), wenn nicht gleichzeitig eine Änderung der politischen Struktur stattfindet'. Um diese Struktur und eine sie tragende politische Theorie ging es Brill."[27]

Entwurf und Wirklichkeit einer besseren Zukunft: Der 'Fall Brill' ist daraufhin zu prüfen, ob er nicht als Ausgangspunkt zur gemeinsamen Geschichtsaufarbeitung der Deutschen in Ost und West, zur Aufarbeitung ihrer gemeinsamen Geschichte seit 1945 dienen könnte. Er liegt im Schnittpunkt des Erbes des Dritten Reiches, der sich anbahnenden Konflikte der Siegermächte, der unterschiedlichen Interessen der Deutschen. Bei aller Unterschiedlichkeit der heute vorgenommenen Bewertungen könnte der Entwurf Brills insofern als etwas Gemeinsames angesehen werden, als er einen Weg antipiziert, der weder im Osten noch im Westen realisiert wurde und doch etwas von dem enthält, was der Westen wie der Osten realisiert wissen wollten: Eine freiheitliche, demokratische, sozialistische Zukunft, die die Deutschen aus der Katastrophe herausführt.

2. Der 17. Juni 1953.
Oder: Widerstand wegen der versagten besseren Zukunft

Der Entwurf, der sich 1946 in der SBZ durchsetzte und 1949 zur Gründung der DDR führte, entsprach sicher nicht voll dem, was sich die Menschen vorgestellt hatten. Indem er aber mit der Vergangenheit der Deutschen zu brechen schien - der Antifaschismus war ein wirksames, Identität stiftendes Instrumentarium - bot er doch etwas Neues und gab sicher vielen Hoffnung auf eine bessere Zukunft, die besser erschien, als der im Westen fortgesetzte Kapitalismus/Imperialismus. Indes merkten die meisten SBZ-Bewohner nicht deutlich genug, wie es zur Durchsetzung der SED gegenüber den anderen politischen Kräften kam und mit welchen Mitteln die Stalinisierung von SED und DDR sich vollzog. Der Schwung des Neubeginns vermittelte Geduld in Erwartung der gewünschten Erfolge in sozialer Gerechtigkeit und im Lebensstandard.

Dann kam 1952 die Politik des "verschärften Klassenkampfes" und der forcierte Aufbau des Sozialismus[28] mit Kollektivierungen in der Landwirtschaft und mit immer neuen Anforderungen bis hin zu den zehnprozentigen Arbeits-Normerhöhungen im Mai 1953, die trotz des Moskauer Drucks zum Zweck der Rücknahme verschiedener Maßnahmen erfolgten.

Der Weg von Hermann Brill zum 17. Juni 1953 ist so groß nicht, wie es auf den ersten Blick erscheinen möchte. Und doch dauerte es eine lange Zeit, bis der in der SED verkörperte Entwurf für die bessere Zukunft der Deutschen von großen Teilen der Bevölkerung der DDR massiv in Frage gestellt wurde. Erst als die Opferbereitschaft überstrapaziert wurde, kam es zum ersten Protest gegen den deutschen Stalinismus.

Über den 17. Juni 1953 ist viel diskutiert worden. Im Westen Deutschlands war er als 'Volksaufstand' der Beweis für die Unhaltbarkeit des kommunistischen Entwurfs und wurde im Sinne des eigenen Selbstverständnisses instrumentalisiert. Seine Erhebung zum Nationalfeiertag war jedoch von Anfang an umstritten. Wollten die Aufständischen denn überhaupt die Wiedervereinigung? Tat man den Ereignissen, die man nur von außen kannte und durch die Brille des Kalten Krieges sehen mußte, da man nur in diesen Kategorien zu denken gelernt hatte, nicht Gewalt an? Die Wende brachte die Öffnung der Archive, und erste Publikationen aus Insider- wie auch westdeutscher Perspektive modifizieren das bisherige Bild vom 17. Juni 1953.[29]

Es kann hier nicht darum gehen, die Abläufe der Erhebung, die nicht nur einen Tag währten, wie der zur Formel erstarrte Begriff '17. Juni' suggeriert, im Detail darzustellen, sondern deren Eigentümlichkeit zu charakterisieren.

"Innerhalb von 48 Stunden hat ein Strudel das scheinbar krisenfeste Herrschaftsgefüge der DDR aus den Angeln gehoben, große Teile der scheinbar scharf kontrollierten und straff geordneten 18 Millionen durcheinandergewirbelt. Drei Wesenszüge der Juni-Erhebung haben schon am ersten Tag die Miterlebenden fasziniert: ihre schlagartige Ausbreitung, die massenhafte Beteiligung und die rasante Zuspitzung. Umstritten blieb dagegen in der politischen Publizistik zwischen Ost und West und in der beiderseitigen Zeitgeschichtsdarstellung der Charakter der Erhebung, undeutlich das soziale Profil der Massenbewegung und der Trägergruppen, kontrovers die Bewertung der Gewalthandlungen, und wenig verbreitet hat sich die Kenntnis von der Dauer der Unruhen, deren schlagwortartige Einschränkung auf einen Tag zum Eindruck eines nur ganz kurzen Aufzuckens beitrug."[30]

In der Tat ist bis heute kontrovers, wer die Träger der Unruhen waren und ob es sich um einen geplanten und geführten Aufstand handelte oder eine spontane Erhebung. Beide Fragen hängen eng zusammen. Ohne Zweifel ging die Initiative von der Arbeiterschaft aus. Doch entwickelte ihre Aktivität eine große Dynamik und zog die Massen in ihren Bann, die auch der aus der DDR stammende Historiker Thorsten Diedrich 1991 nicht bestreitet, wenngleich er sie nicht so stark gewichtet und unzufriedene Hausfrauen wie abenteuerlustige Jugendliche als hauptsächliche Massebildner sieht, um zu dem Ergebnis zu gelangen, daß die soziale Zusammensetzung der an den Juni-Unruhen beteiligten Kräfte offensichtlich nicht den Schluß zuläßt, daß es sich am 17. Juni 1953 in der DDR um einen Volksaufstand im weitesten Sinne gehandelt haben kann."[31] Er hält die Unruhen für eine Arbeitererhebung, wobei er deren Charakter bewußt als Erhebung und nicht als Aufstand bezeichnet. Um von einem Aufstand sprechen zu können, müßte eine Kraft vorhanden gewesen sein in Gestalt von Einzelpersonen oder Gruppen, "die sich an die Spitze der Auständischen stellten, Aktionen lenkten und häufig sogar vorbereiteten." Diese führende Kraft fehlte nach Diedrich, "die es vermocht hätte, die Aktionen der Protestierenden zu leiten, ihnen einen konkreten

Inhalt zu geben. Die Ratlosigkeit und immanente Spontaneität rührte in hohem Maße daher, daß die Demonstrierenden gar nicht wußten, was zu tun war, um ihren Wunsch nach Veränderungen in der DDR umzusetzen. Sie waren nicht bereit und nicht in der Lage, die Macht zu übernehmen. Allein in Bitterfeld und Görlitz gab es ein Konzept des Handelns, und nur in Görlitz folgten den Anfangserfolgen der Demonstrierenden politische Schritte zu Veränderungen, ja zur Machtübernahme."[32] Mit vergleichbaren Argumenten spricht auch der westdeutsche Historiker Manfred Hagen dem 17. Juni 1953 den Charakter eines Aufstandes ab[33] und wählt denselben Begriff, vertritt aber die Gegenthese, ohne den starken Arbeiteranteil gering zu schätzen[34], daß es sich um eine Volkserhebung gehandelt habe, an der neben Frauen und Jugendlichen auch die Bürgerlichen des früheren Mittelstandes und die neue technische Intelligenz sowie die Landbevölkerung beteiligt waren. "Vergleicht man die deutsche Erhebung mit dem Ungarn-Aufstand drei Jahre später, so hat sie schon infolge ihrer Plötzlichkeit keine Strategie entwickeln können, keine Waffen besessen und nur momentan hier und da Führer hervorgebracht. Wahrscheinlich haben diese Mängel verhindert, daß es im Juni 1953 zu einem langandauernden Blutvergießen auf den Straßen kam. Das Wort Aufstand als umfassender Begriff würde einen sehr großen Teil der Ereignisse nicht einschließen können, obwohl diese in Spitzen Aufstandscharakter annahmen; zielstrebige Gewaltaktionen und bewaffnete Gegenwehr gingen nur von einem kleinen Teil der Demonstranten aus. Die große Masse gebrauchte nicht die Fäuste, sondern beschränkte sich auf Füße und Stimmen. Diese allerdings richteten sich ohne Zweifel gegen das politische System, so daß andererseits das Wort Protest zu schwächlich wäre. In 'geschlossenen Gesellschaften' mit ihrer vorgetäuschten Einheit von Regierenden und Beherrschten erlangt im übrigen schon eine Protestdemonstation revolutionären Charakter. Wollen wir nicht einen Kunstbegriff prägen, so läßt sich der Kern des Geschehens und das Handeln der großen Mehrzahl am besten bezeichnen als Volkserhebung - als erste Erhebung dieser Art gegen ein stalinistisches Regime."[35]

Arbeitererhebung - Volkserhebung: Bei der Bewertung des 17. Juni darf nicht gering geachtet werden, daß die Unruhen nicht nur in Ostberlin stattgefunden haben, sondern auch "im mitteldeutschen Industriegebiet mit Bitterfeld, Halle, Leipzig bis hinunter nach Gera und Jena, im Magdeburger Raum mit den Schwerpunkten Magdeburg und Brandenburg und im Bezirk Dresden mit Dresden, Görlitz und Niesky."[36] Und es muß bedacht werden, daß sich die am 16. Juni begonnenen Unruhen bis zum 17. Juli 1953 in großen Teilen der DDR fortgesetzt haben.[37] Erstmals veröffentlichte Dokumente aus dem Archiv der Ost-CDU bestätigen die anhaltende Unzufriedenheit an der Parteibasis in der DDR-Provinz: "Alle diese Monita zusammenfassend kam ein führender Mitarbeiter des Generalsekretariats der Ost-CDU am 17. Juli 1953 zu dem Ergebnis, 'daß in der Bevölkerung größten Teils zwar äußerlich Ruhe herrscht, daß sich in Wirklichkeit jedoch die Stimmung seit dem 17.06.1953 in keiner Weise gebessert hat. Bei der Bevölkerung herrscht großes Mißtrauen darüber, daß der »neue Kurs« nur eine vorübergehende taktische Maßnahme sei und in einigen Wochen oder Monaten wieder ein Umschlag erfolgt."'[38] Ausschlaggebend für die Frage, ob es sich bei der Volkserhebung um Widerstand wegen der versagten besseren Zukunft gehandelt habe, ist die Qualifizierung der vorgebrachten Forderungen.

Da sind zunächst die Normenerhöhungen, die trotz 'neuen Kurses' beibehalten wurden. Als sie jedoch am 17.06. zurückgenommen wurden, war der Protest nicht zu Ende. Sie waren nur ein Aspekt des Zustandes der DDR. "Und in dem Ruf nach sozialen Veränderungen drückte sich die gesamte Last der Krise in der DDR aus, die, verstärkt noch die die verfehlten Korrekturmaßnahmen der SED, in vollem Umfang auf die Bevölkerung der DDR zurückgeschlagen war."[39] Den Interessen der Arbeiterschaft widersprach zudem die neue soziale Differenzierung der Gesellschaft, so daß sie sich wiederum am Ende einer Hierarchie wähnte. Zu den sozialen Forderungen gesellten sich im Laufe des 17. Juni selber Artikulationen der Unzufriedenheit mit der politischen Ordnung wie der Unterminierung der demokratischen Grundrechte und der "demokratisch nicht legitimierten Machtstrukturen der SED."[40] Diedrich sieht die politischen Forderungen im Zusammenhang des Fortlebens sozialdemokratischen Gedankengutes. "Breite Kreise der Arbeiterklasse empfanden das Gesellschaftsmodell in der DDR als Unrechtsregime. Daraufhin deuten die Forderungen nach freien Wahlen ebenso wie die nach der Entlassung der politischen Gefangenen hin. Nicht grundlos bekamen insbesondere die Staatsbeamten der Justiz und die Angehörigen der Staatssicherheit den Zorn der Bevölkerung zu spüren, wurden sie nicht selten schwer mißhandelt. Überall skandierten die Demonstranten Forderungen nach Abschaffung der Staatssicherheit, einem Organ, welches für die Bevölkerung schon 1953 die Verkörperung von Gesinnungsschnüffelei und Repräsivmaßnahmen waren."[41]

Nicht zentral und weit weniger verbreitet war die Forderung nach der Wiedervereinigung der Teile Deutschlands, dagegen mehr nach dem Wegfall der Zonengrenzen und gesamtdeutschen Wahlen. Nicht gefordert wurde die Beseitigung der DDR. Und gerade dieser Umstand läßt erkennen, daß die Unzufriedenheit sich nicht gegen die Idee des sozialistischen Staates richtete, sondern die Art und Weise seiner Entwicklung. Soziale Gerechtigkeit und demokratische Veränderungen, das waren die Ziele. Die Realisierung des Entwurfs für eine bessere Zukunft ließ zu wünschen übrig. Die gesamtdeutsche Perspektive war dabei nicht verloren, die Forderungen nach gesamtdeutschen Wahlen meinten vielleicht auch den demokratischen Transport der Idee vom Sozialismus nach Westen.

Das Unrechtsregime manifestierte sich in den Haftanstalten. Nicht ohne Absicht spricht Hagen vom "Sturm auf die Bastillen".[42] "Freiheit für die politischen Gefangenen"[43] gehörte zu den Parolen, aber auch "Fort mit der Regierung"[44] und, speziell gegen Ulbricht gerichtet: "Spitzbart, Bauch und Brille sind nicht des Volkes Wille!"[45] Ins Visier der Unzufriedenen kamen jedoch ebenfalls sehr detaillierte Probleme des Schul- und Erziehungswesens. So wurden von christlichen Eltern im Kreis Bernburg folgende

Forderungen erhoben: "1. Aufstellung von neuen Lehrplänen, welche die rein marxistische Ausrichtung der Einheitsschule beseitigen. 2. Streichung der Gegenwartskunde als Gesinnungsfach. 3. Wirksame Einflußnahme aller Parteien, besonders der bisher gänzlich ausgeschalteten CDU, auf das Erziehungswesen. 4. Überprüfung und Aufhebung aller Maßregelungen von Lehrpersonen, die aus sog. politischen Gründen erfolgten. 5. Gleiche Berechtigungen der Kinder aller Schichten bei der Zulassung zu den Ober- und Hochschulen. 6. Viele christliche Eltern wünschen wieder Aufnahme des Religionsunterrichts in den Lehrplänen."[46] Das breite Spektrum der Forderungen macht die These von der Volkserhebung plausibler als die von der Arbeitererhebung. Vielleicht sollte man differenzieren, und den Anteil der Arbeiter am 17. Juni nicht der Gefahr einer Geringschätzung auszusetzen und von der Arbeitererhebung sprechen, die in eine Volkserhebung mündete. Denn die auch ideologisch wichtigen 'Träger' des Arbeiter- und Bauernstaates erhoben sich gegen dessen Pervertierung. Das Ende des 'langen 17. Juni' ist bekannt. Das Regime konnte sich retten, Ulbricht wieder die Oberhand gewinnen und seine Kritiker in der Zentrale entmachten, um sie schließlich abzuurteilen, wie der Fall Rudolf Herrnstadt zeigt. Über die Chancen der Erhebung für den Fall, daß die Sowjetunion nicht eingegriffen und der Westen nicht still gehalten hätte, ist spekuliert worden. In Berlin jedenfalls war die Erhebung schon im Abflauen, als die sojwetischen Panzer erschienen, in den Bezirken war es allerdings anders.

Der Charakter der Erhebung verweist aber auch auf die zweite Empörung der Bevölkerung der DDR, die ebenfalls friedliche Erhebung von 1989. Sie konnte gelingen, da sich die weltpolitische Lage verändert hatte und die im Umbruch befindliche Sowjetunion nicht mehr bereit war, das nunmehr völlig marode System der DDR noch zu stützen. Der Ruf 'Wir sind das Volk' lag noch auf der Ebene von 1953 und meinte die Reform des Systems der DDR an Haupt und Gliedern. Dann trat der Ruf 'Wir sind ein Volk' wie 1953 - wenn auch damals nicht so formuliert - dazu, verstärkte sich aber wie ein Lauffeuer und markierte deutlicher als damals den Fortbestand der Einheit der Nation. Der sozialistische Traum des Anfangs blieb dabei auf der Strecke. Die realexistierende sozialistische Wirklichkeit, 1953 anfänglich modifiziert und dann zum Terrorregime entartet, hat die Idee mit Füßen getreten. Der Kommunismus hat sich selbst zerstört. Er war es nicht wert, wie Brill noch gemeint hatte, in eine SPD und KPD überwindende Einheit neuer Qualität einzugehen, jedenfalls nicht in seiner sowjetischen Bauart. Es bleibt der demokratische Sozialismus. Diese wollten viele von denen, die 'Wir sind das Volk' riefen, in einer neuen DDR realisieren. Er mußte aber gegenüber der Idee von der eine noch bessere Zukunft verheißenden Einheit der deutschen Nation zurücktreten. Er hat jedoch seinen Ort und damit seine Zukunft in einer das nationale Element integrierenden demokratischen Identität, der gesamtdeutschen Aufgabe seit 1990 schlechthin, ohne deren Erfüllung eine innere Wiedervereinigung unmöglich ist.

3. Das Nachleben des sowjetischen Wiedervereinigungsangebots von 1952 in Westdeutschland. Oder: Angst, die bessere Zukunft verpaßt zu haben.

Viel mehr als in der DDR, die sich seit Ende der 60er Jahre sogar offiziell davon distanzierte, bestimmte die Einheit der Nation die politischen Auseinandersetzungen in der Bundesrepublik Deutschland. Sie war neben der Demokratie Bestandteil des westdeutschen Entwurfs einer besseren Zukunft für die Deutschen. Keine der westdeutschen Regierungen gab die Einheit der Nation preis. Wenn auch Willi Brandt 1969 davon auszugehen bereit war, daß zwei Staaten in Deutschland existierten, so war doch gerade auch dieses ein deutliches Bekenntnis zur Einheit.

So schlug durch die gesamte Geschichte der Bundesrepublik seit 1952 hindurch die Frage immer wieder Wellen, ob man denn indem man Stalins Angebot zur Wiedervereinigung Deutschlands vom 10.03. und vom 09.04.1952 ernsthaft zu prüfen abgelehnt habe, nicht eine Chance oder gar *die* Chance zur Wiedervereinigung Deutschlands verpaßt habe. Und immer - bis heute - blieben die Antworten kontrovers. Das gilt für die Politiker wie die Wissenschaftler. Auch der Verfasser hat sich wiederholt dazu geäußert und war immer geneigt, die Ernsthaftigkeit des sowjetischen Angebotes nicht von der Hand zu weisen, wie diejenigen, die wie Hermann Graml von Legendenbildung sprachen[47], sondern Argumentationen von Waldemar Besson über Rolf Steininger zu Josef Foschepoth und bis hin zu Danjil Melnikows Spiegel-Interview vom 03.12.1990 ernst zu nehmen.[48] Es ist schon erstaunlich, daß noch bevor nun erstmals, nachdem sich endlich die sowjetischen Archive öffnen, die Möglichkeit bietet, östliche Belege für oder gegen die Ernsthaftigkeit von Stalins Angebot zu erhalten, im Juli 1953 ein Beitrag veröffentlich wurde, der die 'Genesis einer Legende' untersucht.[49] Hier wird nicht gefragt, wie sich die Diskussion um die Stalin-Noten in der Bundesrepublik 1952-58 entwickelt habe, sondern wie die Legende der verpaßten Chance zustandegekommen sei. Schon die 6. Anmerkung markiert diese Prämisse des gesamten Aufsatzes, der sicher wertvolle Informationen gibt, dessen Bewertungen dieser Informationen aber von vornherein feststehen. "Die 'verpaßten Gelegenheiten' für eine Legende zu halten, scheint uns im Anschluß an die Forschungsergebnisse - vgl. Graml ... sowie Peter März ... plausibel zu sein, die den Alibi-Charakter der sowjetischen Initiativen überzeugend herausgearbeitet haben."[50] Manfred Kittel hat offensichtlich in typisch westdeutscher Haltung noch nicht begriffen, daß die deutsche Einheit neue Fragestellungen verlangt und ein vorsichtigeres Herangehen an vermeintlich Feststehendes erfordert. Warum kommt der Gedanke nicht in den Sinn, daß diejenigen, denen bei Adenauers Westkurs Zweifel entstanden, wirklich begründete Ängste bekommen haben könnten, daß ein traditionell rational wie emotional fest in den Deutschen von Ost und West verankerter Wert von nationaler Zusammengehörigkeit so hintangestellt werden würde, daß er eventuell keine Chance für eine Neubelebung unter neuen demokratischen Vorzeichen mehr erwarten dürfte.

So wird dem späteren Bundespräsident Dr. Dr. Gustav Heinemann, dem der Anfang der Legendenbildung zugewiesen wird,[51] schlicht Naivität unterstellt, weil er bereit war, nicht von vornherein an Stalins möglicher Bereitschaft zu zweifeln: "Dabei frappierte, wie rasch Heinemann die Stalin-Note für bare Münze nahm, ohne ihren Inhalt einer kritischen Prüfung zu unterziehen. Ebenso bezeichnend für seine Vertrauensseligkeit in eine - doch im selben Gedankengang als totalitär bezeichnete - UDSSR war der Optimismus bezüglich freier Wahlen. Würde der Westen nur auf die Wiederbewaffnung der Bundesrepublik verzichten, so mußte sich - das war Heinemanns feste Überzeugung - 'das totalitäre System des Ostens im Gegenzug freien Wahlen stellen'."[52]

Nicht genug damit, denn nun wird Heinemann ins Unrecht gesetzt, da er ja nur eine Minderheit repräsentiert. "Mit dieser Ansicht stand Heinemann aber gegen den breiten Strom der veröffentlichten Meinung, die den Kurs des Kanzlers akzeptierte oder ihn zumindest doch tolerierte bzw. in Ermangelung eines Gegenkonzepts nolens volens hinnehmen mußte."[53] Selbstverständlich führt Kittel die Ereignisse um den 17. Juni 1953 an, die Heinemann und "die kleine Gruppe der deutschlandpolitischen Fundamentalopposition"[54] ins Unrecht zu setzen schienen. Dagegen wäre nichts einzuwenden, wenn er gleichzeitig darauf verwiesen hätte, daß sich die Gegebenheiten in der Sowjetunion seit 1952 durch Stalins Tod im März 1953 und den darauffolgenden Machtkampf in der Führungsspitze geändert hatten, die vielleicht auch erklären könnten, warum Heinemann der UDSSR zugute hielt, daß sie "in dem Einsatz ihrer militärischen Machtmittel Gottseidank nicht soweit ging, als man angesichts der ... drastischen Attacken der Volksmassen befürchten mußte."[55]

Es ist sicher verdienstvoll, daß Kittel die Genese der Diskussion um die verpaßte oder nicht verpaßte Chance zwischen 1952 und 1958 untersucht hat und neben der Heinemanns auch die Positionen von Thomas Dehler und Paul Sethe analysiert und damit differenziert hat. Seine aus dem Legenden-Vorurteil resultierende Wertung jedoch erweckt den Verdacht der Apologie, der durch die Verpaßte-Chancen-Diskussion in ihrer Unangefochtenheit gefährdeten CDU. Denn sogar in den evangelischen Kreisen der CDU wie in der "Exil-CDU", habe sich bis zur Wiedervereinigung "ein gewisses Unbehagen" an der Politik Adenauers von 1952 gehalten. Die Quintessenz aber ist eine einzige Herausforderung: "Eine neue infame 'Dolchstoßlegende' indes, die das Klima der innenpolitischen Auseinandersetzung nachhaltig vergiftet hätte, ist aus dem Mythos der Stalin-Noten nicht entstanden, konnte nicht entstehen, weil die Deutschen wohl gelernt hatten, sich von nationalistischen Sirenenklängen nicht mehr verführen zu lassen; Adenauer blieb also eine Kriminalisierung als 'deutschlandpolitischer Märzverbrecher' erspart. Doch hat die Stalin-Noten-Legende zweifelsohne die Glaubwürdigkeit der Union in Sachen Wiedervereinigung beschädigt und wohl zumindest unterschwellig die Akzeptanz der 'neuen', sozialliberalen Ostpolitik befördert."[56]

Die fachwissenschaftliche Diskussion über die Chancen-Frage konnte der Autor sicher nur am Rande behandeln, aber den ihm mißbeliebigen Positionen von Steininger und Foschepoth nur eine Anmerkung zu gewähren und sie dort auch noch zu stigmatisieren, bleibt für den um Sachlichkeit bemühten Historiker unverständlich. "Die Behauptung, Adenauer habe die Wiedervereinigung nicht gewollt, stand auch Mitte der 1980er Jahre im Zentrum einer wissenschaftlichen und publizistischen Diskussion, die vor allem von Rolf Steininger und Josef Foschepoth entfacht wurde. Deren Perspektiven und Methoden sind allerdings auf berechtigte Kritik gestoßen. Vgl. Rudolf Morsey, Die Deutschlandpolitik Adenauers: Alte Thesen und neue Fakten, Opladen 1991. Besonders seltsam berührte dabei, daß ausgerechnet Wissenschaftler, die zur Zweistaatlichkeit Deutschlands keine Alternative sahen - so Josef Foschepoth ... -, am vehementesten gegen Adenauers Politik von 1952 zu Felde zogen."[57] Es geht hier absolut nicht um eine auf dem Umweg über Kittel auszusprechende eigene Kritik an der Politik der Regierung Adenauer im Jahr 1952, schon gar nicht am Westkurs der Bundesrepublik Deutschland. Ebensowenig geht es um eine Verteidigung der Position, daß 1952 eine Chance zur Wiedervereinigung bestanden habe. Hier tut abwägende Betrachtung not. Nur sie führt zu ausgewogenen Urteilen. Hier geht es am krassen Beispiel eines soeben erschienenen Beitrags in einer hochkarätigen deutschen Zeitschrift um die grundsätzliche Einschätzung politisch Andersdenkender generell und im Angesicht der gemeinsamen Aufgaben von Ost und West nach der äußeren Vereinigung, ihre jüngste Geschichte als gemeinsame Geschichte neu zu erarbeiten, um eine Bereitschaft zur Positionsrevision als Weg, sich über das Verstehen dieser Geschichte zu verständigen. Auch die Westdeutschen hatten ihre Entwürfe einer besseren Zukunft, und sie hatten zudem das große Glück, sich nicht nur auf einen Entwurf einigen zu müssen. Da waren diejenigen, die den Westkurs uneingeschränkt als den Weg in diese bessere Zukunft der Deutschen ansahen, aber da waren u.a. auch die, welche als überzeugte westliche Demokraten - das waren Heinemann, Dehler, Sethe und viele andere mit ihnen - die bessere Zukunft der Deutschen auch in der - natürlich von den Deutschen selber verscherzten - Einheit der Nation erblickten und Angst bekamen, dieser Wunsch könne ein für allemal ein Traum bleiben, als eine ihnen als vielleicht letzte Chance erscheinende Situation nicht auf ihr Potential hin 'abgeklopft' wurde.

Gerade die in Politik und Wissenschaft ungebrochene Virulenz des Themas 'Stalin-Note' sollte Anlaß genug sein, sie in den Ost-West-Dialog über Geschichte einzubringen. Wie dies geschehen könnte, sollte in diesem Beitrag gezeigt werden, wobei die Verknüpfung der drei Themen, da nicht unbedingt logisch, sicher anfechtbar ist. Die hier manifestierte Willkür sollte aber zumindest als eine informierte respektiert werden.

Anmerkungen

1 Gudula Zückert: Historisches Lernen mit einer beschädigten Identität, in: Dagmar Klose/Uwe Uffelmann (Hrsg.): Historisches Lernen im vereinten Deutschland. Nation - Europa - Welt. (Tagung der Konferenz für Geschichtsdidaktik in Friedrichroda vom 04.-06.10.1993, erscheint Frühjahr 1994).

2 Marion Klewitz: Geschichtsbewußtsein im Umbruch - Interviews mit Studierenden aus der DDR im Fach Geschichte an der Freien Universität Berlin, in: Dagmar Klose/Uwe Uffelmann (Hrsg.): Vergangenheit - Geschichte - Psyche. Ein interdisziplinäres Gespräch (Forschen - Lehren - Lernen, Bd. VII), Idstein 1993, S. 73-100.

3 Uwe Uffelmann: Spielräume für Identitätsbildung im historisch-politischen Lernen? in: ders. (Hrsg.): Identitätsbildung und Geschichtsbewußtsein nach der Vereinigung Deutschlands (Schriftenreihe der Pädagogischen Hochschule Heidelberg, Bd. XV), Weinheim 1993, S. 228-256.

4 Jochen Huhn: Historische Identität als Dimension des Geschichtsbewußtseins, in: ebd., S. 9-34.

5 Huhn, ebd., S. 23.

6 ebd., S. 31.

7 Vgl. Anm. 3.

8 Christian von Krokow: Politik und menschliche Natur, München 1989, S. 98.

9 Es ist bekannt, daß die frühe CDU vom Gedanken eines christlichen Sozialismus getragen war (Jakob Kaiser).

10 Manfred Overesch: Hermann Brill in Thüringen 1896-1946. Ein Kämpfer gegen Hitler und Ulbricht, Bonn 1992, S. 10; Manifest abgedruckt in: Ders.: Machtergreifung von Links. Thüringen 1945, Hildesheim 1993, S. 156-161; s. Anhang

11 Overesch, S. 292.

12 ebd., S. 304.

13 Dörte Winkler: Die amerikanische Sozialisierungspolitik in Deutschland 1945 bis 1948, in: Heinrich August Winkler (Hrsg.): Politische Weichenstellungen im Nachkriegsdeutschland 1945 bis 1953, Sonderheft 5 der Zeitschrift Geschichte und Gesellschaft, Göttingen 1959, S. 88-110.

14 Overesch, S. 303.

15 Brill wollte keine Wiederherstellung der Länder, sondern einen zentralistischen deutschen Einheitsstaat, und dem folgte die Militärregierung.

16 Overesch, S. 303.

17 ebd., S. 339 ff.

18 Anmeldeformular abgedruckt bei Overesch, S. 352.

19 Plakat abgedruckt bei Overesch, S. 353, s. Anhang.

20 Overesch, S. 342.

21 ebd., S. 358.

22 Zitiert nach Overesch, S. 354.

23 Overesch, S. 366.

24 ebd., S. 375.

25 ebd., S. 405.

26 Einheitsdrang oder Zwangsvereinigung? Die Sechziger-Konferenzen von KPD und SPD 1945 und 1946. Mit einer Einführung von Hans-Joachim Krusch und Andreas Malycha, Berlin 1990; Beatrix W. Bouvier/Horst-Peter Schulz: "... die SPD aber aufgehört hat zu existieren". Sozialdemokraten unter sowjetischer Besatzung, Bonn 1991.

27 Overesch, S. 407.

28 Udo Wengst: Der Aufstand am 17. Juni 1953 in der DDR. Aus den Stimmungsberichten der Kreis- und Bezirksverbände der Ost-CDU im Juni und Juli 1953, in: Vierteljahrshefte für Zeitgeschichte 41/1993, Heft 2, S. 277-321, S. 277 f.

29 Thorsten Diedrich: Der 17. Juni 1953 in der DDR, Berlin 1991; Manfred Hagen: DDR-Juni '53. Die erste Volkserhebung im Stalinismus, Stuttgart 1952; Helmut Müller-Enbergs: Der Fall Rudolf Herrnstadt. Tauwetterpolitik vor dem 17. Juni, Berlin 1991; Nadja Stulz-Herrnstadt (Hrsg.): Rudolf Herrnstadt. Das Herrnstadt-Dokument. Das Politbüro der SED und die Geschichte des 17. Juni 1953, Reinbek bei Hamburg, 2. Aufl., 1991. Armin Mitter: Die Ereignisse im Juni und Juli 1953 in der DDR. Aus den Akten des Ministeriums für Staatssicherheit, Bonn 1991. Leo Haupts: Die Blockparteien in der DDR und der 17. Juni 1953, in: Vierteljahrshefte für Zeitgeschichte 40/1992, Heft 3, S. 383 - 412.

30 Hagen, S. 199.

31 Diedrich, S. 149.

32 ebd., S. 156.

33 Hagen, S. 206.

34 ebd., S. 201.

35 ebd., S. 206.

36 Diedrich, S. 145 f.

37 Hagen, S. 195.

38 Wengst, S. 280 f.

39 Diedrich, S. 149 f.

40 ebd., S. 152.

41 ebd., S. 152.

42 Hagen, S. 165 ff.

43 ebd., S. 59.

44 ebd., S. 61.

45 ebd., S. 61.

46 Wengst, S. 316.

47 Hermann Graml: Nationalstaat oder westdeutscher Teilstaat? Die sowjetischen Noten vom Jahre 1952 und die öffentliche Meinung in der Bundesrepublik Deutschland, in: Vierteljahrshefte für Zeitgeschichte 25/1977, S. 821-864; ders.: Die Legende von der verpaßten Gelegenheit. Zur sowjetischen Notenkampagne des Jahres 1952, in: Vierteljahrshefte für Zeitgeschichte 29/1981, S. 307-341; Vgl. auch Peter März: Die Bundesrepublik zwischen Westintegration und Stalin-Noten. Zur deutschlandpolitischen Diskussion 1952 in der Bundesrepublik vor dem Hintergrund der westlichen und der sowjetischen Deutschlandpolitik, Frankfurt/Bonn 1982.

48 Herbert Schneider/Uwe Uffelmann: Zur Außenpolitik der Bundesrepublik Deutschland. Ein Reader für den historisch-politischen Unterricht, Paderborn 1976, S. 122-125, 361-371; Uwe Uffelmann: Die sowjetische Deutschlandinitiative von 1952 im Unterricht der Sekundarstufe I, in: Verfassung und Geschichte der Bundesrepublik Deutschland im Unterricht (Schriftenreihe der Bundeszentrale für politische Bildung, Bd. 161), Bonn 1980, S. 153-188; Rolf Steininger: Eine vertane Chance. Die Stalin-Note vom 10. März 1952 und die Wiedervereinigung, Bonn 1985; ders.: Die Stalin-Note vom März 1952 - eine Chance zur Wiedervereinigung Deutschlands?, in: Josef Foschepoth (Hrsg.): Kalter Krieg und Deutsche Frage. Deutschland im Widerstreit der Mächte 1945-1952, Göttingen/Zürich 1985, S. 362-379; Josef Foschepoth (Hrsg.): Adenauer und die Deutsche Frage, Göttingen 1988.

49 Manfred Kittel: Die Genesis einer Legende. Die Diskussion um die Stalin-Noten in der Bundesrepublik 1952-1958, in: Vierteljahrshefte für Zeitgeschichte 41/1993, Heft 3, S. 355-389.

50 Kittel, S. 355 f., Anm. 6.

51 ebd., S. 360.

52 ebd., S. 357 f.

53 ebd., S. 358.

54 ebd., S. 360.

55 zitiert nach Kittel, S. 360.

56 Kittel, S. 389.

57 ebd., S. 381, Anm. 162.

Anhang 1: Plakat 'An das werktätige Volk Thüringens'

An das werktätige Volk Thüringens!

Die Landesleitungen Thüringen der Sozialdemokratischen Partei (Bund Demokratischer Sozialisten) und der Kommunistischen Partei haben in einer Sitzung am 9. Juli 1945 in Weimar, in der von jeder Partei 6 Vertreter anwesend waren, vorbereitende Maßnahmen zur Schaffung eines gemeinsamen Aktionsprogramms und organisatorische Maßnahmen zur

Herstellung einer politischen Einheit des werktätigen Volkes

beraten. Der aus je 6 Vertretern beider Parteien geschaffene Arbeitsausschuß wird das Aktionsprogramm sowie die organisatorischen Maßnahmen in Kürze dem werktätigen Volke Thüringens unterbreiten.

Diese Vereinbarung der Landesleitungen zu engster Zusammenarbeit gelten für die Ortsgruppen beider Parteien in allen Stadt- und Landkreisen Thüringens.

Für die Sozialdemokratische Partei:
(Bund Demokratischer Sozialisten)

Hermann Brill   Marie Carnarius
Gustav Brack   Kurt Böhme
Cäsar Thierfelder Heinrich Hoffmann

Für die Kommunistische Partei:

Ernst Busse   Hans Brumme
Walter Wolf   Stefan Heymann
Otto Trillitsch Hugo Günther

Sammlung Volker Wahl

Anhang 2: Buchenwalder Manifest

Buchenwalder Manifest, 13. April 1945

Bund demokratischer Sozialisten für Frieden, Freiheit, Sozialismus

Manifest der demokratischen Sozialisten des ehemaligen Konzentrationslagers Buchenwald.

Im Augenblick ihrer Befreiung aus der bestialischen Gefangenschaft der nazistischen Diktatur empfinden es die im chem. Konzentrationslager Buchenwald versammelten Vertreter des demokratischen Sozialismus aus Berlin, Brandenburg, Mitteldeutschland, Sachsen, Thüringen, Anhalt, Hannover, Braunschweig, Westfalen, Rheinland, Saarland, Bayern und Österreich als ihre Pflicht, in Anwesenheit der legitimierten Vertreter und Beauftragten der französischen, belgischen, niederländischen, tschechischen und polnischen Sozialisten sowie der deutschen Sozialdemokratischen Arbeiter-Partei in der Tschechoslowakischen Republik, folgendes zu erklären:

Wir haben Gefängnis, Zuchthaus und Konzentrationslager ertragen, weil wir glaubten, auch unter der Diktatur für die Gedanken und Ziele des Sozialismus und für die Erhaltung des Friedens arbeiten zu müssen. In Zuchthaus und Konzentrationslager setzten wir trotz täglicher Bedrohung mit einem elenden Tode unsere konspirative Tätigkeit fort. Durch diesen Kampf ist es uns vergönnt gewesen, menschliche, moralische und geistige Erfahrungen zu sammeln, wie sie in normalen Lebensformen unmöglich sind. Vor dem Schattengesicht der Blutzeugen unserer Weltanschauung, die durch die hitleristischen Henker gestorben sind, wie auch in der besonderen Verantwortung für die Zukunft unserer Kinder halten wir uns deshalb für berechtigt und verpflichtet, dem deutschen Volke zu sagen, welche Maßnahmen notwendig sind, um Deutschland aus diesem geschichtlichen beispiellosen Zusammenbruch zu retten und ihm wieder Achtung und Vertrauen im Rate der Nationen zu verschaffen.

Vernichtung des Faschismus

Solange Faschismus und Militarismus in Deutschland nicht restlos vernichtet sind, wird es keine Ruhe und keinen Frieden bei uns und in der Welt geben. Unsere ersten Anstrengungen müssen darauf gerichtet sein, alle gesellschaftlichen Erscheinungen dieser blutigen Unterdrückung des Lebens für immer zu beseitigen.

Alle Gesetze, Erlasse, Verordnungen, Verfügungen, Urteile, Bescheide und sonstige Rechtsvorschriften, die zur Begründung, Förderung und Behauptung der Diktatur gedient haben, sind aufzuheben.

Die NSDAP mit allen Gliederungen und angeschlossenen Verbänden ist zu verbieten und aufzulösen, ihr Vermögen zugunsten der Opfer ihres Terrors einzuziehen, ihren Mitgliedern sind die politischen Rechte zu entziehen. Alle begangenen Verbrechen sind durch Volksgericht schnell, streng und gerecht zu bestrafen und die Verurteilten einem Strafvollzug nach ihren eigenen Anschauungen zu unterwerfen. Alle zu Unrecht erworbenen Vermögen der Nutznießer des Regimes sind zu enteignen. Nationalsozialistische Aufstandsversuche sind rücksichtslos niederzukämpfen.

Darüber hinaus sind alle faschistischen und militärischen Organisationen dem gleichen Verfahren zu unterwerfen.

Ebenso ist die hitleristische Wehrmacht mit allen ihren Institutionen aufzulösen. Den Bedürfnissen der öffentlichen Sicherheit kann durch eine Miliz genügt werden.

Alle Beamte, die als Träger der Diktatur tätig gewesen sind, müssen unverzüglich den öffentlichen Dienst verlassen.

Kriegsverbrecher- und Kriegsverlängerer sind nach den Geboten des internationalen Rechts von deutschen Gerichten zu bestrafen.

2. Aufbau der Volksrepublik

Diese riesenhafte Arbeit kann nur geleistet werden, wenn sich alle antifaschistischen Kräfte zu einem unverbrüchlichen Bündnis zusammenschließen. Zu diesem Zwecke erstreben wir einen neuen Typ der Demokratie, die sich nicht in einem leeren, formelhaften Parlamentarismus erschöpft, sondern den breiten Massen in Stadt und Land eine effektive Bestätigung in Politik und Verwaltung ermöglicht.

Zuerst sind in allen Orten antifaschistische Volksausschüsse zu bilden, die sobald als möglich durch Heranziehung antifaschistischer Organisationen auf eine urdemokratische Grundlage zu stellen sind.

Aus diesen Volksausschüssen ist für das ganze Reich ein Deutscher Volkskongreß zu berufen, der eine Volksregierung einzusetzen und eine Volksvertretung zu wählen hat. Die bürgerlichen Freiheiten der Person, des Glaubens, des Denkens, der Rede und Schrift, der Freizügigkeit und des Koalitionsrechts sind sofort wieder herzustellen. Die Volksausschüsse haben Gemeinderäte, diese durch Delegierte Kreis- und Landesräte zu wählen. Die Behördenvorstände in Stadt und Land sind neu zu bestellen. Staatskommissare haben die Kontrolle der übrigen Verwaltung zu übernehmen.

Das Reich ist unter Beseitigung des ganzen bisherigen Regierungsapparates der Länder nach wirtschaftlichen und sozialen Gesichtspunkten neu zu gliedern, die Verwaltung zusammenzufassen, zu vereinfachen und zu verbilligen.

Das privilegierte Berufsamtentum ist abzuschaffen und durch ein hochqualifiziertes, sauberes, sozial modernes Volksbeamtentum zu ersetzen.

3. Befreiung der Arbeit

Aufbau und Führung der Volksrepublik sind nur möglich, wenn die Massen der Werktätigen in Stadt und Land in ihr ihren Staat sehen, ihn bejahen und immer bereit sind, für diesen Staat einzustehen. Sie werden das nur tun, wenn die Volksrepublik die Arbeit aus der unerhörten Ausbeutung und Entrechtung, die die Kapitalistenknechte der NSDAP über sie verhängt haben, befreit und ein menschenwürdiges Dasein aller Arbeitenden schafft und garantiert. Deshalb sind die Sozialpolitik und die Sozialversicherung den Bedürfnissen der Arbeiterschaft entsprechend zu gestalten.

Der Achtstundentag ist sofort wieder einzuführen und eine weitere Verkürzung der Arbeitszeit vorzubereiten.

Das Diktat der angeblichen "Treuhänder der Arbeit" ist abzuschaffen, die freie, tarifvertragliche Regelung der Lohn- und Arbeitsverhältnisse wieder herzustellen.

Schlichtung von Arbeitsstreitigkeiten und die Arbeitsgerichtsbarkeit haben Gesetz und Recht im Arbeitsleben zu gewährleisten.

Die DAF ist in eine einheitliche Gewerkschaft zu überführen. Diese vom Staate unabhängige Gewerkschaftsorganisation soll die Selbstverwaltung und Selbstverantwortung der Arbeiter,

Angestellten und Beamten für ihre sozialen Geschicke erneuern und stärken, um ihren ganzen Einfluß im Gesamtprozeß der Sozialisierung voll zur Geltung zu bringen.

4. Sozialisierung der Wirtschaft

Überzeugt, daß die letzte Ursache zu diesem ungeheuerlichsten aller Kriege in der Raubtiernatur der kapitalistischen Wirtschaft, des finanzkapitalistischen Imperialismus und der von beiden erzeugten moralischen und politischen Verwahrlosung des Lumpenproletariats und Kleinbürgertums liegt, fordern wir, daß den Gesellschaftskrisen durch eine sozialistische Wirtschaft ein absolutes Ende gesetzt wird. Deutschland kann ökonomisch nur auf sozialistischer Grundlage wieder aufgebaut werden. Ein Aufbau unserer zerstörten Städte als kapitalistisches Privatgeschäft ist ebenso unmöglich, wie ein Wiederaufbau der Industrie aus den Taschen der Steuerzahler.

Wir erklären feierlich, daß niemand von uns an eine Enteignung des bäuerlichen Besitzes denkt. Er soll im Gegenteil garantiert und vermehrt, zur Höchstleistung geführt, von allen Schranken der Reichsnährstandspolitik befreit, genossenschaftlich gefördert werden und einer freien Selbstverwaltung überlassen bleiben. Der Großgrundbesitz ist einzuziehen und gemeinwirtschaftlich zu verwalten.

Eine neue Währung, ein von Lasten der Diktatur gereinigter öffentlicher Haushalt und eine Sozialisierung der Banken und Versicherungsanstalten, unter Führung der öffentlichen Bankanstalten sollen die Grundlagen einer gesunden Wirtschaftspolitik schaffen.

Staatsmonopole für Massenverbrauchsgüter sollen fiskalisch und preisregulierend wirken.

Bergwerke, die gesamte Energieerzeugung, die Schwerindustrie und das Verkehrswesen sind zu sozialisieren.

Zur Befriedigung des dringenden Massenbedarfs sind alle Verbrauchsgüterindustrien staatlich zu lenken. Der Wiederaufbau der Städte und die Wohnungsbeschaffung sind nach demselben Gesichtspunkt zu regeln. Ein Planwirtschaftsamt hat den sozialistischen Wiederaufbau zu leiten.

5. Friede und Recht

Wir wissen, daß unsere innere Lage furchtbar ist. Unsere äußere Lage ist jedoch noch verzweifelter. Aber wir verzagen nicht.

Wir bekennen uns vor der Welt aus tiefster ehrlicher Überzeugung zu der schuldrechtlichen Verpflichtung der Wiedergutmachung der Schäden, die das deutsche Volk durch den Hitlerismus angerichtet hat. So entschieden wir Kontributionen und Vasallendienste ablehnten, so aufrichtig wollen wir dazu beitragen, daß durch Abtragung einer festbestimmten Wiedergutmachungsschuld eine neue Atmosphäre das Vertrauens zu Deutschland geschaffen wird. Die deutsche Jugend wird verstehen, daß es besser ist, für den Frieden Opfer zu bringen, als im Kriege bei noch größeren sinnlosen Opfern das Leben zu verlieren.

Wir wollen nie wieder Krieg. Wir werden alles tun, um einen neuen Krieg unmöglich zu machen.

Wir wünschen baldigst in die Weltorganisation des Friedens und der Sicherheit aufgenommen zu werden und besonders als Richter und Partei in der internationalen Gerichtsbarkeit einen Beitrag zu leisten, der von anderen Völkern als wertvoll anerkannt werden soll.

Auch in der verzweifeltsten Lage werden wir deshalb nicht auf eine eigene sozialistische Außenpolitik verzichten. Die deutsche Außenpolitik muß im engsten Einvernehmen mit der

Union der Sozialistischen Sowjetrepublik geführt werden. Unser oberstes Ziel ist, in Zusammenarbeit mit allen sozialistisch geführten Staaten zu einer europäischen Staatsgemeinschaft zu kommen, die unserem schwergeprüften Kontinent durch eine europäische Gemeinschaft Ordnung und Wohlstand verbürgt.

Diese soll uns als Mittel dienen, Europas kulturelle Mission in der Welt auf der gesellschaftlichen Stufe des Sozialismus zu erneuern. Die erste Voraussetzung dafür sehen wir in der deutsch-französischen und deutsch-polnischen Verständigung und Zusammenarbeit, die zweite im Eintritt Deutschlands in den angelsächsischen Kulturkreis. So wollen wir ein europäisches Gesamtbewußtsein schaffen, das allein den Frieden der Völker tragen kann.

6. Humanität

Dazu brauchen wir einen neuen Geist. Er soll verkörpert werden durch den neuen Typ des deutschen Europäers. Uns kann niemand umerziehen, wenn wir es nicht in Freiheit selbst tun.

Neue Universitäten, aus den wertvollsten Kräften der Emigration und der inländischen sozialistischen Intelligenz gebildet, sollen uns neue Lehrer schaffen.

Wenn alle nazistischen Sonderformen der Schule wie Ordensburgen, Adolf-Hitler-Schulen, nationalpolitische Erziehungsanstalten, verschwunden sind, wollen wir mit neuen Lehrern Volks- und Berufsschulen, vor allem auf dem Lande, auf und ausbauen, das humanistische Gymnasium modernisieren, den Typ eines deutschen Gymnasiums schaffen, Landes- und Hochschulen für Politik errichten und die Erwachsenenbildung mit allen Kräften fördern.

Freie und angewandte Künste, Literatur, Theater und Musik sollen in Freiheit aus einer Nacht tiefsten Grauens ins Land der Schönheit führen.

7. Sozialistische Einheit

Zu all diesem ist die Einheit der sozialistischen Bewegung unerläßlich. Begründet auf die Gedanken des Klassenkampfes und der Internationalität und auf das Bewußtsein, daß die Verwirklichung des Sozialismus nicht die Frage des Zukunftsstaates, sondern die unmittelbare Gegenwartsaufgabe ist, wollen wir die Einheit der sozialistischen Bewegung als eine Einheit des praktischen Handelns, der proletarischen Aktion herstellen. Freiheit in der Diskussion und Disziplin in der Durchführung der Beschlüsse werden es uns ermöglichen, alle ehrlichen sozialistischen Kräfte zusammenzufassen.

Wir erwarten, daß die auf dem Boden des Klassenkampfes stehenden Parteien und Gewerkschaften nach den unerläßlichen Vorbesprechungen alsbald einen Organisationsausschuß einsetzen und dieser einen Gründungskongreß beruft, der Statuten und Aktionsprogramm festzustellen und die neuen Parteiorgane zu wählen hat.

Zur Vollendung der Einheit des Weltproletariats fordern wir die Aufrichtung einer alle sozialistischen Parteien umfassenden, arbeitenden und kämpfenden internationalen politischen und gewerkschaftlichen Organisation.

Es lebe das Bündnis aller antifaschistischen Kräfte Deutschlands!
Es lebe ein freies, friedliches Deutschland!
Es lebe der revolutionäre demokratische Sozialismus!
Es lebe die Internationale der Sozialisten der ganzen Welt!

Buchenwald, den 13. April 1945

Das Komitee:
Baumeister, Heinz, Dortmund; Branz, Gottlieb, München; Dr. Brill, Hermann, Berlin; Kautsky, Benedikt, Wien; Mantler, Karl, Wien; Schilling, Erich, Leipzig; Thape, Ernst, Magdeburg

in: H. Brill, Gegen den Strom, Offenbach 1946, S. 96 ff

Jörg Thierfelder

Pfarrer Dankwart Zeller, Tübingen, zum 70. Geburtstag

Deutsch-deutsche Kontakte im Schatten der großen Politik
Geschichte einer kirchlichen Patenschaftsbeziehung zwischen 1964 und 1968

Vorbemerkung

Durch den Bau der Berliner Mauer am 13. August 1961 wurden die Kontakte zwischen den Deutschen in Ost und West immer mehr erschwert. Wichtige gesamtdeutsche Begegnungsmöglichkeiten bildeten die vielfältigen Partnerschaftsbeziehungen zwischen west- und ostdeutschen Kirchengemeinden.

Ein erhalten gebliebener umfangreicher Briefwechsel zwischen dem evangelischen Pfarrer Zeller aus Köngen und Partnern von Kirche sowie Staat und Parteien in der DDR ermöglicht eine Erinnerung an deutsch-deutsche Kontakte auf kirchlicher und politischer Ebene im Vorfeld der neuen Ostpolitik (ab 1969). Aus den Kontakten zwischen zwei Patengemeinden in Ost und West ergaben sich mehrmalige Besuchsreisen von Mitgliedern der Kirchengemeinde Köngen (West) in die Patengemeinde Gräfenroda (Ost) sowie andererseits Besuche von Politikern der (Ost-) CDU und der SED in Köngen. Der Beitrag stellt diese Kontakte dar, zusammen mit den vielen Schwierigkeiten, die sich aus der allgemeinen politischen Situation damals ergaben.[1]

1. Zur allgemeinen politischen und kirchlichen Lage im geteilten Deutschland zwischen 1964 und 1968

Der Beginn der Kontakte im Jahr 1964 fiel in eine Zeit der allgemeinen Konsolidierung der DDR nach dem Bau der Berliner Mauer.[2] Bis 1966 hielt die DDR an ihrer Forderung nach der "Einheit Deutschlands" fest; die deutsche Teilung wurde freilich weiter zementiert. Im Mai 1964 hatte Ulbricht Bundeskanzler Erhard in einem Brief vorgeschlagen, daß beide deutsche Staaten an der Überwindung der Spaltung arbeiten sollten. Er erhielt keine Antwort.[3] Mit der Bildung der Großen Koalition Ende 1966 änderte die DDR ihre Deutschlandpolitik radikal.[4] Die neue Politik der Regierung Kiesinger/Brandt, die bessere Kontakte mit den osteuropäischen Ländern wollte und auch eine Entkrampfung in Deutschland anstrebte, stieß auf großen Widerstand in der DDR. Man befürchtete, isoliert zu werden. "Eine Vereinigung zwischen unsrem sozialistischen Vaterland und der vom Monopolkapitalismus beherrschten Bundesrepublik (sei) unmöglich", so hieß es in einem (bestellten?) Leserbrief des "Neuen Deutschland" vom 16.1.1967.[5] Das machte deutsch-deutsche Kontakte auf unterer Ebene zunehmend schwieriger.

Kirchlich gesehen fallen die Jahre 1964-1968 in eine Zeit, in der die DDR die gesamtdeutsche Kirchenorganisation der Evangelischen Kirche in Deutschland (EKD) bekämpfte. Nach der Unterzeichnung des Militärseelsorgevertrages zwischen der EKD und der Bundesregierung brach die DDR-Regierung die Beziehungen zur "NATO-Kirche" EKD ab.[6] Durch eine Vielzahl von administrativen Maßnahmen drängte die DDR-Regierung auf eine Trennung der DDR-Kirchen von den Kirchen der Bundesrepublik, ein Prozeß, der sich über 10 Jahre hinzog. Besonders spektakulär war die Ausbürgerung des damaligen Ratsvorsitzenden Kurt Scharf Ende August 1961. Unter anderem wurde ihm vorgeworfen, er sei als Ratsvorsitzender der EKD Leiter einer "friedensfeindlichen und illegalen Organisation".[7] Mit der Gründung des Bundes der Evangelischen Kirchen in der DDR (BEK) 1969 und dessen Anerkennung durch die Regierung der DDR 1971 schieden die evangelischen Kirchen der DDR endgültig aus der rechtlichen Gemeinschaft der EKD aus; in Art. 4,4 der Bundesordnung bekannten sie sich freilich "zu der besonderen Gemeinschaft der ganzen evangelischen Christenheit in Deutschland".[8]

Für die offizielle DDR-Politik waren Patenschaftsbeziehungen zwischen den Kirchengemeinden in Ost und West unter diesen Umständen nicht willkommen, gingen sie doch im Grunde von der fortdauernden Einheit der EKD aus.[8a] Die Bundesregierung hingegen unterstützte solche Patenschaftsbeziehungen ausdrücklich. Auftritte von (Ost-) CDU-Politikern und SED-Politikern in der Bundesrepublik sowie Treffen von Gruppen aus der Bundesrepublik mit Vertretern des politischen Lebens der DDR in der DDR wurden von dieser nicht behindert, zumal hier der eigene politische Standpunkt deutlich zum Ausdruck gebracht werden konnte.[9]

Wer zwischen 1964 und 1968 intensive Kontakte mit der Patengemeinde in der DDR pflegen wollte, die auch Treffen in der DDR umfaßten, mußte ungewollt und manchmal auch gewollt Kontakte mit Vertretern des politischen Lebens der DDR in Kauf nehmen.

2. Patenschaftsbeziehungen zwischen Köngen und Gräfenroda

Aufgrund von Verabredungen, die bis in die späten 40er und die 50er Jahre zurückreichten, hatte jede evangelische Landeskirche in der DDR eine oder mehrere Partnerkirchen in der Bundesrepublik.[10] Entsprechende Beziehungen gab es auch auf der Ebene der Kirchenkreise und -gemeinden (Sprach man in den ersten Jahrzehnten nach dem Krieg von Patengemeinden, so seit Ende der 60er Jahre von Partnergemeinden.). Die Inhalte dieser Beziehungen waren höchst unterschiedlich. Sicher nahm die materielle Hilfe von West nach Ost einen ganz wesentlichen Platz ein. Doch spielten auch der Erfahrungsaustausch zwischen den jeweiligen Pfarrern und den Gemeinden eine wichtige Rolle. Dabei informierte man sich gegenseitig über die jeweiligen Lebensverhältnisse. Ansatzweise konnte es auch zu kommunalen Kontakten kommen.

Partnerkirche der thüringischen Landeskirche war die württembergische Landeskirche. Die württembergische Kirchengemeinde Köngen hatte die thüringische Kirchengemeinde in Gräfenroda mit ihrem Pfarrer Hans-Joachim Blankenburg zur Patengemeinde. Pfarrer Zeller kam 1964 nach Köngen. Dankwart Zeller war und ist noch Mitglied der Kirchlichen Bruderschaft in Württemberg, einer Vereinigung von evangelischen Gemeindegliedern und Pfarrern, die sich von der Tradition der Bekennenden Kirche her versteht und insbesondere die politische Verantwortung der Kirche in Wort und Tat zum Zug bringen will.[11] Konkret engagierte sich die Kirchliche Bruderschaft nach dem Zweiten Weltkrieg vor allem gegen die Wiederbewaffnung Deutschlands und die Atombewaffnung der Bundeswehr. Nach dem vorläufigen Abschluß der Atomdebatte 1958 beschäftigte sie sich intensiv mit dem Ost-West-Verhältnis. Sie beteiligte sich auch an der durch Dibelius' Obrigkeitsschrift ausgelösten Debatte, ob Röm 13 ("Seid untertan der Obrigkeit") auch in bezug auf die DDR-Staatsmacht gelte. In diesem Zusammenhang entstand in Bruderschaftskreisen eine "Evangelische Stellungnahme zu der Frage 'Die Christen und ihre Obrigkeit'". Sie enthielt auch die Forderung nach "einer wechselseitigen staatsrechtlichen Anerkennung der beiden deutschen Teilstaaten" und rief heftige Reaktionen in der Bundesrepublik hervor.[12] Zu einer solchen Anerkennung sollte es erst in der Zeit der sozialliberalen Koalition (ab 1969) kommen.

Zeller kam zu Beginn der 60er Jahre immer wieder zu Tagungen in die DDR, so z.B. zu den Treffen des Weißenseer Arbeitskreises.[13] Er nahm auch an Regionaltagungen der Christlichen Friedenskonferenz (CFK) in der DDR teil. Diese 1958 in Prag gegründete internationale Organisation von Kirchen sowie in Regionalkonferenzen zusammengefaßten Einzelpersonen war im ersten Jahrzehnt ihres Bestehens "eine wichtige Begegnungsstätte zwischen Ost und West unter dem gemeinsamen Willen zur Versöhnung".[14] Wie sehr die Ostblockregierungen sie zum eigenen Propagandainstrument machen wollten, wurde erst jüngst nachgewiesen.[15] Sie kam 1968 in eine schwere Krise, als ihr Präsident, der Prager Theologieprofessor Hromadka, gegen den Einmarsch der Warschauer Pakttruppen in die CSSR protestierte und sich danach genötigt sah zurückzutreten.

Nach einem Besuch Zellers bei seinem Amtskollegen Blankenburg in Gräfenroda im Oktober 1964 wurde die Patenschaftsarbeit intensiviert. Der Köngener Pfarrer brachte Adressen von kirchlichen Mitarbeitern in Gräfenroda mit und verteilte sie an Mitarbeiter in Köngen. So kamen Briefpartnerschaften zustande. Mit Paketen suchten die westlichen Partner die östlichen Partner zu unterstützen. Zum Teil finanzierten die westlichen Partner ihre Pakete selbst, zum Teil erhielten sie vom Hilfswerk der Evangelischen Landeskirche in Württemberg Gelder zum Packen von Paketen bzw. Textilien zum Weiterversand in die DDR.[16] Pfarrer Zeller organisierte auch eine Geschenkaktion von Konfirmanden (West) für Konfirmanden (Ost).[17] Des weiteren wurden auch konkrete Projekte der thüringischen Gemeinde unterstützt. Diese trug schwer an der Renovierung kirchlicher Gebäude und der denkmalgeschützten Orgel. Konkret ging es nur um die Frage, ob und zu welchen Konditionen eine Spende aus der Bundesrepublik in die DDR transferiert werden könnte. Nach einem Briefwechsel mit dem Hilfswerk konnten 1.000,-- DM, die bei einem Gemeindefest in Köngen erwirtschaftet worden waren, zum Kurs von 1:1,5 in die Patengemeinde transferiert werden.[18] In seinem Dankesschreiben bot Pfarrer Blankenburg aus Gräfenroda von heimischen Drechslern hergestellte Kollektenteller als Gegengabe an, die von Köngen gerne akzeptiert wurden.[19] Mit Hilfe des Hilfswerks und des Patenpfarrers in Köngen konnte Pfarrer Blankenburg in Gräfenroda schließlich im Jahr 1968 auch in den Besitz eines PKW der Marke Wartburg gelangen.[20] Auch bei der Übersiedlung von DDR-Bürgern bzw. Kuraufenthalten für kranke DDR-Bürger war Pfarrer Zeller behilflich.[21] Im Zuge der gegenseitigen Besuche wurden schließlich auch mögliche Partnerschaftsbeziehungen zwischen den örtlichen Vereinen diskutiert (s.u.).

3. *Besuche und Gegenbesuch 1965/66*

Schon beim ersten Besuch von Pfarrer Zeller in Gräfenroda beschlossen beide Pfarrer, wenn möglich einen Besuch einer Gruppe von kirchlichen Mitarbeitern aus Köngen in Gräfenroda zu arrangieren.[22] Pfarrer Blankenburg aus Gräfenroda schlug als Besuchstermin den 18.-22. September 1965 vor. Zunächst mußte die zuständige Stelle beim Rat des Kreises konsultiert werden. "Die Aussichten sind nicht ganz hoffnungslos", teilte Pfarrer Blankenburg am 22. Juni 1965 mit. Pfarrer Zeller sollte in einem Brief an den Bürgermeister des Ortes Gräfenroda Referenzen nennen, d.h. Persönlichkeiten des politischen Lebens in der DDR angeben, mit denen er schon Kontakt gehabt hatte. Pfarrer Blankenburg hoffte, daß es "zu einer kirchlichen Begegnung kommen" würde mit einer Predigt von Pfarrer Zeller, mit einem Gemeindeabend und einer Übernachtung in Gräfenroda.[23] Pfarrer Zeller warnte in seinem Antwortbrief vor der Illusion, daß man den Besuch offiziell als "kirchliche Begegnung" laufen lassen könnte. Er müßte als politische Begegnung angemeldet werden. "Wenn wir also nicht Gefahr laufen wollen, alles zu verscherzen, sollte man nur ein Minimum an geistlicher Substanz beantragen, um dann eventuell ein Maximum zu praktizieren". Zeller wies seinen DDR-Amtskollegen auf zwei Verbindungsleute hin, die am besten eingeschaltet werden sollten, nämlich Präses Willy Rutsch aus Erfurt und Frau Stolzenbach, eine Pfarrerswitwe aus Ostberlin, beide Mitglieder der Ost-CDU.[24] Willy Rutsch, Präses der Vereinigten Kirchen- und Klosterkammer, früherer Minister im alten Land Thüringen, war aktiver Katholik und setzte sich unter Berufung auf die Friedensenzykliken der Päpste Johannes XXIII und Paul VI für den Völkerfrieden ein. Er sah sich dabei in voller Übereinstimmung mit der Friedenspolitik der DDR. So hieß es in dem von ihm mitverfaßten "Friedensruf" katholischer Bürger "aus der Hauptstadt Berlin" vom 22.5.1964: "Wir treten mit unseren Päpsten für Gerechtigkeit und Liebe zwischen den Völkern ein. Deshalb sind wir stolz darauf, daß unsere Regierung die Völkerfreundschaft zum Prinzip ihrer Außenpolitik erhoben hat. Unser christliches Gewissen zwingt uns jedoch, die aggressive Revanchepolitik der Bundesrepublik schärfstens zu verurteilen, weil sie neues, noch furchtbareres Leid über die Völker bringen kann."[25] Rutsch organisierte laufend Ost-West-Begegnungen. Auch wenn Rutsch sich mit seinem Friedensengagement objektiv vor den Karren der DDR-Propaganda spannen ließ[26], konnte ihm ein ehrliches Bemühen um Aussöhnung und Brückenschlag nicht abgesprochen werden. Er setzte sich für die Besuchsreisen in die DDR unermüdlich ein, auch als von Seiten der DDR immer größere Hindernisse aufgerichtet wurden.

Pfarrer Zeller schrieb dann an den Bürgermeister von Gräfenroda und die Angelegenheit wegen des Besuchs wanderte an die höheren Instanzen in der DDR. Anfang August erbat Rutsch eine Liste mit den vorgesehenen Besuchern.[27] Zeller schickte Mitte August die Liste und entwickelte Vorschläge für das Besuchsprogramm. 1 1/2 Tage wollte man in der Patengemeinde verbringen und an 2 1/2 Tagen Weimar, Buchenwald oder die Wartburg besuchen, "einen Einblick in die sozialen Errungenschaften der DDR ... gewinnen" und ein Ost-West-Gespräch mit "verantwortlichen Mitarbeitern Ihres Staates (unter Beteiligung von Friedensrat, Nationalrat, CDU und kommunalen Funktionären?)" führen.[28] Anfang September war noch nichts geklärt. Mitte September - der geplante Termin war schon verstrichen - kam endlich die Zusage, daß der Besuch in der ersten Oktoberhälfte stattfinden könnte, freilich würde eine Übernachtung in der Patengemeinde nicht erlaubt.[29] Nun war die Frage, ob man trotzdem fahren solle. Die Besuchsgruppe entschied sich zum Fahren, konnte aber mit Erfolg durchsetzen, daß ein Tag in der Patengemeinde genehmigt wurde. Der Besuch wurde dann durchgeführt. Neben der Patengemeinde wurden Weimar, Buchenwald und die Wartburg aufgesucht. Und auch das Ost-West-Gespräch fand statt.

Schon im August hatte Pfarrer Zeller Willy Rutsch zu einem "Ost-West-Gespräch über die uns bewegenden Fragen der Friedenserhaltung und der Verständigung zwischen

DDR und BRD" eingeladen.[30] Und Rutsch konnte Anfang November 1965 mitteilen, daß er nach Rücksprache mit der CDU-Zentrale in Berlin die Zustimmung erhalten habe, die Einladung anzunehmen.[31] In den nächsten Wochen ging es dann um die Frage, wer zu dem Gegenbesuch nach Köngen kommen würde. Frau Stolzenbach schlug vor, neben Rutsch und ihr auf jeden Fall einen evangelischen Theologen einzuladen und auch einen Marxisten. Sie sprach von den positiven Erfahrungen, wenn bei Tagungen des Internationalen Versöhnungsbundes in der Bundesrepublik oder bei Treffen der Christlichen Friedenskonferenz in der DDR Marxisten eingeladen würden.[32] Auch Pfarrer Zeller sprach sich für die Einladung eines Marxisten aus und schlug den Leiter der Gedenkstätte Buchenwald, Kucharczyk, vor, den die Gruppe aus Köngen bei ihrer Besichtigung von Buchenwald kennengelernt hatte. Auch äußerte er den Wunsch, den Patenpfarrer Blankenburg aus Gräfenroda "mitzulotsen".[33] Anfang Dezember konnte Rutsch mitteilen, daß er auf jeden Fall mit Frau Stolzenbach zu einem Vortragsabend nach Köngen kommen würde und bat um Zusendung des Programms.[34] Fest ausgemacht wurde daraufhin ein Vortragsabend am 2.2.1966 in Köngen, in der Rutsch bzw. der noch einzuladende Marxist reden sollten zum Thema "Meine politische Verantwortung als Christ in der DDR - meine politische Verantwortung als Marxist in der DDR". Weiter sollte noch ein Katholik aus der Bundesrepublik als Redner gewonnen werden.[35] Anfang Januar bemühte sich Rutsch noch um einen jungen Theologen von der Humboldt-Universität und den Schulleiter einer erweiterten Oberschule aus Weimar.[36] Das Programm sah nun vor: Besuch eines Industriebetriebs, Gespräche mit der Kommunalverwaltung, der Lehrerschaft und Vertretern der Parteien, der Gewerkschaften und der Kirchen. Auch eine Kirchengemeinderatssitzung mit den Gästen wurde geplant. Zum Abschluß sollte ein Gespräch mit Kriegsgegnerorganisationen, u.a. der Bruderschaft, stattfinden.[37]

Der Besuch aus der DDR fand dann im Februar 1966 in Köngen statt. Neben Willy Rutsch und Frau Stolzenbach kamen zwei Vertreter der SED aus Dresden, der Leiter der renommierten Kreuzschule in Dresden, Oberstudienrat Gottfried Richter, und ein Dozent der Technischen Universität. Gottfried Richter stellte sich in Köngen und bei den weiteren Kontakten als überzeugter, nicht opportunistischer Marxist dar.[38] Der Vortragsabend stieß auf große Resonanz bei der Bevölkerung. Um gegen Scherereien gewappnet zu sein, lud Zeller sogar ganz offiziell einen Vertreter des Verfassungsschutzes ein und begrüßte ihn vom Podium her. Ein weiterer wichtiger Termin war ein Gespräch auf dem Rathaus von Köngen mit der DDR-Delegation. Vertreten waren auf westlicher Seite die verschiedenen Parteien wie auch die Gewerkschaften. Die Grundfrage bei diesem Gespräch war, welche Möglichkeiten es für Schritte zur Wiedervereinigung gebe.[39] Auch die DDR-Delegation konnte im Frühjahr 1966, also bevor die DDR-Führung die Einheit Deutschlands aus ihrem Forderungskatalog strich, noch ohne Schwierigkeiten an einem Gespräch über Schritte der Wiedervereinigung teilnehmen.

4. Besuch und Gegenbesuch 1966/67

Der Besuch war nach Einschätzung der DDR-Besucher sehr positiv verlaufen, Willy Rutsch sah vor allem eine positive Wirkung für die von beiden Seiten gewollte Friedensarbeit.[40] Oberstudienrat Richter sprach eine Gegeneinladung nach Dresden aus. Beide hatten schon in Köngen von dem Wunsch nach einem weiteren Besuch von Vertretern der Kirchengemeinde Köngen bei der Patengemeinde in Gräfenroda erfahren. Auch dieses Mal wurde von westlicher Seite gewünscht, daß Pfarrer Zeller dort den Gottesdienst halten könnte.[41] Auch Pfarrer Blankenburg sprach sich sehr für einen erneuten Besuch in Gräfenroda aus.[42] Anfang März teilte Rutsch mit, daß auch beim diesjährigen Besuch die Patengemeinde aufgesucht werden könne; Schwierigkeiten bereite die Predigt von Zeller in Gräfenroda.[43] Einige Tage später erhielt die westdeutsche Gemeinde die Nachricht, daß dieses Mal ein Besuch in Gräfenroda nicht möglich sei.[44] Dies veranlaßte Zeller zu einem ausführlichen Protestbrief an Rutsch, worin er diesem mitteilte, daß unter diesen Umständen auf den Besuch in Dresden ganz verzichtet werden müßte.[45] Daraufhin wurde Rutsch in Ostberlin vorstellig und erreichte, daß wenigstens eine Delegation von vier Vertretern der westlichen Gemeinde nach Gräfenroda fahren konnte.[46] Die westliche Reisegruppe entschied sich, unter diesen Umständen die Reise doch zu wagen. Mit einer Gruppe von 28 Personen fuhr man nach Ostern 1966 nach Dresden und anschließend nach Erfurt, Weimar und Buchenwald. Aussprachen mit Lehrern und Schülern einer Dresdner Oberschule und einer Lehrausbildungsstätte fanden statt. Im kirchlichen Gemeindeblatt von Köngen wurde unter "Ostdeutsches Reisetagebuch" eine Schilderung der Reise gegeben. Als ein Höhepunkt wurde das Gespräch in der Dresdner Kreuzschule am Abend geschildert: "... lieferten sich die vierzig Lehrer der Schule (samt Frauen) und die 23 Köngener ein heißes Redegefecht über drei Fragenkreise: 1. Das Wesen der politisch-ideologischen Erziehung in der DDR; 2. welche Chance die Christen in diesem sozialistischen Staat haben; 3. wie wir wohl der Vereinigung Deutschlands näherkommen könnten. Manchmal stoben die Funken nur so, und es wurden zwei Dinge klar: Daß wir einerseits viel mehr gemeinsam haben, als wir oft denken, daß aber andererseits die Auseinandersetzung zwischen dem christlichen Glauben und dem Marxismus von beiden Seiten noch viel gründlicher und ernsthafter geführt werden muß."[47] In seinem Dankesbrief an Willy Rutsch teilte Zeller mit, daß er sich weiter mit allen Kräften für entsprechende Begegnungen einsetzen wollte. Einen Bericht über die Dresdner Reise wollte er zusammen mit Wünschen und Anregungen an das Gesamtdeutsche Ministerium schicken. Weiter schlug er einen erneuten Gegenbesuch in Köngen vor.[48]

Zeller bemühte sich in den nächsten Monaten auch darum, einen kommunalen Austausch zwischen Köngen und Gräfenroda zustande zu bringen. Im Mai 1966 kündigte er die Bereitschaft des Turn- und Sportvereines von Köngen an, zu einem Leichtathletikvergleichskampf nach Gräfenroda zu kommen.[49] Als keine Antwort kam, hakte er zwei Monate später nach.[50] Der Antwortbrief aus Gräfenroda war dann doch ziemlich ausweichend. Einen Vergleichskampf könne man gegenwärtig in Gräfenroda nicht durchführen; dazu müßten erst die sportlichen Anlagen in Ordnung gebracht werden. Der eigentliche Grund für das Zögern wurde etwas verschlüsselt so benannt: "Durch die sehr umfangreiche Arbeit in unserer Gemeinde sowie die Klärung der in Ihrem Schreiben aufgeworfenen Fragen in Verbindung mit dem Dialog der beiden großen Arbeiterparteien wurde unsere Antwort hinausgezögert, welches wir hiermit zu entschuldigen bitten."[51] Der Brief spricht den im Jahr 1966 geplanten Austausch von Rednern der SPD und der SED an. Danach sollten zunächst in Karl-Marx-Stadt Vertreter der SPD auf einer SED-Versammlung sprechen und dann in Essen Vertreter der SED auf einer SPD-Versammlung. Die SED sagte dann schließlich den Redneraustausch ab. Die SED-Führung war offensichtlich vom großen Echo, das der angekündigte Austausch in der DDR gefunden hatte, schockiert. Sie schreckte vor der Wirkung, die eine öffentliche Diskussion der Deutschen Frage auf die DDR-Bevölkerung haben würde, zurück.[52] Der Bürgermeister von Gräfenroda wandte sich dann noch einmal an den Bürgermeister von Köngen und regte einen allgemeinen politischen Meinungsaustausch der Kommunen an.[53] Der Bürgermeister von Köngen sah dies nicht als Aufgabe der Gemeindeverwaltung an, sondern empfahl einen solchen Austausch auf der Ebene der Parteien bzw. einzelner politisch Interessierter an.[54] Damit endeten die brieflichen Kontakte zwischen den Bürgermeistern von Gräfenroda und von Köngen.

Im Juli 1966 wandte sich Zeller dann an den Minister für Gesamtdeutsche Fragen Mende in Bonn. Er gab einen Bericht über die bisherigen Kontakte und verwies auf die Schwierigkeiten bei den Besuchen in der Patengemeinde. Und er führte die von den DDR-Funktionären vorgebrachte Begründung an, daß Mende und Bundeskanzler Erhard "öffentlich dazu aufgefordert hätten, angesichts der 'Mauerschikanen' und der mangelnden Bereitschaft der ostdeutschen Regierung, den Reiseverkehr freizugeben, sollten möglichst viele verwandtschaftliche und kirchliche Verbindungen ausgenützt werden, um nach drüben zu fahren und die Brüder zu trösten". Zeller bat, "daß künftig auf die dargelegten Zusammenhänge Rücksicht genommen wird und bei öffentlichen Reden solche Töne vermieden werden". Nach seiner Ansicht setze sich in seiner Gemeinde immer mehr die Meinung durch, "daß die Nichtanerkennung der ostdeutschen Regierung und das Nichtverhandeln zwischen den beiderseitigen offiziellen Administrationen uns keinen Schritt weiter bringt, die menschliche Kluft nur vertieft und mehr Schaden stiftet als man davon politischen Nutzen erhoffen kann. Will man auf der einen Seite die menschlichen Kontakte und Besuche vermehren, dann ist es völlig unlogisch, andererseits der Regierung des betreffenden Gebietes, die die Pässe kontrolliert wie jede andere auch und die für die Sicherheit der Reisenden haftet, dauernd eins ans Schienbein zu geben und zu erklären, sie existiere nicht für uns".[55] Mende wies in seiner Antwort zurück, solche Äußerungen getan zu haben. Er plädiere für die Aufrechterhaltung aller menschlichen Beziehungen in unserem geteilten Land, um die Freiheit des deutschen Volkes als Nation zu erhalten und zu fördern". Den "kommunistischen Machthaber(n)" warf er andererseits vor, "ihrer Zweistaatentheorie den Unsinn einer Zweivölkertheorie hinzuzufügen, um die Einheit des deutschen Volkes als Nation zu zerstören". Ansonsten war es für Mende erfreulich, "daß Sie sich um eine enge Verbindung zu Ihrer mitteldeutschen Patengemeinde bemühen".[56]

Im Herbst 1966 bahnte sich dann ein erneuter Besuch in Köngen an. Der Schulleiter aus Dresden, Gottfried Richter, war bereit, bei einer Veranstaltung Anfang Februar 1967 zusammen mit einem westdeutschen Marxisten, Fritz Lamm, über die Zukunftserwartung des Marxismus zu reden.[57] Wie sehr sich die politische Großwetterlage inzwischen gewandelt hatte mit der Großen Koalition in Bonn und der folgenden Abgrenzungspolitik der DDR zeigte sich daran, daß trotz des Bemühens von Rutsch ein thüringischer Superintendent nicht mitfahren durfte. Rutsch konnte seine Kritik an dieser Entscheidung nur zwischen den Zeilen äußern: "Aber daran war man (gemeint ist wohl die SED, der Verf.) wahrscheinlich nicht interessiert."[58] Ja, Rutsch selber konnte dieses Mal nicht mitkommen. Ein von Zeller vorbereitetes Gespräch mit dem früheren CDU-Kultusminister Simpfendörfer und weiteren CDU-Mitgliedern mußte darum entfallen.[59] Schulleiter Richter aus Dresden konnte auf Nachfrage von Zeller nur antworten, "daß der Nationalrat sich darauf geeinigt habe, daß aus Erfurt diesmal niemand mitfahre.; auch hatte es offensichtlich in bezug auf Rutsch eine Namensverwechslung gegeben."[60] Rutsch konnte gerade die letzte Vermutung von Richter zurückweisen: "Im übrigen bin ich beim Nationalrat so gut bekannt, daß eine Verwechslung einfach unmöglich ist."[61]

Im Anschluß an die Vortragsveranstaltung in Köngen kam es zu einem politischen Eklat. Im örtlichen Anzeiger wurde über einen politischen Frühschoppen mit dem Esslinger CDU-Bundestagsabgeordneten berichtet, bei dem die Anwesenden Kritik am Auftreten eines "Zonenfunktionärs" in Köngen geäußert hätten. Der Bundestagsabgeordnete plädierte dafür, in der Bundesrepublik als einem freiheitlichen Staat "jedem Bruder und jeder Schwester aus der Zone Redefreiheit" zu erteilen, warnte aber vor "Aufwertung" solcher Funktionäre. Keineswegs sei er für "die Errichtung einer SED-Hochburg im Neckartal". Zum Schluß brachten die Anwesenden zum Ausdruck, "daß Herr Richter wahrscheinlich keinen der Veranstaltungsteilnehmer von seiner SED-Politik überzeugen konnte, daß aber sein Erscheinen (schon zum zweitenmal) jedesmal große Spannungen und Spaltungserscheinungen hinterlassen habe, was doch bestimmt nicht im Sinne der Veranstalter liegen könne".[62] In einer Replik im örtlichen Anzeiger konnte Zeller die Angriffe zurückweisen. In der Faschings-Zeitung war kurz danach in einem pamphletischen Artikel ebenfalls von "Köngen, der SED-Hochburg am Neckar" die Rede, worauf ein Kirchengemeinderat humorvoll konterte.[63]

Die nächste Besuchsreise in die DDR, die vom 30. März bis zum 3. April ging, stand unter einem mehrfachen Unstern. Willy Rutsch teilte Zeller mit, daß die zuständige Stelle in Berlin mit Richter vereinbart habe, "daß Ihre Reise diesmal nur in den Bezirk Dresden erfolgt".[64] Trotz eines empörten Protestbriefs Zellers tat sich zunächst nichts.[65]

So beschloß Zeller, dieses Mal auf seine Teilnahme zu verzichten. Auch andere Reiseteilnehmer zogen zurück. Ein junger Theologiestudent aus Köngen sollte die Reisegruppe leiten. Als dann aus Gräfenroda die Nachricht kam, daß der dortige Bürgermeister sich um eine Aufenthaltsgenehmigung in Gräfenroda bemühen würde, entschloß sich Zeller doch noch mitzufahren.[66]

Die Reise endete mit einem schweren Affront gegen die Gruppe aus Köngen. Als sie, aus Dresden kommend, am Abend Erfurt erreichte, behauptete man dort, die Gruppe aus Köngen sei gar nicht angemeldet worden und eine Genehmigung für Gräfenroda läge nicht vor. Einem unerfreulichen Hick-Hack entzogen sich die Köngener, indem sie noch in der Nacht das Gebiet der DDR verließen. Zellers Brief an Richter berichtet über den Affront und läßt an Deutlichkeit nichts zu wünschen übrig: "Da ich nicht glauben kann, daß alles nur auf einem Versehen eines Dresdener Büros beruhte, da ich vielmehr das Ganze nur als Auswirkung der neuen harten Linie (zwei Staatsvölker, keine 'gesamtdeutsche' Begegnung mehr, entweder alles oder nichts) ansehen kann, halte ich dieses Ergebnis für keine sehr erfolgreiche Politik. Es scheint, daß man auf die Gefühle der einfachen Bürger zugunsten der Parteiraison keine Rücksicht mehr zu nehmen für nötig hält. Das aber ist das Gegenteil von 'demokratischer' Gesinnung." Und durchaus klarsichtig stellte Zeller fest: "Inzwischen habe ich sogar den Verdacht, daß es dem Staatsrat der DDR im Letzten gar nicht recht wäre, wenn Kiesinger die DDR anerkennen und über Reiseerleichterungen u.a. zwischenstaatliche Beziehungen von Regierung zu Regierung verhandeln würde. Denn dann wären ja die von ihnen so gefürchteten unterschwelligen Kontakte auf allen Gebieten bei uns nicht aufzuhalten und zu kontrollieren."[67] Schulleiter Richter aus Dresden antwortete bald darauf. Er schob die Schwierigkeiten im Bezirk auf die "gewissen Haltungen der EKD gegenüber der DDR". Wahrscheinlich wollte er sagen, daß die damalige Weigerung der EKD, sich nur auf die Landeskirchen in der Bundesrepublik zu beschränken, für die Schwierigkeiten bei kirchlichen Kontakten auf der Basis verantwortlich zu machen sei. Ansonsten vertrat Richter die damalige offizielle DDR-Linie: "Wir müssen aus dem Gegeneinander der beiden deutschen Staaten zunächst zu einem Nebeneinander kommen. Nebeneinander heißt aber: Normalisierung der Beziehungen, die auch alle Fragen zwischen den Menschen in beiden deutschen Staaten normalisiert. Dieses Nebeneinander müssen wir über einen langen Zeitraum klug nutzen, damit aus dem Nebeneinander ein späteres Miteinander möglich wird."[68]

Auch Pfarrer Blankenburg, Gräfenroda, bedauerte es sehr, daß es zu keinem Besuch in der Patengemeinde gekommen war. Auch er stellte in seinem Brief politische Überlegungen an, allerdings kirchenpolitische. Im Vorfeld der von der DDR mit aller Macht betriebenen Spaltung der EKD im Jahre 1969 hatte die Thüringer Synode einen Beschluß gefaßt, die der DDR-Regierung entgegenkommen sollte, nämlich zwei gleichberechtigte EKD-Ratsvorsitzende in Ost und West zu wählen. Doch dieser Vorschlag wurde von der EKD-Synode nicht aufgenommen. Sowohl der Ratsvorsitzende als auch sein Stellvertreter stammten aus dem Westen. Der empörte Kommentar des DDR-Pfarrers war: "Was soll denn - und so scheint es doch nun - die Anwendung der sogenannten Hallstein-Doktrin auf die Landeskirchen?"[69]

Mit dem zweiten Dresdner Besuch ging die Reihe der Besuche aus der Gemeinde Köngen zu Ende. Zwar wurden noch Versuche unternommen, einen neuen Besuch zustande zu bringen. Doch Willy Rutsch, der sich auch jetzt noch bemühte, stellte in einem Brief an Zeller fest: "Hinsichtlich Ihres Besuches hier habe ich, wie bereits erwähnt, noch kein positives Ergebnis vorliegen. Manche leiden eben sehr lange am Schnupfen, der durch den Wind bei Ihrem letzten Besuch entstanden ist."[70] Die Wahrheit war wohl, daß die DDR in dieser Phase kein Interesse an gesamtdeutschen kirchlichen Beziehungen hatte.[71]

Zusammenfassung

Der Zeitpunkt für den Besuchsaustausch zwischen Deutschland West und Ost war von 1964 bis 1968 gewiß denkbar schwierig. Die Beziehungen zwischen den beiden deutschen Staaten waren extrem schlecht. Während die Bonner Regierung (bis 1969) an dem in der Hallstein-Doktrin formulierten Alleinvertretungsanspruch festhielt, legte die DDR alles darauf an, endlich zu der gewünschten Anerkennung zu kommen. Sehr schlecht waren auch die Beziehungen zwischen der DDR und der Evangelischen Kirche in Deutschland (EKD). Seit 1958 gab es ein ständiges Trommelfeuer gegen die EKD, jener "NATO-Kirche" und "fünfter Kolonne". Seit 1966, als die DDR die Wiedervereinigung aus ihrem Propagandavokabular strich, galt die EKD als letzte gesamtdeutsche Klammer.

Die Motive der Ost-West-Reisenden waren gewiß recht unterschiedlich. Gottfried Richter aus Dresden war überzeugter Marxist und sah in den Besuchen in der Bundesrepublik die Möglichkeit, den Standpunkt der DDR-Regierung in der Bundesrepublik zu Gehör zu bringen. Willy Rutsch war praktizierender Katholik, der sich im privaten Gespräch als ein (Ost-) CDU-Politiker mit durchaus eigenständigen Ansichten darstellte. Er war zutiefst von der Aufgabe der Christen durchdrungen, Frieden und Versöhnung zu stiften, eben auch in Deutschland, dieser Nahtstelle des Kalten Krieges. Daß er auch Kritik an der offiziellen Politik der DDR-Regierung hatte, ließ er höchstens einmal im privaten Gespräch anklingen; öffentlich schien es ihm nicht möglich zu sein. Pfarrer Zeller war nicht nur überzeugt, daß die reichen Kirchengemeinden in der Bundesrepublik zur Unterstützung der armen Kirchengemeinden in der DDR verpflichtet seien; als Christ sah er auch seine Aufgabe darin, zur Entspannung zwischen den feindlichen Blöcken beizutragen. Nach seiner Meinung war darauf hinzuwirken, daß die Bundesrepublik ihren Alleinvertretungsanspruch aufgeben sollte und die DDR, die sich seit 1961 immer mehr abgeschottet hatte, sich öffnen müßte. Daß er sich um dieses Friedensengagements willen als Sympathisant des Kommunismus titulieren lassen mußte, schmerzte ihn, ließ sich aber seines Erachtens nach nicht vermeiden. Glaubwürdig konnte Zeller nach seiner Meinung nur bleiben, wenn die Besuche in der DDR an Besuche in der Patengemeinde gekoppelt blieben; andernfalls dienten sie nur der Propaganda der DDR. Dieser wiederum war diese Koppelung ein zunehmendes Ärgernis. Ab 1967, als sich die DDR zunehmend gegen die Einheit Deutschlands aussprach und die EKD immer stärker bekämpfte, war die DDR nicht mehr bereit, eine solche Koppelung zu tolerieren.

Betrachtet man die gegenseitigen Besuche zwischen 1964 und 1968 von heute her, so waren sie ein kleiner Beitrag von kirchlicher Seite zur Entspannung, die dann mit der neuen Ostpolitik Willy Brandts ab 1969 an Boden gewann. Sie vermittelten den Westbesuchern ein realistisches Bild der DDR. Sie hielten das Bewußtsein der "besonderen Gemeinschaft" zwischen den Landeskirchen der Bundesrepublik und der DDR wach.

Anmerkungen

1 Der gesamte Briefwechsel ist im Besitz des V.

2 Vgl. Hermann Weber, Kleine Geschichte der DDR, Stuttgart 1980, S. 105 ff.

3 Zum Folgenden ebd. S. 118.

4 Ebd., S. 128.

5 Zit. nach ebd.

6 Am 17.5.1958 teilte DDR-Ministerpräsident Grotewohl dem EKD-Bevollmächtigten bei der DDR-Regierung Propst Grüber mit, daß die DDR keine Vertretung der EKD bei der DDR-Regierung anerkenne. Vgl. Peter Maser, Glauben im Sozialismus, Berlin 1989, S. 74.

7 Vgl. Karl Herbert, Kirche zwischen Aufbruch und Tradition. Entscheidungsjahre nach 1945, Stuttgart 1989, S. 307.

8 Zit. nach Peter Maser, a.a.O., S. 84.

8a "Wir denken" - so Oberstudienrat Gottfried Richter (SED), - "daß Patenschaften und ihre Realisierung von normalen Beziehungen zwischen zwei Staaten und von normalen Beziehungen zwischen Staat und Kirche abhängen." Richter an Zeller v. 21.7. 1967. Zu Richter vgl. Anm. 38 - Aus ökonomischen Gründen begrüßte es die DDR andererseits, wenn durch die Patenschaftsbeziehungen die so sehr benötigten Devisen ins Land kamen.

9 Vgl. "'Westarbeit' als offensive Legitimation", Christoph Kleßmann, Zwei Staaten, eine Nation. Deutsche Geschichte 1955 - 1970, Göttingen 1988, S. 458 - 462.

10 Zu den Paten-bzw. Partnerschaften vgl. Reinhard Henkys, Die Evangelischen Kirchen in der DDR, Beiträge zu einer Bestandsaufnahme, München 1982, S. 189- 191, dort S. 191: "Das gesamte Feld der Partnerschaftsbeziehungen ist nicht zentral organisiert. Es ruht auf der Initiative und dem Interesse der Beteiligten. Seine Lebensfähigkeit hat sich daran erwiesen, daß eben nicht nur traditionelle Beziehungen mit den ursprünglichen Personenkreisen weiter geführt werden, sondern immer auch neue entstehen, während alte zuweilen absterben."

11 Zu zwei wichtigen Bruderschaften entsteht im Moment eine Dissertation in Heidelberg von Diethard Buchstädt: Kirche für die Welt. Entstehung, Geschichte und Wirken der Kirchlichen Bruderschaften im Rheinland und Württemberg 1945 - 1960.

12 Vgl. Karl Herbert, a.a.O., S. 305.

13 Am 12./13. Oktober 1964 nahm er zusammen mit Helmut Gollwitzer, Georges Casalis und Jan Milic Lochmann an einer Tagung des Weißenseer Arbeitskreises in Berlin teil. Vgl. - Zeller an Blankenburg vom 1.10. 1964 - Der Weißenseer Arbeitskreis, bestehend aus Theologen von Berlin-Brandenburg, basierte auf der Barmer Theologischen Erklärung von 1934 und dem Darmstädter Wort des Reichsbruderrates von 1947. Er stand kritisch zu Theologen und Kirchenpolitik von Bischof Dibelius. Ein Stasi-Bericht vom 12. August 1960 unterscheidet einen regimefreundlichen Flügel von einem regimefeindlichen. Vgl. dazu Gerhard Besier/Stephan Wolf (Hg.), Pfarrer, Christen und Katholiken, Neukirchen 1991, S. 226 - 232.

14 Karl Herbert, a.a.O. S. 330. Vgl. auch R. Henkys, a.a.O., S. 175.

15 Vgl. Gerhard Besier, Der SED-Staat und die Kirche, München 1993, S. 441 ff. - Besiers Darstellung macht auch deutlich, wie Kirchenmänner aus der Bundesrepublik und der DDR sich immer wieder wehrten, für die östliche Propaganda eingespannt zu werden.

16 Hilfswerk der Evangelischen Landeskirche in Württemberg, gez. Hirth, an Zeller v. 24.11.1964 u. Antwort Zeller v. 26.11.1964, wo es u.a. um eine Patenschaft für den Gräfenrodaer Kirchenförster ging.

17 Blankenburg an Zeller, v. 6.4.1965.

18 Zeller an Hilfswerk v. 14.10.1965 u. Hilfswerk an Zeller v. 2.12.1965. Am 29.9.1966 stellt Zeller seinem thüringischen Amtskollegen eine Orgelspende von 2.000,-- RM in Aussicht.

19 Blankenburg an Zeller v. 19.2.1966.

20 Hilfswerk an Zeller v. 14.5.1968.

21 Zeller an Hilfswerk v. 18.7.1967.

22 Zeller an Blankenburg v. 20.11.1964.

23 Blankenburg an Zeller v. 22.6.1965.

24 Zeller an Blankenburg v. 29.6.1965.

25 Der "Friedensruf" findet sich in einem Bericht über die Tagung des Nationalrats der Nationalen Front mit katholischen Persönlichkeiten. Auf dieser Tagung hielt Rutsch einen Vortrag, der ebenfalls im obigen Bericht abgedruckt ist. Rutsch begann danach seinen Vortrag mit einem Zitat aus der Weihnachtsansprache von Papst Johannes XXIII von 1962: "Es gilt den Frieden zu suchen, zu jeder Zeit sich anzustrengen, um ihn rings um uns zu schaffen, damit er sich in der ganzen Welt ausbreite, ihn vor jedem gefährlichen Wagnis zu schützen und ihn niemals preiszugeben."

26 Wie Besier, a.a.O., S. 572 f nachweist, wandte sich Anfang 1964 die SED-Kirchenpolitik immer aufmerksamer der katholischen Kirche zu, nicht zuletzt wegen der päpstlichen Enzyklika "Pacem in terris". Nach Ansicht des Politbüros des Zentralkomitees der SED sollten die katholischen Christen in den "Kampf um die Sicherung des Friedens und den umfassenden Aufbau des Sozialismus in der DDR" einbezogen werden.

27 Rutsch an Zeller v. 14.8.1965.

28 Zeller an Rutsch v. 20.8.1965.

29 Zeller an Rutsch v. 22.5.1965.

30 Zeller an Rutsch v. 26.8.1965 - Anläßlich des 20. Jahrestags des Kriegsendes plante man in Köngen eine Vortragsreihe "Wo stehen wir heute?" Sie sollte von Martin Niemöller eröffnet werden; auch Landesrabbiner Bloch war als Redner vorgesehen. Zeller schrieb nicht zuletzt für die Ohren derer, die in Berlin die Erlaubnis geben mußten: "Vor allem auch angesichts der immer drohender werdenden Gefahren für den Weltfrieden wäre es unserem Gemeindepresbyterium eine Freude, Sie mit Ihrer lieben Frau und einer Delegation gleich gesinnter und interessierter Freunde aus Ihrer Partei und den ihr nahestenden Funktionsgruppen bei uns zu einem Ost-West-Gespräch über die uns bewegenden Fragen der Friedenserhaltung und der Verständigung zwischen DDR und BRD begrüßen zu dürfen."

31 Rutsch an Zeller v. 5.11.1965.

32 Stolzenbach an Zeller v. 21.10.1965.

33 Zeller an Rutsch v. 9.11.1965.

34 Rutsch an Zeller v. 7.12.1965.

35 Zeller an Rutsch v. 14.12.1965.

36 Rutsch an Zeller v. 4.1.1965.

37 Vgl. hektographiertes Programm o.J.

38 Gottfried Richter, der 1971 zum Professor ernannt wurde, leitete die Kreuzschule ganz nach der Parteilinie. Der Musikwissenschaftler Matthias Hermann erwähnte in einem Vortrag, der vom 7.2. - 28.2.1990 in der Sächsischen Zeitung abgedruckt wurde und das Thema hatte "In Grenzen des Tolerierbaren? Kreuzkantor Rudolf Mauersberger im Spannungsfeld des sozialistischen Apparates"

mehrere Beispiele, wie konsequent Richter hier vorging. Als sich Schüler der Klasse 10c (im März 1966) gegen den Zwang einer Listensammlung der FDJ "für das kämpfende vietnamesische Volk" aussprachen und zwar durch einen im Klassenzimmer ausgehängten Anschlag, kannte Richter kein Pardon. "Es wurde festgelegt, den Schüler H. wegen der eingangs genannten Delikte mit der höchstmöglichen Disziplinarstrafe zu belegen und alle Schüler disziplinarisch zur Verantwortung zu ziehen, die sich von ihrem Verhalten nicht eindeutig distanzieren." (Bericht Richters v. 16.2.1966, abgedruckt in ebd.)

39 Vgl. Bericht in "offen und frei", gegründet von Eugen Eberle, 2. Februar-Ausgabe 1966, S. 3.

40 Rutsch an Zeller v. 18.2.1966.

41 Zeller an Rutsch v. 17.2.1966.

42 Blankenburg an Zeller v. 19.2.1966.

43 Rutsch an Zeller v. 8.3.1966.

44 Vgl. Zeller an "Reiseteilnehmer der DDR-Fahrt" v. 29.3.1966.

45 Zeller an Rutsch v. 17.3.1966 - Zeller vermutete in seinem Brief, daß das Verbot des Besuchs der Patengemeinde zusammenhängen könnte mit der Weigerung der Bundesregierung, die DDR völkerrechtlich anzuerkennen oder gar mit der von der DDR im Vorfeld schwer bekämpften Wahl von Kurt Scharf zum Bischof von Berlin-Brandenburg als Nachfolger von Dibelius. Vgl. dazu auch Besier, a.a.O., S. 601 ff. Zeller selbst hielt die Wahl Scharfs auch nicht für glücklich, mußte doch die Wahl eines Nicht-DDR-Bürgers zum Bischof der Ost-West-übergreifenden Landeskirche von Berlin-Brandenburg auf das DDR-Regime besonders provozierend wirken. Vgl. dazu Besier, a.a.O., S. 604, der die ablehnende Haltung des Weißenseer Arbeitskreises zur Wahl Scharfs darstellt.

46 Rutsch an Zeller v. 24.3.1966.

47 Die Brücke, Gemeindeblatt der Kirchengemeinde Köngen v. Mai 1966.

48 Zeller an Rutsch v. 26.4.1966.

49 Zeller an den Rat der Gemeinde Gräfenroda v. 11.5.1966.

50 Zeller an den Rat der Gemeinde Gräfenroda v. 1.7.1966.

51 Rat der Gemeinde Gräfenroda an Zeller v. 29.6.1966.

52 Zum geplanten Redneraustausch vgl. Weber, a.a.O., S. 127 f.

53 Rat der Gemeinde Gräfenroda an den Bürgermeister von Köngen

54 Zeller an den Rat der Gemeinde Gräfenroda v. 29.9.1966 u.
Kopie des Schreibens des Köngener Bürgermeisters v. 20.9.1966.

55 Zeller an Bundesminister Mende v. 14.7.1966.

56 Mende an Zeller v. 2.9.1966.

57 Zeller an Richter v. 28.9.1966 u. Richter an Zeller v. 22.8.1966.

58 Rutsch an Zeller v. 10.1.1966.

59 Zeller an Rutsch v. 1.2.1967.

60 Zeller an Rutsch v. 17.2.1967.

61 Rutsch an Zeller v. 1.3.1967.

62 Leserzuschrift im Köngener Anzeiger v. 24.2.1967 mit der Überschrift: "Lebhaftes Frühschoppengespräch mit MdB Thomas Ruf. Allgemeine pol. Fragen-SED-Besuch in Köngen."

63 Vgl. Entwurf einer Entgegnung.

64 Rutsch an Zeller v. 6.3.1967.

65 Zeller an Rutsch v. 15.3.1967.

66 Zeller an Richter v. 18.4.1967.

67 Ebd.

68 Richter an Zeller v. 8.5.1967. - Bei einer freundschaftlichen Begegnung zwischen Zeller und Richter über 3 Jahre nach der Wende erinnerte Richter an seinen Satz von damals und fügte an: "Diese Position vertrete ich heute noch. Für das 'Miteinander' war es 1990 noch zu früh ..."(!) Pers. Information Zeller v. 20.12.1993.

69 Blankenburg an Zeller v. 13.4.1967.

70 Rutsch an Zeller v. 15.8.1968.

71 Frau Stolzenbach, Berlin, teilte Zeller am 18.9.1967 mit, "daß für diese Tage, die Sie unglücklicherweise gerade in Erfurt und Weimar waren, eine strenge Anweisung gegeben wurde, jedes Treffen westdeutscher Pfarrer mit Pfarrern der DDR, besonders natürlich, wenn sie noch Mitglieder von Synoden waren, und vor allem Gespräche unter 4 Augen zu verhindern."

Ulrich Bubenheimer

Beobachten - Einbinden - Ausbürgern
Kultur der Anpassung in der Tradition
der evangelischen Kirche

Die Stichworte "Beobachten - Einbinden - Ausbürgern" spielen auf die nach der Wiedervereinigung Deutschlands geführte rückblickende Auseinandersetzung um einen Staat an, zu dem fast jedem alsbald "Stasi" als einer der Besonderheiten dieses Staates einfällt. "Stasi", Staatssicherheitsdienst, ist ein Symbol für einen totalitären Beobachtungsstaat, der seine Bürger einer möglichst kontinuierlichen, in einem Sicherheitsapparat institutionalisierten obrigkeitlichen Kontrolle unterwarf, um alle Abweichungen von der staatlich normierten ideologischen und politischen Linie aufzuspüren und die Dissidenten auf diese Linie zurückzubringen oder zu eliminieren. Wenn das Stasi-Syndrom in den Medien vorgeführt wird, können wir sogenannten Wessis - BRD-Bürger der alten Bundesländer - die Rolle des an den Vorgängen nicht beteiligten Zuschauers einnehmen und dabei das Bedürfnis nach moralischer Entrüstung über jenes Unrechtssystem befriedigen. Die Einsicht, daß nur die geographische Lage die Menschen in der BRD davor bewahrt hat, ihrerseits zu Mitträgern jenes totalitären Systems zu werden, ist im Kopf gelegentlich da, setzt sich aber nicht leicht in eine persönliche Zurückhaltung bei der Beurteilung jener Vorgänge um.

Ich möchte in vorliegender Studie einen Zugang zum Verstehen der angesprochenen Vorgänge - Unterdrückung von Dissidenten und deren Schutzreaktion - anbahnen, indem ich sie in ein sozialpsychologischen Identitätsmodell phänomenologisch einzuordnen versuche, um dann phänomenologisch vergleichbare Vorgänge aus einem anderen Bereich der deutschen Geschichte, nämlich aus dem 17. Jahrhundert darzustellen. Sowohl die phänomenologische als auch die historische Betrachtungsweise könnten dazu verhelfen, Distanz zu Vorgängen zu gewinnen, denen wir zeitlich so nahe stehen, daß ihre Aufarbeitung noch Gegenstand einer mit Machtinteressen verbundenen leidenschaftlichen politischen Auseinandersetzung ist und in die wir dementsprechend selbst noch verwickelt sein können.

1. Beobachtung, Einbindung und Ausgrenzung als gruppendynamische Phänomene

Die uns aus der jüngsten deutschen Geschichte hautnahe Ausgrenzung von Dissidenten ist historisch und global gesehen ein weitverbreitetes Phänomen in menschlichen Gemeinschaften. Es legt sich daher nahe, den Versuch zu machen, dieses Phänomen als einen sozialen Mechanismus der Bildung und des Überlebenskampfes menschlicher Gruppen und Gemeinschaften zu erklären. Die Sozialpsychologie bietet hier das Modell der Identität an, verstanden sowohl als kollektive Identität der Gruppe als auch als personale Identität des Einzelnen. Die Identität einer Gruppe setzt sich zusammen aus den allen Mitgliedern einer Gruppe gemeinsamen Merkmalen, Überzeugungen und Verhaltensweisen. Die Identität des Einzelnen, die personale Identität, baut sich auf aus der kollektiven Identität der Gruppen, denen er angehört und mit deren spezifischen Merkmalen er sich identifiziert und die er in personspezifischer Weise kombiniert. Das Bedürfnis, die Identität zu wahren, äußert sich in dem Wunsch nach einem Sich-Gleich-Bleiben der Verhältnisse, Ordnungen und Werte und in dem Sich-Abgrenzen nach außen, gegenüber Gruppen mit anderen Merkmalen[1]. Ein Teilaspekt von Identität ist die religiöse und ideologische Identität des Kollektivs und des Einzelnen. Die gemeinsame Weltanschauung, Religion oder Ideologie, ist ein für das kollektive Selbstbewußtsein und den Zusammenhalt einer Gruppe grundlegendes Element. Die Stabilität einer Gruppe und damit ihre Überlebenschancen sind u. a. abhängig von der Stabilität ihres Sinnsystems, d. h. der in ihr geltenden Normen und Werte.

Ein Dissident stellt die in einer Gruppe verbindlichen Werte in Frage und bedroht damit deren Identität. Aus dieser Bedrohung der Identität könnte sich die Massivität, Intoleranz und emotionale Aufgeladenheit erklären, mit der selbst kleine Abweichungen von der Gruppennorm geahndet werden. Religiöse oder ideologische Abweichungen werden möglicherweise in erhöhtem Maße als Bedrohung der Identität erlebt, da Religion und Ideologie nicht nur eine sinnstiftende Funktion innerhalb des Lebensschicksals haben, sondern auch bei der Bewältigung des Sterbens als letzter Infragestellung menschlicher Identität dienen sollen.

Beobachten, Einbinden und Ausbürgern sind drei Grundmechanismen, mit denen eine Gemeinschaft ihre kollektive Identität zu festigen und deren Destabilisierung durch Nonkonformisten zu verhindern sucht. Mit "Beobachten" bezeichne ich die soziale Kontrolle, mit der die Übernahme und Respektierung der in einer Gruppe als verbindlich definierten Normen und Überzeugungen durchgesetzt wird. Schon allein aus der wechselseitigen Beobachtung der Gruppenmitglieder untereinander erwächst soviel Konformitätsdruck, daß bei der Mehrzahl der Gruppenmitglieder eine Anpassung an die Gruppennorm bewirkt wird. Zusätzlich bilden sich in Großgruppen besondere

Beobachtungsinstitutionen, die sogenannten Sicherheitsdienste, die Verstöße gegen die Gruppennorm verhindern oder aufspüren sollen: Inquisition, Geheimdienste, Verfassungsschutz u. a.

"Einbinden" und "Ausbürgern" kennzeichnen zwei Formen des Umgangs einer Gruppe mit ihren Nonkonformisten, den Ketzern oder Dissidenten, in ihren Reihen. Den modernen Begriff "Ausbürgerung" verwende ich hier für alle Formen der Eliminierung der Dissidenten aus der Gemeinschaft, deren radikalster Vollzug die Hinrichtung ist, ansonsten u. a. als Exkommunikation, Bann, Landesverweis, Entzug der Staatsbürgerschaft- der Ausbürgerung im engeren Sinn - begegnen. Die Formen der Ausbürgerung sind die ultima ratio, wenn alle anderen Mittel, den Nonkonformisten zur Raison zu bringen, ausgeschöpft zu sein scheinen. Den Einsatz dieses letzten Mittels versucht eine Gemeinschaft möglichst zu vermeiden, da mit der Ausbürgerung immer auch das Risiko einer gewissen Destabilisierung der Gemeinschaft eingegangen wird, etwa durch den Märtyrereffekt oder durch den Umstand, daß die Ausstoßung von Gruppenmitgliedern auch einen Verlust von Resourcen - von Arbeitskräften oder intellektueller Elite etwa -, bedeuten kann, die nicht beliebig ersetzbar sind. Die Gemeinschaft wird daher vor der Ausbürgerung den Versuch machen, den Abweichler wieder in die Gemeinschaft einzubinden, d. h. ihm soviel an Anpassungsleistungen abzuverlangen, daß er nicht mehr als Abweichler die Identität der Gemeinschaft destabilisiert. Die erforderliche Anpassung des Abweichlers wird entweder durch Androhung von Statusverlust und Bestrafung oder durch das Angebot von Statusgewinn und Privilegien durchzusetzen versucht. Die gelungene Einbindung eines Dissidenten hat für die Gruppe eine die Identität stabilisierende Funktion, insofern das wieder eingebundene Gruppenmitglied die Normen der Gruppe zu bejahen und zu bestärken scheint.

Das Ausmaß der Devianz der Nonkonformisten ist interindividuell unterschiedlich hoch. In dieser Hinsicht kann man die Dissidenten in zwei Haupttypen einteilen. Dem ersten gehören die wenigen Dissidenten an, die sich offen verweigern, zu keinen Kompromissen bereit sind und dabei alle Sanktionen auf sich nehmen. Die weitaus größere Zahl der heimlichen Dissidenten bildet den zweiten Typ. Die heimlichen Dissidenten vermeiden es im Interesse der Existenzsicherung, ihre von den herrschenden Normen abweichende Haltung öffentlich zu erkennen zu geben. Die Übergänge zwischen diesen zwei Typen sind natürlich fließend. Heimliche Dissidenten können zu offenen Dissidenten werden und umgekehrt. In der Kirchengeschichte bezeichnet man die verborgene religiöse Devianz als Kryptoheterodoxie.

Die heimlichen Dissidenten reagieren auf den in ihrer Gemeinschaft, z. B. in Staat und Kirche, herrschenden Konformitätsdruck mit der Entwicklung einer Kultur der Anpassung. Sie entwickeln eine doppelte Identität, eine "äußere", die sie offen zeigen, und eine "innere", die sie vor den beobachtenden und soziale Kontrolle ausübenden Instanzen ganz oder partiell verbergen und in privaten, nichtöffentlichen Bereichen auszuleben versuchen. Dieses Verhalten kann von ihren Trägern entweder bewußt im Interesse des Selbstschutzes oder der Unterwanderung der Institutionen entwickelt oder unbewußt gelebt werden.

Bei einer historisch-vergleichenden Betrachtung dieser Phänomene könnte man das historische Material verschiedenen Phasen der deutschen Geschichte entnehmen. Zum Beispiel könnte die phänomenologische Nähe von Stasi und Gestapo den totalitären Beobachtungsstaat als Möglichkeit aller Deutschen erkennen lassen. Ich stelle noch etwas mehr Distanz gegenüber den sich in einer staatlichen Gemeinschaft abspielenden DDR-Vorgängen her, wenn ich den Blick vom Staat auf eine andere institutionalisierte große Gemeinschaft, die Kirche, richte und in ihrer Geschichte auf vergleichbare Phänomene aufmerksam mache. Man kann dadurch eine bestimmte religiöse Betrachtung der jüngsten deutschen Geschichte in Frage stellen, daß nämlich eine Ursache der totalitären Staatsideologien des 20. Jahrhunderts - Nationalsozialismus und Kommunismus -, die implizit oder explizit atheistisch und antikirchlich waren, die fortschreitende Entchristlichung der Gesellschaft sein könnte. Die unten gegebenen Beispiele aus der protestantischen Kirchengeschichte im Zeitalter des Konfessionalismus[2] können bewußt machen, daß der ideologische Totalitarismus auch eine christliche, kirchliche, protestantische Geschichte hat.

2. *Beobachtung von der Geburt bis in die Sterbestunde*

Im Zeitalter des Konfessionalismus des 16. und 17. Jahrhunderts erhoben Staat und Kirche einen totalitären Anspruch auf die Religion der Untertanen, insofern ihnen ein religiöses Bekenntnis zwangsweise verordnet wurde, von dem im Regelfall eine Abweichung nicht geduldet wurde. Das einheitliche Bekenntnis, im Luthertum das Augsburger Bekenntnis von 1530 und die Konkordienformel von 1580, wurde zu einem identitätsstiftenden und stabilisierenden Faktor des frühneuzeitlichen Staates. Im Protestantismus spricht man zwischen Reformation und Aufklärung vom Zeitalter der Orthodoxie, der Rechtgläubigkeit.

Um Rechtgläubigkeit durchzusetzen, wurde mit auch heute geläufigen Mitteln der Beobachtung gearbeitet. Zum Aufspüren der heimlichen Dissidenten müssen Sicherheitsdienste entwickelt werden. Daß das Phänomen "Sicherheitsdienst" auch eine lange kirchliche Geschichte hat, ist mir bei der Lektüre eines Theologenbriefwechsels aus dem 17. Jahrhundert bewußt geworden. Es handelt sich um Briefe des orthodoxen Tübinger Theologieprofessors Theodor Thumm aus den Jahren 1621-1630, gerichtet an den Ulmer Superintendenten Konrad Dieterich († 1638)[3]. Thumm war der Typ eines zu Kompromissen wenig bereiten Streittheologen. Er war unaufhörlich mit der Abwehr tatsächlicher oder vermeintlicher Feinde der lutherischen Kirche beschäftigt. Hauptinhalt des Briefwechsels Thumms mit dem Superintendenten der Reichsstadt Ulm war "vertrauliche"[4] Information, die "geheim vnd still gehalten werden"[5] sollte. Dieser Informationsaustausch galt kirchlichen Vorgängen, vor allem Gegnern der lutherischen Kirche, mehr noch Abweichlern innerhalb der Kirche. Ziel des Austausches war aus der Sicht Thumms die Observierung, Bekämpfung und gegebenenfalls Ausschaltung der als feindlich betrachteten Kräfte. Die Unterwanderung der kirchlichen und staatlichen Institutionen durch religiöse Nonkonformisten sollte verhindert werden. Es kommt hier so etwas wie ein "theologisch-kirchlicher Sicherheitsdienst" in den Blick. Dieser ist noch nicht institutionalisiert, sondern bildet sich informell unter denjenigen, die sich als Hüter des kirchlichen status quo sehen und zudem ein Eigeninteresse haben, ihre Machtposition und Privilegien in der staatskirchlichen Gemeinschaft zu sichern.

Bespitzelung, Einschleusung von Spionen in die zu observierenden Kreise - der heute sogenannte "Informelle Mitarbeiter" -, Postüberwachung, Pressezensur u. a. sind hier Teil einer theologisch-kirchlichen Kultur, in der die absolute Bindung der Mitglieder des Gemeinwesens an ein religiöses, quasi staatsideologisches Bekenntnis mit repressiven Mitteln durchgesetzt werden sollte. Diese religiöse Kontrolle versuchte, tendenziell alle Lebensbereiche einzubeziehen und die Gesinnung, die inneren Überzeugungen der Menschen zu erkunden. Im mittelalterlichen kanonischen Recht hatte es einen die Kontrolle einschränkenden Grundsatz gegeben: "De occultis non iudicat ecclesia" - "Über das Verborgene urteilt die Kirche nicht". Die protestantische Inquisition und Kirchenzucht versuchte stärker, als dies zuvor der Fall war, in die Privatbereiche der Menschen einzudringen. Die Kontrolle wurde buchstäblich von der Geburt bis zum Sterbebett durchgeführt.

Die Beobachtung des Sterbens soll hier als ein besonders subtiles Beispiel für die Mechanismen einer umfassenden sozialen Kontrolle im nachreformatorischen Staatskirchentum vorgestellt werden.

Das Sterben eines deutschen Lutheraners war in nachreformatorischer Zeit in feste Rituale und eine dabei anwesende Gemeinschaft eingebettet. Der Sterbende war umgeben von seiner Familie und von Verwandten, gegebenenfalls auch von Freunden, Kollegen oder anderen Vertretern seiner wichtigen Lebenskreise. Die Kirche war durch den Pfarrer, manchmal auch durch mehrere Seelsorger vertreten. So bekam das Sterben einen halböffentlichen Charakter. Über die Leichenpredigten, die in gehobenen gesellschaftlichen Kreisen auch im Druck verbreitet werden konnten, wurde die Öffentlichkeit des Sterbens noch erweitert. In dem den Predigten angehängten Personalteil wurden Krankheit und Sterben des Hingeschiedenen beschrieben.

Die Anwesenheit eines nicht nur privaten, sondern auch die Öffentlichkeit vertretenden Personenkreises hatte die doppelte Funktion, einerseits den Sterbenden zu stärken und zu trösten und andererseits durch Beobachtung des Sterbens soziale Kontrolle auszuüben. Ich möchte dies an der Rolle des Pfarrers und an der Bedeutung von Glaubensbekenntnis und Abendmahl beim Sterben zeigen.

Der schon genannte Tübinger Theologe Theodor Thumm berichtet vom Sterben des Professors der Rechte Johann Halbritter († 1627) in seiner Leichenpredigt:

"Dieweil Er jhm aber Freytag/ morgens frühe/ die Rechnung gemacht/ Gott werde ein enderung mit jhme vornemmen hat er alsbald nach einem Prediger geschicket/ seine Glaubens-Bekandtnuß mit gutem Verstand gethan/ seine Sünden mit Mund vnd Hertzen gebeichtet/ der Gnad vnd Barmherzigkeit Gottes/ durch Christi Todt erworben/ sich in wahrem Glauben getröstet/ vnnd darauff das heylig vnd Hochwürdig Abendmal/ zu stärckung dieses Seines Glaubens/ Trost seines Gewissens/ vnd gewisser Versicherung seiner Ewigen Seeligkeit empfangen ..."[6]

Dem Abendmahl wurde in den lutherischen Leichenpredigten regelmäßig die Funktion zugeschrieben, das Gewissen des Sterbenden zu trösten und ihn der Teilhabe an der ewigen Seligkeit zu versichern. Das letztmalige Wiederholen des Glaubensbekenntnisses sollte dabei helfen, die Krise des Sterbens zu bestehen, indem man auch in den letzten Stunden an dem festhielt, was man ein Leben lang geglaubt hat. Vom Sterben des ersten Predigers der Reichsstadt Heilbronn, Ludwig Münster, heißt es 1619:

"Vnd als ihm ettliche Trostsprüche erzehlt worden: hat er gesaget/ damit bin ich ein Tag vnd alle Tag vmbgangen: Was ich gelehrt habe/ dabey bleib ich/ vnnd darauff sterb ich/ Amen/ Amen."[7]

Das Ablegen des richtigen Glaubensbekenntnisses auf dem Sterbebett wird von den Überlebenden auch als Beleg dafür gewertet, daß der Verstorbene "in der reinen Lehr/ die er geführt/ beständig verharret"[8] und somit keinen Zweifel an seiner Rechtgläubigkeit gelassen hat. Theodor Thumm in Tübingen sagt in der schon zitierten Leichenpredigt auf seinen Universitätskollegen Halbritter abschließend: "Haben also ausser diser Kirchen vnd Gemeind ein Rechtgläubigen Frommen Christen ... verlohren."[9]

In manchen Leichenpredigten wird ein ausdrücklicher Rechtgläubigkeitsbeweis auf dem Sterbebett beschrieben. Ich zitiere einen Ausschnitt aus einer Leichenpredigt des Tübinger Theologieprofessors Matthias Hafenreffer († 1619), die dieser an Karfreitag 1610 für den verstorbenen Professor der Rechte Johann Valentin Neuffer hielt:

"Solchen seinen Glauben/ hat er [nämlich Neuffer] bey gesundem Leib/ vielmalen in der Gemein/ wie auch letztlich in wehrender Kranckheit/ mit Empfahung des heiligen Abendmals bestettiget. Vnd darbey sich mit grossem Eiffer gegen dem Allmächtigen Gott bedanckt/ das er jn vor allerley secten vnd Ketzereyen/ sonderlichen aber vor den erschröcklichen Calvinischen jrrthummen/ väterlichen behütet/ vnd mit seinem reinen/ allein seligmachenden wort des H. Evangeliums erleuchtet habe: zumal auch hertzlich gebeten/ das er nit allein jne/ sonder sein ganze werthe Christenheit/ bey solchem beständiglich erhalten ... möge."[10]

Neuffers auf dem Sterbebett abgelegtes Bekenntnis zu dem im Herzogtum Württemberg verbindlichen reinen lutherischen Glauben enthielt zugleich eine Abgrenzung von allen Nichtlutheranern, insbesondere von den Calvinisten. Dieses negative Bekenntnis gegen die Calvinisten sah man schon in der Entgegennahme des Abendmahls auf dem Sterbebett ausgedrückt, da die Calvinisten das ins Haus gebrachte Krankenabendmahl als Aberglauben ablehnten. Der Jurist Christoph Besold († 1636), Neuffers Nachfolger an der Tübinger Universität, präzisiert die Angaben der Leichenpredigt in seiner akademischen Gedenkrede auf seinen Vorgänger dahingehend, daß Neuffer "zu Beginn der verderblichen Krankheit alsbald seinen Glauben durch den Genuß von Leib und Blut Christi bekräftigte, den die Calvinisten den Kranken mit verabscheuungswürdiger Gottlosigkeit vorenthalten."[11]

Wie Abendmahl und Glaubensbekenntnis im Sterberitual eine doppelte Funktion hatten, die des Trostes einerseits und die der Bekräftigung der Rechtgläubigkeit andererseits, so kam dem beim Sterben anwesenden Seelsorger eine doppelte Aufgabe zu. Er mußte einerseits den Sterbenden und seine Angehörigen trösten und damit der Gemeinschaft emotionale Stabilisierung bieten. Andererseits übte er - gegebenenfalls mit anderen Anwesenden - eine soziale Kontrolle aus. Der Sterbende wußte, daß er auf seine Rechtgläubigkeit hin bis in die Sterbestunde beobachtet wurde. Allein schon durch diese Beobachtung wurde das Risiko eingedämmt, daß durch mögliche religiöse Lebensäußerungen, die zur verordneten Rechtgläubigkeit in Spannung standen, etwa durch den Verzicht auf Prediger und Abendmahl in der Sterbestunde, die religiöse, kirchliche Gemeinschaft hätte destabilisiert werden können. Das Bekenntnis des Sterbenden zur Rechtgläubigkeit war wiederum ein stabilisierender Faktor für die religiöse Gemeinschaft, da man den letzten Worten eines Sterbenden, der am Tor zur Ewigkeit stand, eine besondere Autorität beizulegen bereit war.

3. Einbinden

Die Praktiken der Einbindung der Abweichler in die Gemeinschaft sind unendlich vielfältig. Moralische Bedenken gegenüber diesen Praktiken melden sich selten, denn der nach den herrschenden Normen gute Zweck heiligt die Mittel. Aus der Einbindung der Abweichler verspricht man sich einen systemstabilisierenden Gewinn. Daraus erklärt sich der auf den ersten Blick überraschende Befund, daß man im Zeitalter der Orthodoxie selbst sterbende Dissidenten noch im letzten Moment wieder in die Gemeinschaft der Kirche einzubinden suchte. Ich bringe daher auch in diesem Kapitel einen Vorgang, der sich am Sterbebett abspielte. Hier läßt sich beobachten, wie man religiöse Abweichler mit subtilen psychologischen Mitteln umkrempelte, ohne ihnen ein Haar zu krümmen. Man trieb sie in eine psychische Krise oder nutzte eine vorhandene Krise aus. Es besteht eine Nähe zu dem, was man heute Gehirnwäsche oder Umerziehung nennt.

Als Beispiel wähle ich einen Danziger Vorfall aus dem Jahre 1662[12]. Der Lehrer Heinrich Nicolai in Danzig hatte 1645 in einer Schrift für einen versöhnlichen Umgang der Religionsparteien miteinander plädiert. Statt der ehrgeizigen sollten demütige Theologen berufen werden, die nicht auf die Sekten der Papisten, Lutheraner und Calvinisten geschworen hätten und sich in ihren Lehren auf die ausdrücklichen Worte der Heiligen Schriften, das Apostolische Glaubensbekenntnis und die Bekenntnisse der ersten drei Jahrhunderte beschränken sollten. In der Trinitätslehre hatte sich Nicolai auf diese frühkirchliche Basis beschränkt und darüber hinausgehende spätere Formeln vermieden. Nicolai wurde zensiert und nach Widerrufsverweigerung entlassen. Als er 1661 mit dem Tod rang, ergriff der Seelsorger Nathanael Dilger die Gelegenheit, um Nicolai doch noch einzubinden. Dilger bearbeitete Nicolai, bis er umfiel, worüber Dilger selbst in seiner Leichenpredigt auf Nicolai berichtete[13]. Der Seelsorger verlangte von Nicolai als Voraussetzung für Sterbetrost den Widerruf. Nicolai antwortete, es sei ihm viel unterstellt worden, er bleibe bei dem Nicänischen Glaubensbekenntnis, "könne nicht viel reden/ wisse nicht/ ob er noch eine Stunde zu leben habe." Dilger verlangte, Nicolai solle, statt zu entschuldigen, "lieber bekennen/ daß er aus Menschlicher Schwachheit zu weit gegangen" Nicolai: "Er sey schwach/ könne nicht viel reden/ auch sich nicht alles des/ was er geschrieben erinern"; was gegen Gottes Wort sei, verwerfe er. Dilger antwortete, das wäre nicht genug, Nicolai müsse bekennen, daß Vieles in seinen Schriften unrecht sei.

"Darauff er [Nicolai] tieff geseuffzet/ und gesprochen: Ja/ das ist war! ... auch mit lauter Stim und hocherhabenen Händen und Augen geruffen: Ach Gott sey mir armen Sünder gnädig! Wiederholete selbige Worte noch einmahl/ schlug an seine Brust ..."

Dilger sprach ihm den Trost zu, seine Sünde werde ihm vergeben, wenn er aufrichtige Reue zeige. Die Sache sei aber so wichtig, daß er, Dilger, einen Kollegen als Zeugen rufen müsse. "... da er zwar anfangs einwandte/ es werde zu lange wehren/ er traue sich nicht noch eine Stunde zu leben/ alß ich aber darauff drang/ bewilligte er/ daß ich [Dilger] Hn. M. Michaelem Falckium Pastorem ... beruffen möchte". Zusammen mit Falck legte Dilger dem Sterbenden seine Irrtümer hinsichtlich der Trinitätslehre und der Gottheit Christi vor. Nicolai: "Ihm sey solches nicht bewust/ Er bleibe bey dem Concilio Nicaeno." Es folgte eine längere Debatte, in der Nicolai erstaunlich lange standhaft abwies, die ihm vorgekauten Formeln der Schultheologie nachzubeten. Seine wiederholte Bitte, ihn in Ruhe zu lassen, da er zu schwach sei, wurde von den Seelsorgern übergangen. "Hierauff klagte er ferner über sehr grosse Mattigkeit/ könne nicht mehr reden/ wisse nicht/ ob er noch eine Stunde leben werde/ und gab groß Verlangen/ so er nach dem H. Abendmahl trage/ zu erkennen" Er erhielt die Antwort, er müsse erst die Kirche versöhnen. "So wolten wir [Dilger und Falck] eine kurtze formulam auffsetzen/ ob er bereit sey/ dieselbe zu unterschreiben ..." Der Sterbende unterschrieb die ihm vorgelegte Widerrufsformel. Statt aber Nicolai nun endlich den erbetenen Trost zu gewähren, dringt Dilger mit seinem Kollegen nun weiter in Nicolai, wohl wissend, daß zwischen äußerem Bekenntnis und innerer Überzeugung eine Differenz geblieben sein könnte. Er mahnte Nicolai zur Reue.

"Da er [Nicolai] den stracks mit grosser Bewegnüß überlaut geruffen/ Ach Gott sey mir Sünder gnädig! Ich erkenne mich für einen grossen/ sehr grossen Sünder/ der ich nicht allein in Sünden empfangen und gebohren/ sondern auch in meinem Leben mich an meinen Gott mit Gedancken Worten und Wercken vielfach vergriffen. Ich [Dilger] erinnerte ihn/ daß er nicht allein die Sünde seines Lebens/ sondern auch seines Glaubens und Lehre bereuen müsse ... Er antwortete: Alle meine Sünde/ sie haben einen Nahmen wie sie wollen/ erkenne und bekenne ich ... Mein Hr. College [Falck] sprach/ daß wir von einem jeglichem unnützen Worte werden Rechenschafft geben müssen/ wievielmehr von den Schrifften. Er aber richtete sich im Bette auff/ und mit sehr kläglichen Worten und Geberden sprach er: Wollen mir den die Herren das heilige Viaticum[14] versagen? Wir antworteten/ Nein; wenn er es in wahrer Buß und wahrem Glauben begehrete. Betete darauff den 51. Psalm Davids/ welchen er mit grosser Andacht nachgesprochen: fragte ihn hierauff ... Erkennt ihr euch für einen armen Sünder/ und sind euch eure Sünden/ die ihr mit Worten/ Wercken und auch Schrifften begangen/ von Hertzen leid/ Antw[ort]: Ja. Haltet ihr Christum Jesum für den wahren Sohn Gottes/ euren und der gantzen Welt Heyland/ welcher für eure und der gantzen Welt Sünde gnug gethan ... Antw[ort]: Ja, ich gläub es." Als Dilger die Worte zitierte: "Das ist gewißlich wahr und ein teures wertes Wort, daß Christus Jesus in die Welt gekommen ist, die Sünder selig zu machen", fuhr Nicolai fort: "unter welchen Ich der gröste bin/ ein recht grober/ schrecklicher und ungeschlieffener Sünder/ wand sich im Bett hin und wied/ sprach: Ich armer Hund/ bin nicht werth das ich ein Sohn heisse: Aber ich werffe alle meine Sünd in den Abgrund infinitae misericordiae Dei[15]. Ward gesagt: In Christo Jesu/ Ja/ sprach er/ an dem gläube ich ..." Jetzt erst erteilte Dilger dem Todkranken die Absolution und reichte ihm das Abendmahl.

Hier ist deutlich zu sehen, daß es den Theologen nicht vorrangig um das Bedürfnis des Sterbenden ging, sondern um die Selbstbestärkung der orthodoxen Kirchlichkeit durch den Widerruf des Sterbenden. Deshalb mußte Nicolai noch auf dem Sterbebett eine Unterschrift abgepreßt werden, die man der orthodoxen Anhängerschaft vorweisen konnte. Hätten die Theologen Nicolai zeigen lassen, daß er auch ohne Glauben an die orthodoxen Formeln gut sterben kann, so hätte dies eine Verunsicherung für orthodoxe Christen bedeuten und Vorbildwirkung haben können.

Die Tatsache, daß Pfarrer Dilger die von ihm durchgeführte Inquisition in der Leichenpredigt breit als Erfolg darstellt, weist auf das Fehlen eines Unrechtsbewußtseins bei Dilger hin. Daß man ein Unrechtsbewußtsein gegenüber solchen Inquisitionspraktiken auch in jener Zeit hätte entwickeln können, zeigt ein etwa 75 Jahre früherer Vorgang aus Wittenberg. Der Jurist Matthäus Wesenbeck war als calvinistischer Flüchtling aus seiner niederländischen Heimat nach Jena, dann nach Wittenberg gekommen. Da der Kurfürst ein großes Interesse an den Diensten des berühmten Juristen hatte, duldete er, daß dieser als einziger Professor samt seinem Neffen die lutherische Konkordienformel von 1580 nicht unterschrieb. Obwohl sonst loyal gegenüber der Wittenberger Kirche, besuchte er in den letzten sieben Jahren seines Lebens Gottesdienst und Abendmahl nicht mehr. Als Wesenbeck 1586 auf dem Sterbebett dennoch das Abendmahl begehrte, kam der Theologieprofessor Polykarp Leyser d. Ä. und verlangte von Wesenbeck ein lutherisches Abendmahlsbekenntnis. Dieser antwortete laut Leysers Leichenpredigt, "daß er noch schwach sei, der Herr aber werde den glimmenden docht nicht auslöschen lassen." Leyser interpretierte diese Äußerung positiv als ein gewisses Zugeständnis und gab sich damit zufrieden. In der Leichenpredigt verteidigte er sich vorsorglich gegenüber möglichen orthodoxen Angriffen auf seinen zurückhaltenden Umgang mit Wesenbeck:

"Ich zweifle nun nicht, daß etliche in unseren Herrn Doctor gedrungen haben würden, sich über etliche Punkte deutlicher zu erklären, desgleichen, daß er die Calvinisten mit Namen verdammen und Kirchenbuße thun sollte: diesen lassen wir ihre Meinung und mögen sie zusehen, wie viel sie mit ihrem strengen proceß in der Kirche Gottes erbauen. Wir unsertheils haben aus Gottes Wort nicht gelernt, daß wir an Jemandes Glauben Ruhm suchen, sondern mit den Schwachen Geduld haben und mit sanftmüthigem Geiste Fleiß anwenden sollen, damit solchen zurecht geholfen werde."[16]

Wie geht das sich hier ausdrückende Unrechtsbewußtsein gegenüber den inhumanen Praktiken der Inquisition und Verfolgung Andersgläubiger verloren? Zunächst ist die wechselseitige Bestärkung innerhalb der jeweils eigenen Gruppe zu nennen. Der Danziger Dilger, Inquisitor des sterbenden Nicolai, mußte sich durch die Ansicht anderer Orthodoxer, er hätte mit Nicolai noch strenger verfahren sollen[17], ein gutes Gewissen gemacht sehen.

Eine übliche Methode, etwaige humane Regungen gegenüber Andersdenkenden zu verdrängen, ist die moralische Vernichtung des Gegners. Theodor Thumm in Tübingen unterstellte den Lesern der mystischen Erbauungsschriften Johann Arndts und Valentin Weigels nicht nur "Abfall" und "Irrtümer", sondern auch "Meineide, Schandtaten und Verbrechen"[18] Sie sind "boshafftige Leut"[19] und "loses Gesind"[20]. Wenn die Gegner schließlich als "Schleicher", "vnzifer"[21] und "geschmaiß"[22] diffamiert werden, dann ist der aus demagogischer Propaganda vertraute Versuch zu beobachten, den Gegner als Untermenschen zu brandmarken. Ist in einer Gruppe erst einmal ein Einverständnis vorhanden, daß der Gegner als Ungeziefer und Geschmeiß behandelt werden darf, dann können bei der Verfolgung von Dissidenten Mittel eingesetzt werden, denen gegenüber man in anderen Zusammenhängen moralische Bedenken hätte.

4. Kultur der Anpassung

Die Strategien der Orthodoxie zur Ausschaltung religiösen Abweichlertums unterliefen die Dissidenten mit der Entwicklung einer oben schon charakterisierten Kultur der Anpassung, die es ihnen ermöglichte, mit einer doppelten religiösen Identität sowohl an der offiziellen Kirchlichkeit teilzuhaben als auch zugleich eine dazu in Spannung stehende innere Religiosität zu pflegen. Diese Kultur der Anpassung läßt sich an verschiedenen Phänomenen beobachten. Man konnte regelmäßig an den öffentlichen Gottesdiensten teilnehmen und die Sakramente in Anspruch nehmen und sich zugleich in Freundes- und Hauskreisen, den Konventikeln, zu vorinstitutionellen Gemeinschaften zusammenfinden, um hier eine den subjektiven religiösen Bedürfnissen gerechter werdende alternative Erbauung zu pflegen. Staatsdiener zeigen Loyalität gegenüber ihrem Dienstherrn und pflegen zugleich religiöse Interessen, die von der obrigkeitlich vorgegebenen Norm abweichen. Oder: Man legt Wert darauf, die eigene Orthodoxie vor der Öffentlichkeit apologetisch zu betonen, während man in anderem Kontext Sympathien für die religiösen Anschauungen und Lebensformen zeigt, die von den herrschenden Normen als ketzerisch definiert sind.

Die Mechanismen, mit denen man sich dem orthodoxen Konformitätsdruck ohne offene Konfrontation mit den Hütern der Orthodoxie zu entziehen suchte, waren zum Teil sehr subtil. Ich zeige das wieder an einem kleinen Beispiel aus einem Sterbebericht. Der wegen seiner medizinischen und naturwissenschaftlichen Entdeckungen berühmte Wittenberger Mediziner Daniel Sennert (1572-1637) hatte sich im Interesse seines bürgerlichen Ansehens und seiner beruflichen Karriere so gut angepaßt, daß er im Anschluß an die zeitgenössischen Urteile bis heute ohne weitere Rückfrage als treuer Lutheraner gesehen wird. Bei aufmerksamem Hinsehen differenziert sich das Bild. Am Beginn der Nacht, in der Sennert starb, wollte man ihm einen Prediger und das Abendmahl holen. Sennert wies dies laut akademischer Gedenkrede des Rhetorikprofessors August Buchner mit der Begründung ab, es sei schon spät und man solle das bis zum Morgen verschieben. Doch auch als der Todeskampf sich von Mitternacht bis 5 Uhr morgens hinzog, wurde kein Prediger geholt. Die Umstehenden sprachen Gebete und Psalmen und sangen Lieder[23]. Es gab andere Lutheraner, denen das Abendmahl im Angesicht des Todes so wichtig war, daß sie es sich bei Todesgefahr vorsorglich baldmöglichst und gegebenenfalls auch mehrmals reichen ließen. In diesem Licht erkennt man, daß Sennert in Kauf nahm, ohne das orthodoxe Ritual zu sterben. Sein Interesse an Paracelsus, seine Verbindungen zu dem württembergischen Utopisten und Frühpietisten Johann Valentin Andreae (1586-1654) und dessen Sozietätsplänen und anderes deuten darauf hin, daß Sennert zu den Intellektuellen gehörte, die an der orthodoxen Kirchlichkeit teilnahmen und sich zugleich eine gewisse Unabhängigkeit gegenüber den Theologen bewahrten, jedoch den Konflikt mit ihnen mieden.

Die Kultur der Anpassung ist ein in seiner Wirkung ambivalentes Phänomen. Einerseits können an ihr Systeme mit einem totalitären ideologischen Anspruch langfristig scheitern. Andererseits kann sich aus der Kultur der Anpassung eine Mentalität entwickeln, die die Träger dieser Kultur entgegen ihrer ursprünglichen Intention zu Mitträgern des Systems macht, das die Bereitschaft seiner Bürger zur äußeren Anpassung den eigenen Zielen der Einbindung des Widerstandes nutzbar zu machen lernt. Bei der historischen Beurteilung der Wirkung dieses Phänomens muß man allerdings längere Zeiträume im Auge haben.

Die protestantische Orthodoxie ist in ihrem Kampf gegen den religiösen Dissidentismus, der sich zwischen Reformation und Aufklärung etwa 200 Jahre hinzog, langfristig gescheitert. Der Kampf gegen die sogenannte radikale Reformation provozierte zunächst auf der Seite der religiösen Dissidenten eine relativ hohe Märtyrerbereitschaft, für die insbesondere das Täufertum des 16. Jahrhunderts steht. Martyriumsbereitschaft wird aber in der Regel nur eine begrenzte Zeit durchgehalten und kennzeichnet vor allem religiöse oder ideologische Aufbruchsphasen. Mit der Zeit lernt es die Opposition, die Strategien der äußeren Anpassung so weit zu differenzieren, daß sie in einer Subkultur überleben kann. So kommt es, daß immer wieder alte, als besiegt geltende Ketzereien an die Oberfläche kamen, sobald der Konformitätsdruck nachließ. Das Täufertum des 16. Jahrhunderts und andere Richtungen der radikalen Reformation schienen nach etwa einhundertjähriger Verfolgung in zahlreichen protestantischen Territorien Deutschlands nahezu verschwunden zu sein. Für das Herzogtum Württemberg konnte ich zeigen, daß zwar das Täufertum, das sich durch die Verweigerung der Säuglingstaufe offen zu erkennen gab, am Anfang des 17. Jahrhunderts keine große Rolle spielte. Die religiösen Anliegen der reformatorischen Dissidenten wurden jedoch in einer religiösen Subkultur bei größtenteils loyaler äußerer Anpassung ihrer Träger weitergepflegt und weitergegeben[24].

Zur Kultur der Anpassung gehört die Strategie, die Institutionen des Systems zu unterwandern, um diese von innen her zu verändern. Ein Beispiel dafür ist die unter dem Begriff Pietismus zusammengefaßte protestantische Frömmigkeitsbewegung des 17. und 18. Jahrhunderts. Nach etwa hundertjähriger Auseinandersetzung der orthodox beherrschten Kirche mit dem Pietismus wurde dieser schließlich, wenngleich mit mannigfachen Einschränkungen, von der Staatskirche rezipiert, in Württemberg durch das Pietistenreskript von 1743. Dem Pietismus war es gelungen, die Institution Kirche zu unterwandern und die Kirche von innen her mitzugestalten. Allerdings bedeutete die kirchliche Rezeption des Pietismus zugleich dessen Einbindung in die Institution Staatskirche, der der Pietismus zunächst kritisch gegenüber stand. Durch diese Einbindung wurde langfristig aus einer ursprünglich kirchenkritischen Bewegung schließlich selbst zum Hüter einer wenngleich etwas modifizierten kirchlichen Orthodoxie.

5. Schluß

Die Entwicklung einer Anpassungskultur ließe sich in der Geschichte der DDR an vielen Beispielen aufzeigen. Es sei hier nur auf die Rolle der evangelischen Kirche in der DDR hingewiesen. Der Kirchenhistoriker Gerhard Besier hat die Geschichte der evangelischen Kirche in der DDR als einen "Weg in die Anpassung" dargestellt[25]. Die Kirche hat ihren ursprünglichen offenen Widerstand gegen das atheistische kommunistische System nach einer Phase des "Kirchenkampfes" in den 1950er Jahren im Interesse des Überlebens aufgegeben und unter dem Namen "Kirche im Sozialismus" eine spezifische Anpassungskultur entwickelt. Diese Anpassungsleistung hatte ambivalente Wirkungen und entsprechend ambivalent ist die Beurteilung dieses Verhaltens. Einerseits hat diese Anpassung der Institution Kirche ein Überleben bis zum Ende der DDR ermöglicht und ihr einen Rest an gesellschaftlichem Einfluß gesichert. Daß die innere Abneigung gegen den SED-Staat und dessen atheistische Ideologie nicht verloren ging, zeigte sich, als in den 1980er Jahren aufgrund der Veränderung der globalen politischen Rahmenbedingungen der staatliche Konformitätsdruck nachließ und die Kirche nun zu einem Auffangbecken des sich wieder stärker an die Öffentlichkeit wagenden Widerstandes wurde. Auf der anderen Seite hatten diese Anpassungsleistungen eine systemstabilisierende Wirkung, insofern es dem Staat seinerseits auch gelungen ist, die anpassungsbereite Kirche im Interesse seiner Ziele einzubinden.

Anmerkungen

1 Bernd Estel: Identität, in: Handbuch religionswissenschaftlicher Grundbegriffe/ hrsg. von Hubert Cancik <u. a.>, Bd. 3, Stuttgart 1993, 205.

2 Ich wähle die historischen Beispiele aus dem 17. Jahrhundert, weil ich mich im Rahmen eines von der Pädagogischen Hochschule Heidelberg geförderten Forschungsprojektes gegenwärtig die mit den Phänomenen des religiösen Nonkonformismus und dessen Unterdrückung in der Zeit der protestantischen Orthodoxie beschäftige. Bei der Bearbeitung der Quellen drängten sich mir immer wieder Assoziationen zu Vorgängen der Gegenwart auf. Vgl. Ulrich Bubenheimer: Christen und wahre Christen: verwehte Spuren nebenkirchlicher Frömmigkeit in Herrenberg zwischen Reformation und Pietismus, in: Die Stiftskirche in Herrenberg 1293-1993/ hrsg. von Roman Janssen und Harald Müller-Baur, Herrenberg 1993, 99-130, besonders 120 f.

3 München, Bayerische Staatsbibliothek (BSB): cgm 1259.

4 Dieses Wort durchzieht fast alle deutschen Briefe Thumms.

5 Cgm 1259, 479r.

6 Theodor Thumm: Leichpredigt Vber dem Seeligen Absterben/ ... Joannis Halbritteri, ..., Tübingen: Dietrich Werlin (D), 1627, 50 (Stuttgart, Württembergische Landesbibliothek [WLB]: Fam. Pr. oct. 6280).

7 Johann Zückwolf:: Drey Christliche Leichpredigten ..., Tübingen: Eberhard Wild (D), 1622 (Wolfenbüttel, Herzog August Bibliothek: 43.1 Rhet. (3)).

8 Ebd., 69.

9 Thumm 1627 (wie Anm. 6), 51.

10 Matthias Hafenreffer: Passional vnd Leuchpredigt: Vom Creutze vnd Tod Christi. Bey der Begräbnus Des ... Herrn/ Johann Valentin Neuffers/ ..., Tübingen: Dietrich Werlin (D), 1610, 74 (Stuttgart WLB: Fam. Pr. oct. K. 12485).

11 "... Sanguinis et Corporis Christi communione (qua eos qui morbo impediuntur, execranda impietate privant Calvinistae) mox in saevientis morbi principio firmavit." Christoph Besold: Laudatio Funebris; QVA D. IOHANNI VALENTINO NEYFFERO HERRENBERGENSI, ... Christophorus Besoldus Tubingensis, ... Antecessori Successor; Amicus Amico; ... parentavit. Tübingen: Dietrich Werlin (D),1610, 48 (Tübingen, Universitätsbibliothek [UB]: L XVI 75).

12 Referiert von August Tholuck: Das kirchliche Leben des siebzehnten Jahrhunderts (= Vorgeschichte des Rationalismus. Teil 2,2), Berlin 1862, 87-90.

13 Nathanael Dilger: Christliche Predigt/ In der Pharr Kirchen zu Dantzig gehalten Als ... Herr M. HEINRICUS NICOLAI, ... daselbst zur Erden bestätigt worden ist/ ..., Lübeck: Valentin Schmalhertz Erben; Michael Volck (V), 1662, 59-70 (Wittenberg, Evangelisches Predigerseminar: Fun 590/ 17).

14 Wegzehrung, d. h. das Abendmahl

15 der unendlichen Barmherzigkeit Gottes

16 August Tholuck: Der Geist der lutherischen Theologie Wittenbergs im Verlaufe des 17. Jahrhunderts, theilweise nach handschriftlichen Quellen. Hamburg; Gotha 1852, 127-131.

17 Dilger 1662 (wie Anm. 13), 15.

18 München BSB: Cgm 1259, 506r.

19 Ebd.

20 Ebd. 500r-v.

21 Ebd. 479r.

22 Ebd. 499r.

23 August Buchner: DISSERTATIONUM ACADEMICARUM, ... VOLUMEN PRIMUM: Wittenberg: Hiob Wilhelm Fincelius (D), Johann Selfisch (V), 1650, 898 f. (Heidelberg UB: I-9307-B).

24 Ulrich Bubenheimer: Von der Heterodoxie zur Kryptoheterodoxie: die nachreformatorische Ketzerbekämpfung im Herzogtum Württemberg und ihre Wirkung im Spiegel des Prozesses gegen Eberhard Wild im Jahre 1622/23, in: Zeitschrift der Savigny-Stiftung für Rechtsgeschichte. Kanonistische Abteilung 110 = 79 (1993) 307-341.

25 Gerhard Besier: Der SED-Staat und die Kirche: der Weg in die Anpassung, München 1993.

Herbert Schweizer

Das Schicksal der Demokratiebewegung

1. Das Ende des kalten Kriegs und die Bedeutung der ostdeutschen Bürgerrechtsbewegung

Wahrscheinlich greift das Wort von der "friedlichen Revolution" in bestimmter Hinsicht zu hoch.[1] Nicht einmal in der Negation der großenteils verhaßten DDR-Verhältnisse waren die ostdeutschen Bürgerrechtler auch nur annähernd "revolutionär" wie die Polens, Ungarns, der Tschechoslowakischen Republik, geschweige denn in ihrem konstruktiven Willen zum bestimmten Neuanfang. In gewisser Hinsicht hatten die deutschen Bürgerrechtler es auch viel schwerer zu überzeugen, daß eine positive Alternative, sei es als erneuerte "DDR-Identität", sei es als neukonstituierter "Verfassungspatriotismus" (Verfassungsentwurf) nötig und möglich sei.

Daß allerdings mit dem Zusammenbruch der DDR und der sowjetischen Hegemonialsphäre, dem Verschwinden des Kalten Kriegs, "ein Jahrhundert abgewählt wurde"[2], dafür gibt es so viele harte Indikatoren, daß dieser Sicht kaum jemand widerspricht. Ob und in welchem Umfang die ostdeutsche Protestbewegung ursächlich an diesem Zusammenbruch mitgewirkt hat, darüber herrscht große Unsicherheit.[3] Wer allerdings nicht von einer deterministischen Geschichtsbetrachtung (vom Ende her) die vieldeutigen Entwicklungs- und Handlungsmöglichkeiten übersieht, wird kaum bestreiten können, daß der oppositionelle Diskurs langfristig und für kurze Zeit auch die Identifikations- und Handlungsangebote der Bürgerrechtsgruppen von nicht zu unterschätzender Bedeutung waren.

Es bleibt zu fragen, in welcher Weise die Bürgerrechtler politisch-gesellschaftliche Impulse einzubringen vermochten, und wie hoch ihre identitätsstiftende Gemeinschaftsbildung auf dem Hintergrund des anomischen Gesellschaftszustands der DDR in den späten 80er Jahren angesichts der Suggestion der raschen gesamtdeutschen Einigung zu veranschlagen ist. In welchem Sinn sind die sehr heterogenen Gruppen von Dissidenten und marginalisierten Personen je eine "Demokratiebewegung" gewesen? Und in welcher Form haben sie zur neuentbrannten Diskussion um die zukünftige Identität der Deutschen unverzichtbare Argumente und symbolträchtige Handlungsbeiträge geleistet?

Alle Bürgerrechtsbewegungen Ostmitteleuropas führten auch einer strukturtheoretisch orientierten Sozialwissenschaft nachhaltig, sogar in ihrem Scheitern und angesichts ihrer raschen Erosion, vor Augen, daß Sozialstrukturen nichts anderes als zeitweilig stillgestellte Handlungsfigurationen sind. "Gesellschaft" ist nicht einfach eine unvermittelte, unhistorische, gleichsam "natürliche", "soziale" Tatsache. Sie lebt aus unterschiedlichen Entwürfen sozialen Handelns und mehr oder minder erfolgreichen Stabilitätsunterstellungen, auch wenn diese keine arbiträren Optionen darstellen. Gerade die Bürgerrechtsbewegungen Osteuropas haben sensiblen Sozialwissenschaftlern die Tatsache vordemonstriert, daß Gesellschaft eine rein heuristische Kategorie ist, die der alltags- und lebensweltlichen Erfahrung bedarf und prognostisch nur unzureichend erfaßbar bleibt. In welcher Weise haben die Bürgerrechtsbewegungen Ostdeutschlands nun die gesellschaftliche Konstruktion des geeinten Deutschlands auf den Weg gebracht?[4]

2. *Der zerbrechende Bedingungsrahmen*

Der Kollaps des politischen Systems der DDR ist kein isolierbares Ereignis. Innerhalb des Zusammenbruchs des gesamten Sowjetimperims nimmt freilich der der DDR eine strategische Stelle ein. Erst als der treueste und rigoroseste Vassall der alten Sowjetunion sich widerstandsunfähig erwies, brach die Lawine los. Die zufälligen Ungereimtheiten und unkoordinierten Reaktionen der politischen Kader brachten die Kapazitätsgrenzen und Strukturschwächen des Gesamtsystems an das Tageslicht. Die monolithische Herrschaftsstruktur und die schwerfällige Kommandowirtschaft erwiesen sich als unfähig, die Versorgung der Menschen so zu gewährleisten, daß die unterschiedlichen Interessen ohne Zwang einigermaßen zufriedengestellt waren. Die aktuell falsche Politik ist aber in vieler Hinsicht nur als Spätfolge vieler früherer Handlungsschritte zu begreifen, die sukzessive schließlich die eigene Handlungsfähigkeit blockiert haben. Mit Recht ist neuerdings darauf verwiesen worden, daß auch die Interaktionsdynamik beider Teilstaaten als wichtige Ursachenquelle oft unterschätzt wird.[5] Bei aller Problematik der "Westinvasion" kann nicht übersehen werden, daß längst schon eine paradoxe Handlungssymbiose zwischen der DDR und BRD bestand, die sich dann auch in der Stunde der DDR-Krise mächtig bemerkbar machte. Die Abhängigkeit von der BRD und ihrer Schrittmacherdienste in der EG war natürlich viel ausgeprägter. Dadurch konnte sich die DDR allerdings viele politischen, ökonomischen und technologischen Innovationen "schenken". Nicht nur die "Swing"-Kredite, sondern auch der Freikauf politischer Gefangener hatte schon seit Jahren eine sensible wechselseitige Abhängigkeit geschaffen. Die DDR hat sogar aus der friedensstärkenden Entspannungs- und KSZE-Politik nicht nur Liberalisierungs-, sondern auch Stabilisierungseffekte ableiten können; ebenso wie aus der im nachhinein befremdlich wirkenden zurückhaltend oder offen kollaborierenden Haltung vieler Bonner Politiker. Die Systemopposition wurde jedenfalls dadurch nicht gestärkt; und auch nicht der sich zart entwickelnde Reformwille. Die Verhaltensweisen der DDR-Führung waren nicht nur in Moskau und Pankow vorentschieden, sie waren immer auch spezifische Reaktionen auf das Verhalten wichtiger Akteure in Bonn oder Brüssel.

Diese Interaktionsdynamik beider deutscher Staaten blieb seit Jalta freilich eingebunden in die bipolare Struktur der Weltpolitik. Der Kalte Krieg der Supermächte USA und UdSSR während der Nachkriegsjahre engte natürlich die Handlungsspielräume beider deutschen Staaten, mehr noch aber der DDR, entscheidend ein. Trotzdem war es auffällig, wieviel mehr in dieser Konstellation daraus die BRD machen konnte; nicht nur wirtschaftlich. In vieler Hinsicht konnte man die alte BRD die modernste Republik Europas nennen, was umso mehr die wachsende Differenz zum anderen deutschen Teilstaat hervorhob. Nicht zuletzt deshalb beklagten nicht wenige DDR-Bürger das "unverdient bessere Schicksal" der Bürger der BRD. Die sich anbahnende Krise der westlichen Wohlfahrtsstaaten, die ja selbst den meisten Bürgern Westeuropas verborgen blieb, wurde natürlich im Osten noch weniger bemerkt; ebenso wenig wie die strukturelle Überlastung westlicher Regierungen durch ökologische Fahrlässigkeit und Forcierung der Rüstungsspirale. Das wachsende Netz internationaler Interdependenzen überstieg schon vor der "Wende" die geläufigen Souveränitätsvorstellungen. Die äußerst riskante Abschreckungspolitik hielt wenigstens optisch uferlose regionale Konflikte nieder.

Die zunehmenden Verwerfungen und kontralegitamatorischen Asymmetrien in der Sozialstruktur der DDR schufen eine kaum noch zu bewältigende Unzufriedenheit. Die gesamtgesellschaftlichen Entwicklungstendenzen der DDR sind zusammenfassend als extrem staatsbürokratisch deformierte Modernisierung einer Industriegesellschaft zu klassifizieren. Ihre politische Delegitimierung und ökonomische Ineffizienz unter dem Druck einer monolithischen Einheitsparteiherrschaft schien unvermeidbar.

Trotzdem ist diese quasiteleologische Betrachtungsweise problematisch.[6] Genau genommen kann von einer Unabwendbarkeit eines so raschen Zusammenbruchs nicht die Rede sein; schon gar nicht von dieser Geschwindigkeit, vom konkreten Datum und der Form des Ablaufs. Je näher man zusieht, umso zufälliger erscheint der Gesamtablauf.[7] Gewiß rührte die Verunsicherung der politischen Führung aus der Massenflucht und den Massendemonstrationen. Eine Fülle von Handlungen individueller und kollektiver Akteure, die im einzelnen oft gar nicht irrational waren, "konstruierten" ein Geflecht von Bedingungen, Erwartungen und Interpretationen, das einfach handelnd nicht mehr mit dem vorgegebenen System zu bewältigen war.

Dazwischen - irgendwo - einmal bedeutender, dann wieder marginaler agierten die ostdeutschen Bürgerbewegungen, die in ihrer Blütezeit über 300 000 Mitglieder und wohl noch mehr Sympathisanten gehabt haben dürften. Sicher wirkte das oft exponierte Vorbild anderer osteuropäischer Bürgerbewegungen, vor allem der polnischen Solidarnosc, zu der teilweise enge Beziehungen bestanden, ermutigend. Tiefere Wirkungsprozesse scheinen aber schon aufgrund der materiellen und kulturellen Hermetik unter den verschiedenen Gesellschaften eher verhindert worden zu sein.

3. Mobilisierung und Zerfall der Bürgerbewegung

Warum ereignete sich der Zusammenbruch der DDR so plötzlich und katastrophal, warum ließ sich der Eindruck kaum verbergen, daß die Anpassung heischende SED ohne Staatsvolk dastand? Warum konnten diejenigen, die das unsicher gewordene Volk ganz offensichtlich zu Widerstand zu ermutigen vermochten, die Mitglieder der zahllosen Protestgruppen im ganzen Land, den Lauf der Dinge dann doch so wenig steuern?

Der Überraschungseffekt war für alle Betroffenen erheblich, die Neuartigkeit der Aufgabe zu ungewohnt, als daß man sich darauf konzentriert einrichten und vorbereiten hätte können. Der Verlauf der Mobilisierung der Bürgerbewegung selbst verdeutlicht das. Bei aller Würdigung des Muts, der Phantasie, des Charmes, des Engagements der Bürgerrechtler war es doch, eine Überforderung, strategische, taktische, institutionelle und politisch-kulturelle Kompetenz für sich und der Mehrheit der demokratieentwöhnten Bevölkerung in der Professionalität zu fordern, wie das nicht wenige aus dem Westen taten.

Fast noch weniger als in der BRD glaubte irgend jemand in der DDR an den rasenden Zusammenbruch, selbst wenn er sich diesen herbeiwünschte. Und zur Konkretisierung des normativen Leitkonzepts einer "solidarischen Gesellschaft" zwischen einem monolithisch-autoritären "real existierendem Sozialismus" und einer immer noch Entfremdung und Ausbeutung kultivierenden reinen Marktgesellschaft schien doch manche institutionelle Errungenschaft der DDR erhaltenswert. Im nachhinein läßt sich vieles als Illusion abtun, weil man auf den komplexen Datenkranz, die widersprüchlichen Wahrnehmungsmuster und Handlungsmotive längst in einer ruhigeren Distanz zurückblicken kann.

Versprengte Dissidenten, marginalisierte Personen und winzige Widerstandszellen gab es vor allem im Schutz der evangelischen Kirche schon in den 70er Jahren. Solche sozialethisch profilierten Gruppen vervielfältigten sich um 1980, nicht zuletzt inspiriert von den westdeutschen "neuen sozialen Bewegungen" mit ihren globalen und anthropologischen Themen und ihren spezifischen Aktionsformen. In weit verzweigten Aktionen vermochten sie so etwas wie ein alternatives gegenkulturelles politisches Klima, vor allem bei des Jugend, zu erzeugen. Später gelang ihnen auch eine stärkere Politisierung und Vernetzung der Bürgerbewegung. Während des Frühsommers 1989, besonders nach den Kommunalwahlen im Mai 1989, entwickelte sich schemenhaft aus einem Netz von Protestgruppen so etwas wie eine mehrheitsfähige Systemopposition; freilich labil und brüchig. Einen Schub politischer Bewußtheit hatte die Aufdeckung der Fälschung der Kommunalwahlen ebenso zur Folge wie die allgemein mit Entrüstung quittierte öffentliche Zustimmung der Parteiführung zur Niederschlagung der

Protestdemonstration der chinesischen Studenten in Peking oder die täglichen Aufdeckungen von Skandalen und ideologiewidrigen Privilegien führender Genossen; aber auch die brutalen Polizeieinsätze. Daß es dabei nicht zu Gewalteruptionen auf allen Seiten kam, ist neben den beherzten Vermittlungsversuchen einiger Prominenter wie dem Dirigenten Kurt Masur, dem Kabarettisten Bernd Lutz Lange und dem Kirchenmann Peter Zimmermann vor allem den vielen Mitgliedern der Bürgerbewegung zu verdanken: "Weil in jener Nacht (vom 9. auf den 10. Oktober 1989) Gewalt ausblieb, war der Weg in die Demokratie frei. Dieser 9. Oktober 1989 ist ein Tag, den Ostdeutsche in die friedliche Demokratisierungsgeschichte eingebracht haben."[8]

Der Begriff der "Bürgerbewegung" ist zunächst vieldeutig und wenig aussagekräftig. Er ist nicht eo ipso identisch mit dem der Bürgerrechtsbewegung z.B. der der CSSR. Im Vordergrund stand nicht die Anforderung klar umrissener Verfassungs- und Menschenrechte, obwohl die von allen Gruppen mitgemeint und gefordert wurden. Der Nachdruck auf das bürgerliche Element der Staatsbürgerschaft richtete sich eindeutig gegen die repessive Einparteienherrschaft der SED und ihrer institutionellen "Transmissionsriemen". Bei manchen Bürgerrechtlern, vor allem solchen, die in der Gründung demokratischer Parteien mit bestimmten thematischen und institutionellen Programmen die natürliche Konsequenz politischen Widerstands sahen, spielte auch eine kritische "relecture" des Hegelschen Erbes in der Konzeption von Karl Marx eine erstaunliche Rolle. Weit weniger schwang dabei die Konstitutionssemantik der "civil society" im Sinne der amerikanischen Revolution mit, wie sie in Polen, der CSSR und Ungarn dominant war. In allen ostmitteleuropäischen Bürgebewegungen zeigt sich mindestens zeitweilig eine gewisse Machtfremdheit. In Ostdeutschland wurzelte sie in einer zivilisationskritischen und preußisch getönten politischen Kultur der Dissidenten. Auch war das nationale Moment (im emanzipatorischen Sinn) und die antisowjetische Stoßrichtung in der DDR kaum ausgeprägt.

Weil die ostdeutsche Bürgerbewegung längst nicht so verankert in der Bevölkerung war wie die polnische, war auch die Bereitschaft und Fähigkeit, aktiv an einer politischen Umgestaltung mitzuwirken, oft viel weniger ausgeprägt. Friedrich Schorlemer sieht das so: "Was wir taten war so unscheinbar wie wunderbar, so beglückend wie bedrückend (..) .. viele Menschen .., die viel Zivilcourage hatten, diesen täglich neu aufzubringenden Mut, ein eigenverantwortetes Ja oder Nein zu sagen und danach zu tun."[9] diese geschärfte Zivilcourage war wohl das hervorstechendste Merkmal aller Mitglieder der Bürgerbewegung. Oft zeigte sie sich nicht allzu politisch. Verständlicherweise erschien ein genereller Machtabbau in einem Regime, das seine leninistisch gerechtfertigte Machkonzentration mit deutlichen totalitären Spuren bis zum Schluß spüren ließ, wichtiger als ein ungebrochenes Verhältnis zur demokratischen Machtkontrolle durch ein Geflecht von Gegenmacht. Sicher ging es allen Gruppen zunächst um Brechung des Machtmonopols der SED und demokratische Bürgerrechte (Grundrechte, Menschenrechte).

Aber schon die Frage ihrer institutionellen Sicherung und Implementation entzweite bald die "Realpolitiker" von den "Fundamentalisten", die um keinen Preis dabei das Ziel einer Erneuerung des Realsozialismus, ihre basisdemokratische, parteienübergreifende "Uridentität" preisgeben wollten und eine erhebliche Unbestimmtheit in ihren Ziel- und Mittelvorstellungen in Kauf nahmen. Demgemäß blieb auch das Leitbild einer "solidarischen Gesellschaft" merkwürdig blaß. Zwar wünschten alle Gruppen, auch die neuen Parteien, sich keine Gesellschaftsformation mit einer "Solidarität" à la SED, noch verzehrten sie sich in Sehnsucht nach einer einfachen Kopie der problematisch erscheinenden sozialen Marktwirtschaft der BRD. Markus Meckel, einer der Gründer der neuen ostdeutschen Sozialdemokratie, bestätigt dies ausdrücklich. Eine durch die geschichtlichen Fehler und chancenreichen Bifurkationen belehrte Gesellschaft größtmöglicher Gerechtigkeit und Solidarität sollte unbedingt angestrebt werden: ".., der Begriff einer "solidarischen Gesellschaft" reichte für uns so nicht aus; denn Solidarität ist zwar auch ein wichtiges Moment, etwas Moralisches, aber in einer solidarischen Gesellschaft müssen auch die entsprechenden Strukturen gegeben werden, denn Solidarität darf nicht nur dem Wollen oder Nichtwollen ausgeliefert sein,..."[10]

Die Entstehung, Mobilisierung, Formierung, Entfaltung, Institutionalisierung und die Auflösung bzw. Marginalisierung der ostdeutschen Bürgerbewegung vollzog sich stets unter heftigen inneren Spannungen und im Streit über das eigene Selbstverständnis und die praktischen Konsequenzen, und sie vollzog sich in Schüben, die wohl eine Krise, nicht aber den "schlimmen Zustand" und die hoffnungslos "verzweifelte Lage" erahnen ließ, in die selbst die mitgliederstärkste und populärste, die letzte politisch noch wahrnehmbare Bewegungsorganisation der Bürgerbewegung, das "Neue Forum", wenige Jahre nach der "Wendezeit" hineinschlitterte.[11]

1. Ende der 70er Jahre entstanden unter dem Dach der evangelischen Kirche und vor allem eingebettet in die internationale Friedensbewegung zahlreiche kleine Zirkel der Friedens-, Umwelt- und Dritte-Weltarbeit, stark sozialethisch und gegenkulturell geprägt.

2. Ab 1982/83 bildeten sich im Umkreis DDR - weiter Friedensseminare, die für jedermann zugänglich waren, mindestens 300, teilweise schon deutlich politisch akzentuierte Basisgruppen mit klarer normativer Struktur, einer umfassenden biographischen Stützwirkung und alltagssolidarischen Gruppenmilieus, die die Fähigkeit zum politischen Widerstand entwickelten.

3. Mit der Wahl Gorbatschows zum Generalsekretär der KPdSU trat die bisher mehr oder minder latent arbeitende Bürgerbewegung in ihr manifestes Stadium, das nicht nur "Samisdat"-Gegenkultur pflegte, sondern auf die Errichtung einer Gegenöffentlichkeit zielte. Jetzt fand auch bei aller organisatorischer Profilierung eine Vernetzung des

Widerstandes statt. Eine gewisse Prominenz und Zentralität gewann damals die "Initiative für Frieden und Menschenrechte" (1985), die die Diskussion um individuelle und soziale Menschenrechte stark anregte und viele Führungsköpfe späterer Protestgruppen hervortreten ließ, die sich alle persönlich kannten. Strategische Bedeutung gewannen damals immer mehr die Synodentagungen der evangelischen Kirche als "Schulen der Demokratie", speziell die Beschlüsse der Bundessynode von 1985 mit dem Titel "Absage an Gewalt, Logik und Praxis der Abschreckung".

4. Entscheidend für die Mobilisierung oder wenigstens Ansprechbarkeit weiter Bevölkerungskreise sowie für cooperative Bündelung der Szenen der schon bestehenden sozialethisch denkenden Gegenkultur, auch und gerade für den jetzt fälligen Schritt in den außerkirchlichen Handlungsbereich, war paradoxerweise nicht eine außerkirchliche Konspiration, sondern ab 1987 der sogenannte "Ökumenische Prozeß: für Gerechtigkeit, Frieden und Bewahrung der Schöpfung" mit seinen zahlreichen "ökumenischen Versammlungen" (mit internationalen Gästen) innerhalb und außerhalb der DDR. Er verschaffte der potentiellen Systemopposition eine zuvor nie gekannte öffentliche Resonanz und Medienwirksamkeit, die deutlich Handlungsdruck bei den Herrschenden erkennen ließ.

5. Im Laufe des Jahres 1988, vor allem aber im Frühjahr 1989 zeichnete sich einerseits eine gestärkte Handlungseinheit nach außen und gleichzeitig eine interne Trennung der Wege derer ab, die im langsamen, unselektiven Wachsen einer basisdemokratischen Netzwerkvereinigung und Bewegungspolitik den richtigen Weg sahen und den "radikaleren" Kräften, die auf eine rasche strukturelle, thematische und personell-organisatorische Präzisierung - angesichts der fast epidemischen politisch-kulturellen Anomie und materiellen Verelendung - drängten. Die neuen Parteien, zunächst die neue Partei der Sozialdemokratie (SDP) arbeiteten zwar loyal im Bündnis der Bürgerbewegung mit, konzentrierten sich aber zusehends mehr auf die teilweise extrem schwierigen Probleme der Errichtung einer politischen Infrastruktur und die anstehende Parteienkonkurrenz, speziell die eher konservativ-liberalen Gruppen auf eine möglichst umgehende Fusionierung mit den Westparteien.

6. Den Höhepunkt öffentlicher Beachtung und politischer Relevanz gewann die Bürgerbewegung als variable, informell organisierte Struktur aller oppositioneller Kräfte der DDR, sei es als lockeres soziales Netz, lokales Bürgerforum oder als schon deutlich zugeschnittene Partei (mit allerdings erkennbarer Distanz gegenüber der "stromlinienförmigen Professionalität der Westpolitiker"), in der akuten Umbruchskrise. Sie war im Winter 1989 sogar der angeblich reformwilligen SED/PDS um Modrow hoch willkommen. In dieser Zeit zwischen Anfang und Mitte Dezember 1989 erzwang sie eine Auflösung bzw. deutliche Rücknahme der Machtposition der SED und die Verankerung von Grundrechten. Vor allem am zentralen "Runden Tisch", einem erfolgreichen institutionellen Import aus Polen, beherrschte sie die wendigen Taktiker des alten Regimes.[12]

7. Umso schmerzhafter war ihr jäher Resonanzverlust in der Bevölkerung und gegenüber den sich in den Vordergrund rückenden politischen Eliten schon um die Jahreswende 89/90. Die Transformation, ja Auflösung der Bürgerbewegung, setzte mit dem damals klar erkennbaren Votum der DDR-Mehrheit für eine Liquidation der DDR und die Sicherheit versprechende Fraglosigkeit eines Anschlusses nach § 16 GG ein. Ein erstes düsteres Omen war ihr überraschend schlechtes Abschneiden bei der ersten freien Volkskammerwahl im März 1990. Bei der Bundestagswahl desselben Jahres war sie noch weniger repräsentiert. Selbst die verschiedenen Fusionen, z. b. zwischen dem Bündnis 90 und den Grünen verschaffen ihren gewiß wichtigen Erfahrungen und Einsichten kaum wirkliches Gewicht in der heutigen deutschen Öffentlichkeit. Ihrer politisch-kulturellen Irrelevanz entspricht ihr rasanter Mitgliederschwund. Die bürgerbewegten Gruppen und die parlamentorientierten Parteiformationen der neuen Bundesländer halten nur noch notdürftig, vielfach fast ausschließlich aus Nostalgie, Kontakt zueinander. Und selbst das einst mächtig erscheinende "Neue Forum" mit über 200 000 Mitgliedern ist auf das Niveau von Zwergen (1700) geschrumpft, leidet an notorischer innerer Uneinigkeit und anhaltendem organisatorischem Zerfall.

4. Die Bürgerrechtler und der Neuaufbau von demokratischen Institutionen

War die "friedliche Revolution" und ihre Geschichte, die doch wesentlich von der Bürgerbewegung gestaltet wurde, auch ein Vorspiel eines gelungenen Umgangs bzw. Neuaufbaus notwendiger demokratischer Institutionen? War sie gar in einem demokratietheoretischen Sinn "nachholende Revolution", die die wesentlichen Errungenschaften der neuzeitlichen Demokratiegeschichte, also eine demokratieförderliche politische Kultur in engstem Zusammenhang mit einem repräsentativen Institutionensystem und demokratisch legitimierten politischen Eliten, sozusagen im Schnellkurs den Ostdeutschen nahebringen konnte?[13]

Ein kleines Stück weit ist das gelungen. Viele Hindernisse dabei sind allerdings allenfalls in Jahrzehnten abzuarbeiten. Trotz sogenannter Parteienkrise wird der Nachholprozeß nicht selten auf Parteigründung und Verwaltungsaufbau in den neuen Bundesländern reduziert. Dabei trifft man bei außenstehenden Beobachtern wie bei den eigentlich Betroffenen oft auf eine schroffe Entgegensetzung: rascher institutioneller Neuaufbau (Effizienz) - politische Kultur und demokratische Partizipation. Deren Synthese läßt sich indes leichter postulieren als unter realen Bedingungen realisieren. Sie setzt eigentlich die Grundlegung einer Konstitutionskompetenz einer aufrechterhaltenen "dissidenten Tradition" (V. Havel, G. Dalos, A. Michnik) voraus, die Institutionen nur als vorläufig brauchbare Figurationen sozialen Handelns demaskiert und handelnd zu immer neuen "Gesellschaftsverträgen" bereit bleibt, also vom Vorrang der Konstitution vor der einfachen oder erweiterten Reproduktion des politischen Systems ausgeht und daher marginalisierte Minderheiten aktiv minimiert.[14]

Die Bürgerrechtler aller Schattierungen haben den Neuaufbau demokratischer Institutionen und die partizipatorische Aktivierung durch basisdemokratische Verfassungselemente nie als absoluten Widerspruch betrachet, aber erheblich unterschiedliche Gewichtungen vorgenommen, so daß annäherungsweise doch wieder so etwas wie ein (im Westen bei den Grünen jahrelang vordemonstrierter) Gegensatz zwischen "Bewegungspolitik" und "Strukturpolitik" an der Oberfläche erschien. Alle politischen Kräfte der Bürgerbewegung erkannten die Notwendigkeit an, nicht nur durch unbeugsame Kritik an einem moralisch korrupten Regime, sondern auch durch konstruktive Politik realisierbarer Alternativen zu überzeugen. Keine Gruppe war bereit, auf demokratische Basisinstitutionen der Grundrechtssicherung oder des institutionellen Ordnungsprinzips Markt im wirtschaftlichen Bereich zu verzichten. In der Diskussion traten aber dennoch viele merkwürdige Ungereimtheiten und Inkonsequenzen auf, wie, wann, von wem, mit welcher Intensität unter Berücksichtigung welcher komplementären Mechanismen eine neue Demokratie jenseits der kommunistischen Parteienherrschaft und einer bloßen Kopie des imperfekt real existierenden Kapitalismus eine gute Chance habe.

Bürgerrechtler wie M. Meckel, die konsequenterweise früh eine Parteigründung anstrebten (SDP später SPD), rechtfertigten ihren Entschluß nach ausgedehnten Diskussionen mit den anderen Protagonisten der Bewegung damit, daß die "Bewegungspolitiker" die für alltägliche Verläßlichkeit der Demokratie als Lebensform gerade die strukturelle Verankerung und Präszisierung in bestimmten Rechten, Pflichten und konkreter Legitimität verbürgenden Prozeduren der Verantwortungszurechenbarkeit nicht sicherstellen könnten und damit entscheidende Rahmenbedingungen der alltäglichen Lebensverbesserung und der wirtschaftlichen Sanierung nicht ausreichend beachteten. Unfreiwillig würde so Demokratieverdrossenheit vorprogrammiert.

Aus einer solchen Position darf nicht eine Verachtung der "dissidenten Tradition" oder die Abwertung breiter Partizipationsprozesse herausgelesen werden. Auch wenn Meckel das notwendigerweise relativ allgemeine Parteiprogramm einer demokratischen Volkspartei gewiß nicht mit einer von ihm jahrelang betriebenen kritischen Hegel-Interpretation verwechselte, stand er doch der "vagen" Antwort der "Bewegungspolitiker" immer skeptischer gegenüber, man müsse alle integrieren, möglichst viel offen lassen, abwarten, sich entwickeln lassen, der Spontaneität möglichst wenig Zügel anlegen. Gerade diese basisdemokratische Position parteiübergreifender Netzwerke mit fluktuierender Mitgliedschaft und Themenvielfalt erwies sich dann im entscheidenden Augenblick als nicht besonders resistent gegenüber dem hegemonialen Zynismus mancher Bonner Politiker.

Diese Bürgerrechtler wollten gewiß mehr als Massenloyalität, nämlich tief verwurzelten Legitimitätsglauben an die Kraft wahrhaftiger Demokratie. Es deutet jedoch einiges darauf hin, daß auch sie jene förderten. Nicht alle Bürgerbewegungen hatten ein so ausgeprägtes intellektuelles Gespür wie Meckel bei der Beurteilung der realen Vorbedingungen demokratischer Legitimität. Das vielfach geforderte "Ganzheitsdenken" erinnert in manchem an die typische deutsche politische Romantik oder an den Denkstil der "totalitären" DDR-Sozialisation. Nicht zuletzt daraus erklärt sich, daß viele auch dann an der Vorstellung einer möglichen Erneuerbarkeit der DDR festhielten, als auch für nüchterne demokratische Sozialisten wie F. Schorlemer nichts als Ruinen sichtbar waren. Wenige Bürgerrechtler hatten gar wie W. Rüddenklau, Mitglied der "Vereinigten Linken", den Mut zu unbestechlicher Selbstkritik: "Besonders möchte ich diese Lektüre jenen westdeutschen Linken empfehlen, die die DDR-Opposition heute mehr oder weniger verschämt als 'Totengräber der DDR' bezeichnen. Das Schlimme ist, es stimmt das Gegenteil: In welchem Grade wir trotz alledem noch an den Anspruch der regierenden kommunistischen Parteien glaubten und eine verfehlte Loyalität zeigten, über die bestenfalls ein paar Stasi-Offiziere gekichert haben."[15]

"Bewegungspolitik" kann als notwendige Ingredienz, aber nicht als Verzicht auf eine angemessene Regelungsdichte verstanden werden. Institutionen setzen aber auch kompetente, funktionstüchtige und loyale Akteure ihrer Systemzusammenhänge voraus. Die Rekrutierung qualifizierter politischer Eliten ist noch ein enormes Problem in allen neuen Bundesländern. Im Unterschied zu den meisten osteuropäischen Staaten haben sich weit mehr Bürgerrechtler der DDR in den Privatbereich zurückgezogen. Mit institutionellen Westimplementationen und personellen Westimporten ist aber der in Ostdeutschland früh entstandenen Demokratiezurückhaltung wohl kaum beizukommen. Am ehesten können in dieser Situation die "Postkommunisten", also vor allem die PDS, durch ihre "Volksnähe" und ihre populistische Omnipräsenz Kapital daraus schlagen.

Viele Bürgerrechtler haben verständlicherweise resigniert. Manche haben sich schon bei der deutschen Vereinigung zurückgezogen. Auch die Arbeit in den Landtagen ist ihnen nicht geläufig. Selbst die Kommunalpolitik zeigt, daß Basisnähe nicht frei von Borniertheit, Intrigantentum und undemokratischen Verkrustungen ist. Wo sollen sie ihre Ideale suchen?

5. *Die Bürgerbewegung als Demokratiebewegung*

Praktizierte Demokratie ist etwas anderes als korrekte Anwendung (Deduktion) institutionell vorgezeichneter Regeln und Normen in funktionsspezifischen Rollen. Selbst wenn man realistischerweise geneigt ist, die Unterstützung des politischen Systems als wenig spezifisch, also "diffus" anzusehen, bleibt das Ausmaß an Entfremdung im Alltag erstaunlich hoch. Praktische Politik ist eine sehr komplexe Konkretisierungsaufgabe, die einen umsichtigen Blick auf brauchbare Handlungsmöglichkeiten unter systemuniversellen Regeln voraussetzt. Dabei greift ein findiger Politiker auf situative Möglichkeiten institutioneller und vorinstitutioneller Spielräume zurück. Erfolgreich wird er natürlich nur sein, wenn er auf die vorgegebenen Bedingungen achtet, sie aber gleichzeitig stetig zu erweitern und verbessern sucht. Sonst wird Politik zur Verwaltung.[18]

Es bleibt eine gegenwärtig wohl noch nicht endgültig entscheidbare Streitfrage, ob die Bürgerbewegung einen Beitrag zur langfristigen Verankerung der Demokratie und demokratischen Verhaltens in Deutschland eingebracht hat. Und dann: welchen? Das dürfte auch über ihren historischen Rang wesentlich mitentscheiden.

Ihr anhaltender Mißerfolg bei Wahlen, ihr grassierender Mitgliederschwund und ihre thematische Irrelevanz heute spricht zunächst allenfalls dafür, sie sei eine wichtige "Schule der Demokratie" für viele gewesen, denen das Wort "Volksdemokratie" oder "demokratischer Zentralismus" nur einen Schauder gelehrt hatte. Aber hat sie in emanzipatorischem Zugriff, die apathische DDR-Bevölkerung zum handlungsbewußten "Volk" der "Volkssouveränität" gemacht? Jenes Volk, das den eindrucksvoll revolutionär anmutenden Slogan begeistert skandiert hatte: "Wir sind das Volk!" ließ sich, als es die wachsenden Schwierigkeiten eines Demokratieprozesses aus eigenem Recht ahnte und aus Überdruß gegenüber allem, was irgendwie nach Prolongation der DDR aussah, sich zu einer Revision überreden ließ, die in vielen Ohren von Bürgerrechtlern als platter DM-Nationalismus klingen mußte: "Wir sind ein Volk!" Hatten nun wieder einmal die "Mohren" ihre Schuldigkeit getan?

Allmählich beginnen sich aber die Nebel der Mißverständnisse zwischen Selbstüberschätzung und Selbstunterschätzung etwas zu lichten. Mit ihren expliziten Ideen einer radikalen Demokratie im Sinne einer spezifischen "DDR-Identität" als "Drittem Weg" zwischen der noch allzu kapitalistischen sozialen Demokratie der BRD und der "gespenstischen Tiefe des Stalinismus" ist ein erheblicher Teil der Bürgerbewegung ebenso in eine Sackgasse gelaufen wie mit der Reprise von 1968. Keine dunkle Verschwörung von Konterrevolutionären aus West und Ost bewerkstelligten den Zusammenbruch, sondern die veränderte binnengesellschaftliche und internationale Realität hat einen leninistischen "real existierenden Sozialismus" als unfähig zur Demokratisierung entlarvt. Und die postleninistische PDS hat bisher nur den von der Sozialdemokratie (1925) gegen Lenin kreierten Namen "demokratischer Sozialismus" vindiziert.

Der Bürgerbewegung bleibt aber der Verdienst, das konservative Mißverständnis praktisch widerlegt zu haben, Demokratie sei nur ein System von differenzierten Prozeduren zur Ermittlung Autorität ausstrahlender handlungsfähiger politischer Eliten. Sie hat existentiell gezeigt, daß Demokratie als Prozeß, Lebensform und Handlungsstil erst wirkungsvoll demokratische Institutionen stützt und damit effizient hält.

Und überall in der DDR hat sie grundlegend eine Sensibilität für praktischen "Gemeinsinn", unprätentiöse Alltagssolidarität, Toleranz und Zivilcourage grundgelegt, auf der sich wesentlich ergiebiger aufbauen läßt als auf allen antipluralistischen Sozialismusmythen.

Allerdings muß festgehalten werden, daß der bittere Mißerfolg für die Wahllisten der Bürgerbewegung bei den Wahlen nicht von ungefähr kam und letztlich auch nicht durch die Faszination der DM und unverantwortliche Versprechungen westlicher Politiker erschlichen wurde. Die Bürgerbewegung hat allzu spät und halbherzig versucht, sich der dominanten alltäglichen Sorgen und Sehnsüchte der Bevölkerungsmehrheit anzunehmen. Sie war nie eine volksnahe Massenbewegung wie die polnische Solidarnosc. Trotzdem gelang ihr zeitweise eine wachsende Politisierung der Gesellschaft. Ihre besondere Sozialisation vor allem im Umkreis des evangelischen Bildungsbürgertums bewirkte freilich nicht nur eine frühe Distanz zum Regime, sondern auch zur nichtdiskrimierten Bevölkerungsmehrheit. Eher noch bedeutungsvoller ist ihr Beitrag zur ganz erstaunlichen Gewaltlosigkeit des DDR-Zusammenbruchs. Das gilt sicher für alle Teile der Bürgerbewegung einschränkungslos. Aber auch die bis zum Schluß brutale Polizei und der äußerst rigide Sicherheitsapparat war dadurch sichtlich beeindruckt und verunsichert, so daß er sich offenbar ganz zum Schluß völlig konfus, ja relativ widerstandslos verhielt. Sicher haben schon die sozialethisch geprägten Gruppen im Umkreis der evangelischen Kirche und schließlich der "ökumenische Prozeß" ein günstiges Klima für gewaltlosen Widerstand erzeugt. Am geschickten Lavieren der evangelischen Kirche dürfte auch die professionell international geschätzte Staatssicherheit der DDR gescheitert sein.[17] Nirgendwo wurde man auch zum Denken in "Auswegen" und Alternativen besser trainiert als im kirchlichen Bereich. Bündnisse waren oft lebenswichtig, selbst wenn man dabei fragwürdig erscheinende Kompromisse eingehen mußte. Stets neu mußten die wirklichen Handlungsspielräume ermittelt werden. Es gab daher hier gute Voraussetzungen für die "Runden Tische" auf allen Ebenen im Spätjahr 1989.

Natürlich hat der "Runde Tisch" äußerlich manches gemeinsam mit der koporatistischen Einrichtung der "Konzertierten Aktion" in der alten BRD, ist aber in Wahrheit grundverschieden. Es geht nicht nur um Harmonisierung fest etablierter Interessen, sondern um Konstitution möglicher und legitimierbarer Handlungs- und Interessenfelder, d. h. um Überwindung gesellschaftlicher Spaltungen, die in der DDR tiefer als in jeder kapitalistischen Klassengesellschaft reichten[18]. Wo gab es eine so strenge Scheidung zwischen "Einverstandenen" und "Nicht-Einverstandenen", wo eine so anspruchswidrige Privilegienordnung zwischen den großen "Bonzen" und den einfachen Mitgliedern der SED wie in der DDR? Beinahe täglich erfuhr der einfache Bürger von unvorstellbarer Vorteilnahme führender Genossen. Die rigiden Kontrollen des Sicherheitsapparates zementierten diese bis zuletzt sprachlose oder zynisch-doppelbödig überspielte Spaltung.

Solche Demokratisierung zielte also sowohl auf das Unterlaufen des Kontrollapparates wie auch auf erste Einübung von Bündnisfähigkeit im Sinne der konstitutionsbezogenen "Strategie des Gesellschaftsvertrages". Sie kombinierte immer Druck von unten mit konzentriertem Druck von oben. Das listige Spiel mit verteilten Rollen konnte die kompakte Repression unterlaufen, ohne in chancenlose Konfrontation zu geraten. Bei allen unvermeidlichen Konflikten mit der Kirchenleitung, bot doch allein die Kirche einen Raum dafür. Nur wo erstarrte Konfliktlinien auch überspielt und ausgeweitet werden können, ist eine lebendige Demokratie möglich. Es bleibt die Tragik der Bürgerbewegung, dies in den eigenen Reihen leidlich eingeübt zu haben, die unpolitisch erscheinende "Masse" in ihrer Alltagswelt jedoch weitgehend nicht erreicht zu haben.

6. *Die Bürgerbewegung und die Frage der nationalen Identität*

Die Demokratie ist keine selbstverständliche Errungenschaft der modernen Gesellschaftsgeschichte. Sie ersetzt aber bei keinem Menschen das Bedürfnis, sein eigenes Leben zu entdecken und in sinnhaften Zusammenhängen der Vergangenheit, Gegenwart und Zukunft wiederzufinden. Sinnstiftung ist aber niemals eine rein privat-subjektive Angelegenheit, weil sich eingebildeter Sinn stets auch verweigern kann.

In der fortgeschrittenen modernen Gesellschaft ist personal-sozial-politische Identität nicht einfach modifizierbares "Erbe", sondern grundsätzlich ein komplexer Konstitutionsprozeß mit vielen Voraussetzungen, der die Focussierung sozialen Handelns jeweils unterschiedlich zuläßt.

Nicht nur in Osteuropa läßt sich seit einigen Jahren eine Renaissance nationalen Denkens und Empfindens erkennen. In der ganzen Welt mehren sich sogar die Anzeichen für eine stark ethnozentrische "Festungsmentalität". Das bedrückt viele "Verfassungspatrioten", die darin eine bedenkliche Vergeßlichkeit und einen Rückfall in Atavismen - nicht selten zurecht - befürchten. Die Idee der Nation stellt sich heute freilich ganz anders und in anderen Konstellationen dar als um die Jahrhundertwende. Die Erfolgsaussichten nationalen Denkens scheinen längerfristig allerdings begrenzt: Ist für Deutschland gut, was für Mercedes-Benz oder SAT 1 gut ist, wie früher für US-Amerika gut sein sollte, was für General Motors oder Hollywood gut sei? Eine global vernetzte Wirtschaft, nicht nur einige multinationale Konzerne, kennen keine nationalen Grenzen mehr und setzen sich lächelnd über eine nationale "Identitätspolitik" hinweg.[19] Ähnliches gilt für wissenschaftlich-technische und immer mehr auch für kulturpolitische Cooperation. Hier zeigt sich schlaglichtartig, Identität kann man nicht nur wollen, die konkrete Form muß auch gelingen können. Sonst bleibt sie pures

Wunschbild. Höchst trügerisch ist der Wunsch, globale, nationale, regionale und lokale Referenzen umstandslos heute noch kombinieren zu können. Personale, funktionale, strukturelle, kulturhistorisch-ethnische, morphologisch-geographische, ökonomische und politische Defininitionskriterien lassen sich heute mit dem besten Willen nicht mehr zur Deckung bringen. Was übrig zu bleiben scheint, sind traditionsbehaftete "Mythen des Alltags" (R. Barthes), die natürlich kommerzialisierbar sind und populistischer Politpropaganda offen stehen. Kollektive Identität, so sagt etwa Habermas, lasse sich in diesem Sinne nicht mehr vernünftig herstellen. Aber damit verschwinden allerdings nicht automatisch die affektiven und emotionalen Zurechnungsbedürfnisse und der emotionale Widerstand gegen laufend neu erfundene Ausschließungen und Marginalisierungen, die auch und gerade liberale Universalisten empirisch nachweisbar erleiden oder begehen. Mit einer universalistischen Ethik läßt sich solches zwar verurteilen, aber kaum antizipatorisch verhindern, weil die Kategorie des "Fremden" oder "Anderen" (Nichtmitglied) keine binär codierbare Semantik, sondern ein vielschichtig-vieldeutiger, schillernder Definitionsprozeß ist, dessen oft schlimme Resultate, Etikettierungen und Stigmatisierungen man nicht selten erst "post festum" durchschauen kann. Gerade für soziales Handeln gilt die Einsicht Freuds, daß wir niemals ganz Herr im eigenen Hause sind.

Die Bürgerbewegung übersah geflissentlich, daß längst ein paradoxer, widersprüchlicher Dialog zwischen den Regierenden und den Regierten über die "nationale Frage" und die regional-lokale Bindung entstanden war. Zeitweilig wollte die politische Führung die Menschen auch auf einen relativ abstraken Internationalismus und auf "Völkerfreundschaft" verpflichten. Da gingen die Menschen der DDR nur bedingt mit. Wenn sie nicht sehr selbstbewußt lebten, waren sie schon vor der Wende verwirrt über diese vielfältigen, wenig konsistenten Identitätszumutungen. Diese Desorientierung wurde nur von oben nicht wahrgenommen oder schlicht verleugnet.

Trotz aller Kritik war auch die Bürgerbewegung offensichtlich dieser offiziellen Wahrnehmungsverweigerung noch allzu verhaftet, zumal sie typischerweise eine erheblich andere Sozialisation durchlebt hatte wie "der Durchschnitt". In diesem Sinn hatte sie gewiß die Virulenz der "deutschen Frage" falsch eingeschätzt. Die überraschte Bitterkeit vieler Bürgerrechtler darüber, daß "das Volk" sich so unheimlich geschwind und partout überreden lassen wollte, ohne Scham "ein Volk" zu sein, spricht für sich. Im ersten Augenblick von DM-Nationalismus zu sprechen, schien zutreffend. Auf den zweiten Blick allerdings stellte sich dies immer als voreiliger und pauschalisierender Vorwurf heraus. Über diese Sprachregelung hätte man nach einiger Zeit stutzig werden müssen über die Tatsache, daß die politischen Eliten Ostdeutschlands selbst, nicht etwa westdeutsche Souflëure oder "Westimporte", mit breiter Zustimmung der Bevölkerung regionale und lokale Identitäten bis hin zur Wiedergründung der historischen Länder, Kreise und Gemeinden definierten. Die Einigungskritiker haben das kaum registriert.

Eine genauere Analyse des Umgangs der nationalen Tradition zeigt rasch, wie stark das Denken in der DDR in ethnisch nationalen Kategorien stets geblieben waren. Dem suchte die SED durchaus umsichtig Rechnung zu tragen. Unverkennbar besaß in den Augen einer Mehrheit der westdeutsche Teilstaat - trotz eigener Ungeschicklichkeit und fremder Denunziation - die eigentliche nationale Erbschaft. Zwar wirkte die "realsozialistische Leitperspektive" in der DDR - gerade bei einem beträchtlichen Teil der Intelligenz - weitaus länger legitimitätsstiftend oder doch "sedierend" im Sinne der um private Interessen zentrierten Massenloyalität. Aber bis in die 50er Jahre, zunächst flankierend, später als Hauptrechtfertigung, nachdem die antifaschistische Selbstrechtfertigung nicht mehr richtig motivierte, läßt sich der Versuch verfolgen, die progressiven Traditionslinien der deutschen Geschichte, etwa die republikanische Seite der deutschen literarischen und musikalischen Klassik, des Preußentums, etc. zu nutzen.

Das utopische Konzept der "sozialistischen Menschengemeinschaft" und noch weniger der spätere pragmatischere Kurs der Gesellschaftspolitik vermochte diese doch sehr selektiv hervorgehobenen Ereignisse und Erinnerungsstücke nur bei oberflächlicher Betrachtung harmonisch zu integrieren. Das wußten auch viele der hochgebildeten Bürgerrechtler. Zum einen wurde diese Integrationsabsicht dadurch fragwürdig, daß ihre instrumentell-kompensatorische Absicht allzu deutlich in die Augen sprang; vor allem angesichts der ersten größeren ideologischen Begründungkrise im Jahre 1971. Der Versuch in der DDR, ein Nationalbewußtsein zu schaffen, blieb auch erkennbar mit dem Risiko behaftet, weniger der Identifkation mit den historischen Wurzeln des "Vaterlandes DDR" zu dienen, als unfreiwillig das Interesse an der jahrhundertelang gemeinsamen Geschichte wachzuhalten.[20]

Trotz aller hermetischen Abschottung der Bevökerung von internationalen Kontakten setzten doch die vielen weltweiten Politik- und Wirtschaftsverflechtungen auch globale Teilidentifikationen frei. Die Ende der 80er Jahre kaum noch zu bremsenden Reisewünsche weiter Teile der Bevölkerung in das westliche Ausland waren ein sprechender Ausdruck davon. Sogar das etwas hochstaplerische Schlagwort vom "Weltniveau" der DDR-Produktion reflektierte diese internationale Orientierung. Der offiziell geförderte Internationalismus (Reisen in Osteuropa, "Völkerverständigung") veranlaßte nur in eingeschränktem Sinn transnationale Identitätsbildung, weil er verordnet, eingegrenzt und kontrolliert war, was die Mehrheit immer schmerzlich empfand. Die zeitweilig fast völlige Kappung der Besuchsmöglichkeiten von Verwandten, Bekannten und Freunden in Westdeutschland, die oft räumlich nur wenige Kilometer voneinander entfernt wohnten, ließ so viel Wunden zurück, daß die Überlebenden diese nahräumlichen Bindungen sofort nach dem Fall der Mauer zwischen der DDR und der BRD wieder zu aktivieren begannen. Diese vielfältigen Orientierungsaspekte, die vierzig Jahre gewaltsam niedergehalten wurden, ließen die Identitätsproblematik nie verstummen; sicher konvergieren sie nicht einfach mit einem homogenen Begriff nationaler Identität. Das wäre eine unsachgemäße Simplifikation.

Natürlich ging es immer auch um ganz massive materielle Interessen. Es bleibt dennoch die Tatsache, daß ein komplexes Identitätsproblem aus dem tiefsitzenden Unbehagen über die eigene Lebenssituation der DDR sprach. Diese floß auch in den Kampf um demokratische Grundrechte ein, um Freiheit, allerdings in einem völlig unprätentiösen Sinne der freien Strukturierung der Alltagssituation. Diesen kompliziert gewordenen Alltag hatten die meisten Bürgerrechtler doch zu sehr aus den Augen verloren, so daß sie erstaunt waren, daß verhältnismäßig einfache Interpretationsangebote und Versprechungen verfingen.

Es ist zwar richtig, die katastrophale Lage der DDR als Folge von Modernisierungsdefiziten zu begreifen. Freilich war die DDR auch nie eine völlig unmoderne regressiv gewordene Ständegesellschaft sozialistischer Spielart. Eher konnte man ihr attestieren, sie sei hängengeblieben in einer systematisch verzerrten "einfachen Moderne". Zentrale gesellschaftliche Differenzierungsprozesse traten durchaus auf, wurden aber bald an der kurzen Leine der Partei geführt.

Den mangelnden Pluralismus der Funktionsbereiche kann man allerdings nicht restlos auf das spezifische Konto der DDR abrechnen, da Unschärfen, Entdifferenzierungen und unübersichtliche Verflechtungen in Politik, Wirtschaft, Kultur der westeuropäischen Länder in weit stärkerem Maße stattfinden, als das die Anhänger der etwas dogmatischen systemtheoretischen Modernisierungstheorie (z. B. Parsons, Luhmann) wahrhaben wollen. Die volle Härte einer unsteuerbar gewordenen gesamtgesellschaftlichen Anomie bekamen die Menschen deshalb zu spüren, weil die Systemdeformation mit einem spezifischen Modernisierungsschub in der Wirtschaft und der privaten Lebensführung (als "Individualisierungsschub" der "reflexiven Moderne") sich gleichsam kreuzte.[21]

Deshalb brachte der Fall der Mauer keineswegs "die große Freiheit", sondern nach kurzer Euphorie - nicht allein wegen einer unangemessenen Deutschlandpolitik der Bundesregierung - den großen Katzenjammer. In der ersten Etappe, der "einfachen Modernisierung", bestand (zumindest für die Besitz- und Bildungsbürger) zum erstenmal die Chance zu individueller Lebensführung. In der fortgeschrittenen "reflexiven Moderne" oder der "modernisierten Moderne" wird die Autonomie für immer mehr Menschen zum Zwang und Risiko einer "Bastelbiographie" aufgrund kumulativer Nebeneffekte von durchaus rationalen Setzungen. Eine "Freiheit", die ungestaltbar oder latent kommerzialisiert, standardisiert und ferngesteuert erscheint, wird als weitgehend wertlos erfahren. Da locken die großen Vereinfachungen des Fundamentalismus und des nationalen Größenwahns. Sogar Nostalgie gegenüber politischen Kräften, unter denen man wenige Jahre zuvor noch gelitten hat, konnte in dieser Situation rasch nachwachsen.

Die Bürgerbewegung bestand großenteils aus faszinierenden Persönlichkeiten. Es kann kein Zweifel sein, daß ihr kritischer Diskurs die Demokratiebewegung und die

Identitätsfrage lebendig hielt. Er war aber vermutlich immer noch zu dicht an der Sicht der gefürchteten Machthaber angelegt. In vieler Hinsicht schienen ihre globalen Themen offenbar auch dann weltfremd, wenn sie fundamentale Überlebensprobleme artikulierten, weil es nicht gelang, deren "Sitz im Leben" herauszuarbeiten. Weil es also nicht gelang, die vordringlichen Alltagsprobleme damit in zwanglose Verbindung zu bringen, weil Sprache, Argumentationsstil, Umgangsformen so fremd wirkten, hielten viele Menschen Distanz, die gewonnen hätten werden müssen, liefen im entscheidenden Moment sogar "über". Die Bitterkeit darüber ist verständlich, aber nicht voll gerechtfertigt. Die Grenzen der Bürgerbewegung bei ihrer "Identitätspolitik" rechtfertigen es indes keinesfalls, ihren unschätzbaren Verdienst bei der Demokratisierung und bei der Wahrung des Friedens in Deutschland zu vergessen.

Anmerkungen

1 Deppe, R. & H. Dubiel (Hrsg.) (1991). Demokratischer Umbruch in Osteuropa. Frankfurt
Wagner, R. (1992). Völker ohne Signale. Zum Epochenbruch in Osteuropa. Berlin.
Duffek, K. & E. Fröschel (Hrsg.) (1991). Die demokratische Revolution in Mittel- und Osteuropa. Wien.
Schirrmacher, F. (Hrsg.) (1992). Im Osten erwacht die Geschichte. Stuttgart.
Dahrendorf, R. (1992). Der moderne soziale Konflikt. Essays zur Politik der Freiheit. Stuttgart.
Schweizer, H. (1993). Der Zusammenbruch des real existierenden Sozialismus, die Erosion der Bürgerbewegungen Osteuropas und die Systemprobleme westlicher Industriegesellschaften. Pécs (Ungarn) Ms.

2 Tenfelde, K. (1991). 1914-1919 - Einheit der Epoche. Aus Politik und Zeitschichte, 3-11;
Ash, T.G. (1990). Ein Jahrhundert wird abgewählt. Aus den Zentren Mitteleuropas 1980-1990. München.
Brie, M. & D. Klein (Hrsg.) (1992). Zwischen den Zeiten. Ein Jahrhundert verabschiedet sich. Hamburg.
Loth, W. (1992). Das Ende der Nachkriegsordnung. In B. Schoch (Hrsg.), Deutschlands Einheit und Europas Zukunft (S. 11-29). Frankfurt.
Kleßmann, Ch. & Wagner, G. (Hrsg) (1992) Das gespaltene Land. Leben in Deutschland 1945-1990. München.
Reißig, R. & Glaeßner G.J. (Hrsg.) (1991). Das Ende eines Experiments. Umbruch in der DDR und die deutsche Einheit. Berlin.
Meuschel, S. (Hrsg) (1990). Die DDR auf dem Weg zur deutschen Einheit Opladen.

3 vgl. Hondrich, K.O. (1990). Systemveränderungen sozialistischer Gesellschaften - eine Herausforderung für eine soziologische Theorie. In W. Zapf (Hrsg.), Die Modernisierung moderner Gesellschaften (S. 553-557). Frankfurt.
Deppe & Dubiel, op. cit.;
Dahrendorf, R.. op. cit.;
Joas, H. & Kohli, M. (Hrsg.) (1993). Der Zusammenbruch der DDR. Soziologische Analysen, Frankfurt.
Opp, K.D. & Gern, Ch. (1993). Dissident Groups,. Personal Networks, and Spontaneous Cooperation: The East German Revolution of 1989. ASR, 58 (5), 659-680.

4   Grundlegend: Joas & Kohli. op. cit.;
Joas, H. (1992). Kreativität des Handelns. Frankfurt.
Berger, P.L. & Luckmann, Th. (1970). Die gesellschaftliche Konstruktion der Wirklichkeit. Frankfurt.
Luckmann, Th. (1992). Theorie des sozialen Handelns. Berlin.
Bleicher, J. (1990). Die kulturelle Konstruktion sozialer Identität am Beispiel Schottlands. In H. Haferkamp, (Hrsg.). Sozialstruktur und Kultur (S. 328-346). Frankfurt.
Segerstrand, U.(1991). Lebenswelt: Probleme und Aussichten. In Haferkamp, a. a. O. (S. 347-383).
Giesen, B. (1991). Nationale und kulturelle Identität. Studien zur Entwicklung des kollektiven Bewußseins in der Neuzeit. Frankfurt.
Elias, N. (1990). Studien über die Deutschen. Machtkämpfe und Habitusentwicklung im 19. und 20. Jahrhundert. Frankfurt.

5   Schoch, B.: op. cit. bes. 7-11, vgl. 79 ff.

6   Joas & Kohli.: op. cit. 7-28, vgl. auch 93 ff.

7   vgl. Offe, C.. Wohlstand, Nation, Republik. Aspekte des deutschen Sonderweges vom Sozialismus zum Kapitalismus. In Joas & Kohli: op. cit. (S. 282-301).

8   Schorlemer, F. (1993). Den Frieden riskieren: Vom täglich neu aufzubringenden Mut. Aus der Rede bei der Verleihung des Friedenspreises des Deutschen Buchhandels 1993. SZ 11.10.1993; vgl. auch Maleck, B. (1992). , Ich werde nicht schweigen. Gespräch mit W. Ullmann. Berlin.

9   Schorlemer. a. a. O.

10 Meckel, M. (1993). Auf den Anfang kommt es an. Sozialdemokratischer Neubeginn in der DDR 1989. In W. Herzberg & P. von zur Mühlen (Hrsg.). Interviews und Analysen, 90, Bonn.

11 SZ 25.7.93

12 Thaysen, U. (1990). Der Runde Tisch. Oder: Wer war das Volk? Teil I. Zt. f. Parlamentsfragen, 21 (1), 71-100; vgl. auch aktuell: "Erhalt des Sozialstaates. Runder Tisch für Politiker, Kirchen und Verbände gefordert. SZ 28.12.93.

13 vgl. Habermas, J. (1990). Die nachholende Revolution. Kleine politische Schriften VII (bes. S. 179-200). Frankfurt.
Herzberg & Mühlen, op. cit.;
Dahrendorf, R.. op. cit. bes. 113-141

14 vgl. Havel, V. (1992). Sommermeditationen. Reinbek.
Konrad, G (1992). Melancholie der Wiedergeburt. Frankfurt.
Michnik. A. . Zwei Visionen eines posttotalitären Europas. In Deppe & Dubiel, a. a. O. (S. 348-341).
Rödel, U., Frankenberg, G. & Dubiel, H. (1989). Die demokratische Frage.
Lefort, C. & Gauchet. M. (1990). Die Demokratie. Das Politische und die Instituierung des Gesellschaftlichen. In U. Rödel (Hrsg.), Autonome Gesellschaft und libertäre Demokratie (S. 89-122). Frankfurt.
Beck, U. (1993). Die Erfindung des Politischen. Frankfurt.

Taylor, Ch. (1993). Der Begriff der "bürgerlichen Gesellschaft" im politischen Denken des Westens. In M. Brumlik & H. Brunkhorst (Hrsg.), Gemeinschaft und Gerechtigkeit (S. 117-148). Frankfurt.
Münkler, H. (Hrsg.) (1992). Die Chancen der Freiheit. Grundprobleme der Demokratie. München.
Schmid, Th. (1990). Staatsbegräbnis. Von ziviler Gesellschaft. Berlin

15 zitiert nach: SZ 20.4.93; vgl. auch: Rüddenklau, W. (1992). Störenfried. DDR-Opposition 1986-1989. Mit Texten aus den "Umweltblättern", Berlin;
Bohley, B. (1989). .... und die Bürger melden sich zu Wort. Frankfurt.
Schorlemer, F. (1993). Freiheit als Einsicht. Bausteine für die Einheit. München.

16 vgl. Eppler, E. (1993). Politik statt Verwaltung. In S. Unseld (Hrsg.), Politik ohne Projekt? (S. 123-132). Frankfurt.

17 Bericht der Enquête-Kommission des Dtsch. Bundestages. Der Nebel lichtet sich. An der evangelischen Kirche ist die Stasi letztlich gescheitert. SZ 18./19.2.93.
Siebenmorgen, P. (1993). Staatssicherheit der DDR. Der Westen im Fadenkreuz der Stasi. Bonn.
Pollack. Religion und gesellschaftlicher Wandel. Zur Rolle der evangelischen Kirche im Prozeß des gesellschaftlichen Umbruchs in der DDR. In Joas & Kohli, a. a. O. (S. 246-266).

18 Zapf, W. Die DDR 1989/90 - Zusammenbruch einer Sozialstruktur? In Joas & Kohli, a. a. O. (S. 29-48).
Meuschel, S. Wandel durch Auflehnung. In Deppe & Dubiey, op. cit. (S. 26-47).

19 vgl. Reich, R.B. (1993). Die neue Weltwirtschaft. Das Ende der Nationalen Ökonomie. Frankfurt.
Esser, J. (1988). Die Suche nach dem Primat der Politik. In S. Unseld, op. cit. (S. 409-409).
Galbraith, J.K. (1988). Die Entmythologisierung der Wirtschaft. Grundvoraussetzungen ökonomischen Denkens. Wien.

20 vgl. etwa: Schneider, M. (1991). Die abgetriebene Revolution. Von der Staatsfirma in die DM-Kolonie. Berlin.
Offe, C.: a. a. O.
Kühnel, W., Wielgohs & Schulz (1990). Die neuen politischen Gruppierungen auf dem Wege vom politischen Protest zur parlamentarischen Interessenvertretung. Soziale Bewegungen im Umbruch der DDR-Gesellschaft. Zt. f. Parlamentsfragen 21, (1), 22 ff..
Knabe, H.. Politische Opposition in der DDR. Ursprünge, Programmatik, Perspektiven. Aus Politik und Zeitgeschichte 5.1.90, 21-32.
Wielgohs, J. (1993). Auflösung und Transformation der ostdeutschen Bürgerbewegung. Deutschland-Archiv 26 , 426-435.
Joffe, J.. Deutschland postnational. SZ 2./3.10.93.
Schmid, Th: po. cit., 158 ff.

21 vgl. Beck, U. (1986). op. cit. ders.: Risikogesellschaft. Auf dem Weg in eine andere Moderne. Frankfurt.
ders. (1991). Politik in der Risikogesellschaft. Essays und Analysen. Frankfurt.

Joachim Maier

"Du sollst das Recht des Fremden nicht beugen" (Dtn 24,17) - Baustein für eine erneuerte Ethik im vereinten Deutschland

1. Gewaltbereitschaft - Kennzeichen unseres Befindens

Zu den sozialen Folgen der Vereinigung Deutschlands gehört auch die sich zunehmend verschärfende Form des Umgangs mit Fremden in unserer Gesellschaft.[1] Sie macht deutlich, daß die neu zu suchende gemeinsame Identität in Deutschland neben einer regionalen und nationalen auch eine europäische, internationale und interkulturelle Dimension hat. Innerhalb eines halben Jahrzehnts haben sich in dieser Hinsicht tiefgreifende Änderungen vollzogen. Der Vergleich eines Jahrestages innerhalb dieses Zeitraums von fünf Jahren möge das verdeutlichen.

Am 9. November 1988 hielten mein evangelischer Kollege Jörg Thierfelder und ich an der Pädagogischen Hochschule in Heidelberg gemeinsam mit Studierenden der Evangelischen und Katholischen Theologie eine Lesung zur 50. Wiederkehr der Reichspogromnacht. Was uns damals die Aktualität dieser geschichtlichen Erinnerung verdeutlichte, waren vor allem verbale Angriffe gegen in Deutschland wohnende Ausländer und Ausschreitungen gegen jüdische Friedhöfe. Die Verwüstung des Jüdischen Friedhofes in Ihringen am Kaiserstuhl erregte noch im Sommer 1990 eine breite Öffentlichkeit, die Zeitungen berichteten auf den ersten Seiten. Das hat sich in der Zwischenzeit geändert. Gewalt gegen Sachen ist in den Zeitungen auf die hinteren Seiten gerückt. Am Abend des 9. November 1993 eröffnete der sächsische Ministerpräsident Biedenkopf im Rathaus von Bautzen eine Wanderausstellung über Anne Frank. In seiner Ansprache erinnerte er an die lähmende Untätigkeit der Wissenschaftler an den deutschen Universitäten, als im April 1933 alle ihre jüdischen Kollegen entlassen wurden. Er führte den nahezu reibungslosen Fortgang der nationalsozialistischen Judenverfolgung in den späteren Jahren auch darauf zurück, daß die Menschen vor 55 Jahren der Gewalt die Straße überlassen hätten und forderte deshalb dazu auf, heute gegen die Gewalt die Straße zu besetzen. Am Nachmittag des gleichen Tages störten Jugendliche im Dresdner Hauptbahnhof mit ausländerfeindlichen Parolen die einfühlsame Fotoinstallation des jüdischen Künstlers Shimon Attie aus den USA. Mit

Hilfe von Dias warf er die Gesichter jüdischer Bürger aus Dresden von vor 1938 an die Stirnwand des Bahnhofs, auf die Bahngleise und Dächer ankommender und abfahrender Züge, auch um die Teilnahmslosigkeit angesichts der damaligen Abreise ins Ungewisse zu zeigen. Die wegen eines Fußballspiels am Abend bereitstehende Polizei konnte eine Eskalation vermeiden, weil die Jugendlchen nicht wußten, was sich eigentlich abspielte: "Wenn die hier mitbekommen, daß das da an der Wand Juden sind, ist hier die Hölle los".[2] Zwar machen überregionale Zeitungen auf diese Vorgänge aufmerksam. Aber die regionale Presse nimmt solche Ereignisse aus anderen Teilen Deutschlands kaum noch wahr. So war es schon, als der älteste Jüdische Friedhof Europas in Worms im Frühjahr 1993 durch Hakenkreuzschmierereien geschändet wurde. So war es, als auf demselben Friedhof im Dezember 1993 mehr als 30 Grabsteine umgeworfen und beschädigt wurden: Was der Tagesschau eine Meldung in ihrer Hauptausgabe wert war, erschien in der Rhein-Neckar-Zeitung als 13-Zeilen-Nachricht auf Seite 12 unter einem, gewiß auch notwendigen, dreispaltigen Bericht über den Prozeß gegen den Bundesvorsitzenden der NPD.[3] So war es, als Ende September 1993 die Außenwand des Jüdischen Friedhofs in Dresden über eine Länge von 60 Metern mit ausländerfeindlichen Parolen und Hakenkreuzen beschmiert und mehrere Grabsteine im Friedhof umgestürzt wurden. Die Ermittlungen in Dresden gestalten sich wie so oft sehr schwierig. Nicht allein die Tatsache, daß auch nach zwei Monaten keine Tatverdächtigen festgenommen werden konnten, muß aufrütteln. Schlimmer noch ist die dringende Vermutung der Ermittlungsbehörden, die Täter seien gar nicht im rechtsradikalen Milieu zu suchen.[4] Der Geist des Nationalsozialismus hat sich schon weit in Köpfe und Herzen von Menschen ausgebreitet, die sich vielleicht nicht bewußt zum rechtsradikalen Rand zählen, aber den hohen Prozentsatz "latenter" Antisemiten (über 30%) in Deutschland ausmachen. Das Unrechtsbewußtsein schwindet.

Immer spektakulärer sind die Vorgänge, die noch das Interesse einer breiteren Öffentlichkeit erreichen . Gewalt gegen Fremde hat die beste Chance auf die erste Seite zu kommen. Ihre Spur zieht sich durch alle Regionen unseres Landes: Vom Tod des Mosambikaners Jorge Gomondai, der im März 1991 in Dresden aus der Straßenbahn gestürzt wurde, über die Ausschreitungen und Brandanschläge von Hoyerswerda, Rostock, Mölln oder Solingen. Jüngstes Beispiel sind die Mißhandlungen, die der Dresdner Ausländerbeauftragten Marita Schieferdecker-Adolph, die mit Ausdauer, Engagement und auch Erfolg für ein Um-Denken bei gefährdeten Jugendlichen arbeitet, von Neonazis aus Düsseldorf zugefügt wurden.[5] "Seit Anfang 1991 sind in der Bundesrepublik bei mehr als 4500 rechtsextremistischen Gewalttaten 26 Personen ermordet und 1800 verletzt worden."[6] Allein 1992 wurden in Deutschland so viele jüdische Friedhöfe geschändet wie in den Jahren 1926-1931 zusammen.[7]

Das Gespür dafür wächst, daß durch diese Entwicklungen der innere Frieden gefährdet ist. Glaubt man den offiziellen Reden, so herrscht jeweils "tiefe Betroffenheit". An Mahnungen zur Wachsamkeit und Aufrufen zum Widerstand fehlt es denn auch nicht.

Mit einfachen Parolen, die jenen der Unbelehrbaren nachgebildet sind, ist hier jedoch nichts auszurichten: "Nazis raus!" lese ich in der Unterführung meines Wohnortes, wenn ich mich auf den Weg nach Dresden mache - dieselbe Parole auf dem Treppenabsatz des Hauses in Dresden, in dem ich dort wohne.[8] Aber wohin sollten diese Menschen? Wer möchte ihnen Aufnahme gewähren? Ist der Neo-Nationalsozialismus ein Exportartikel? Oder soll man ihm "einen Riegel vorschieben"? Aber läßt sich der Ungeist einsperren? Es ist offensichtlich, daß solche Vorschläge zu kurz greifen. Viele Menschen, die in Politik und Wirtschaft, in den Kirchen, in Wissenschaft und Erziehung Verantwortung tragen, haben das erkannt und damit begonnen, einen Prozeß der Umkehr in Gang zu setzen. Die häufig beklagte "ethische Orientierungslosigkeit" vor allem unter Jugendlichen ist nicht nur bedingt durch den Zusammenbruch des Sozialismus, sondern auch durch ethisches Versagen früherer Generationen und das Chaos von Krieg, Terror, Verfolgung und Grausamkeit, das gegenwärtig z.B. auf dem Balkan die Greuel bisheriger Kriegsgeschichte übersteigt: "Das Faszinosum der Gewalt ... ist nicht erloschen, es ist unter uns, es ist vor allem in uns"[9] und kennzeichnet so unser Befinden - unsere "Verfassung". Viele wollen die notleidenden Fremden aussperren und merken dabei nicht, daß sie sich selbst einsperren in Angst, die zunächst untätig und passiv, dann aber aggressiv macht und sich in "Kriminalität, Ausländerfeindlichkeit und im Verdrängen von Vergangenheit und Schuld"[10] auswirkt. Hier offenbart sich auch eine Unfähigkeit, sich mit sich selbst auseinanderzusetzen. Unsere Sprache ist Spiegel dieser Unfähigkeit. Sie verrät uns. Wir hören viel weniger von Gastfreundschaft und ihren Regeln, die es neu zu lernen gilt. Statt dessen wird vom Fremden-Haß gesprochen, gegen den man sich wehren müsse. Da ist es, dieses Wort. Es beschreibt ein Phänomen - und fördert es damit. Es scheint, als habe nicht mehr der Fremde Wohnrecht bei uns, sondern der Haß.

Zuweilen bringt das Ausmaß von Gewalt und Grausamkeit die verständliche Sehnsucht nach einer reinigenden neuen Sintflut hevor, die das Böse hinwegschwemmte. Um den gefährlichen Mechanismen zu entrinnen, kann eine solche Hoffnung, zumal sie unrealistisch ist, jedoch nicht dienen. Vielmehr wird es hilfreich sein, sich auf Erfahrungen und Weg-Weisungen zu besinnen, die sich in der jüdisch-christlichen Tradition bewährt haben. Sie sind verschüttete Grundlagen unserer Identität, die in der Geschichte wurzelt.

2. *Die Bibel: ein Buch von Flüchtlingen für Flüchtlinge*

Man kann weite Teile der Botschaft der hebräischen Bibel um drei Grunderfahrungen Israels gruppieren, die immer wieder erinnert und miteinander verknüpft werden: Der *Befreiung aus der Knechtschaft in Ägypten folgte später die Gabe der Torah* am Sinai und danach die *Gabe des Landes* als Raum, in dem sich das Leben nach den göttlichen Weisungen entfalten sollte.

Ein Gott *für* die Fremden

Wo die Weisungen des Dekalogs heute noch im Gedächtnis sind, erhält man auf die Frage nach ihrem Anfang von Schülern, Studierenden und Erwachsenen meist die Formulierung des ersten Gebotes: "Du sollst keine anderen Götter neben mir haben". Daß dem Dekalog in beiden überlieferten Fassungen (Ex 20,2-17; Dtn 5,6-21) gleichsam eine Präambel vorangestellt ist, scheint weitgehend unbekannt: *"Ich bin der Herr, dein Gott, der dich aus dem Ägyperlande, dem Sklavenhause, herausgeführt hat"* (Ex 20,2). Diese Erinnerung an das Befreiungshandeln Gottes macht die folgenden Weisungen leichter verständlich. Die aus Ägypten Geflohenen haben JHWH als einen Gott der Befreiung erfahren, das Zehnwort vom Sinai ist Antwort des Volkes auf diese Tat Gottes. An ihn allein sollen sie sich nun halten und seinen Verheißungen vertrauen. Wie JHWH dem Volk die Freiheit geschenkt hat, so verpflichtet sich das Volk ihm gegenüber, auch im Innern Freiheit zu gewähren und alle Knechtschaft, Ausbeutung und Unterdrückung gegenüber Fremden und sozial Schwachen zu vermeiden. In diesem Sinne verstehe man das biblische "Du sollst nicht" weniger als Verbot mit Strafandrohung, sondern eher als mahnende Erinnerung: "Du wirst doch nicht ..." Sie schließt auch den Fremden in die Teilhabe an den Segnungen ein, die Gottes Recht für Israel bereithält. In dieser Hinsicht ist das vielfach zu einem knappen und daher wenig konkreten Satz verkümmerte dritte Gebot in Wahrheit eine bis in unsere Gegenwart immer wieder gefährdete Errungenschaft: *"Halte den Sabbattag, daß du ihn heiligst, wie der Herr, dein Gott, dir gebot! Sechs Tage sollst du arbeiten und all dein Werk tun. Der siebte Tag aber ist Sabbat für den Herrn, deinen Gott; da sollst du keinerlei Werk tun, weder du selbst, noch dein Sohn, noch deine Tochter, noch dein Knecht, noch deine Magd, noch dein Ochse, noch dein Esel, noch all dein Vieh,* **noch dein Fremdling, der in deinen Wohnorten weilt***, damit dein Knecht und deine Magd ruhen können wie du. Denke daran, daß du selbst im Ägypterlande Sklave warst und der Herr, dein Gott, dich von dort mit starker Hand und ausgestrecktem Arme herausführte. Darum gebot dir der Herr, dein Gott, den Sabbattag zu feiern"* (Dtn 5,12-15): In der Freiheit und Freude des Sabbats kehren sich Unfreiheit und Unterdrückung der Sklavenzeit in Ägypten um. Da gibt es kein minderes Recht für den Fremden. Der Sabbattag unterbricht nicht nur den monotonen Lauf der Tage (sbt = aufhören, unterbrechen) für den freien israelitischen Bauern; er unterbricht die schwere Arbeit der ihm Untergebenen - einschließlich der Tiere; er unterbricht die Armut, die Einsamkeit des Fremden, der sich ja meist nur als Taglöhner verdingen konnte.[11]

Im *Bundesbuch* Israels (Ex 21-23 [10./9. Jh.]; ähnlich in der deuteronomistischen Torah Dtn 12-26 [spätes 7. Jh.] und im Heiligkeitsgesetz Lev 17-26 [vielleicht erst nachexilisch]) werden die Weisungen des Dekalogs nach Art einer "Sozialgesetzgebung" sehr konkret entfaltet und auf die Lebenssituation der seßhaft gewordenen Sippen und Stämme bezogen.[12] Hier finden wir mehrfach Hinweise auf die grundlegende Befreiungstat Gottes: *"Einen Fremdling sollst du nicht bedrücken. Ihr wißt, wie dem Fremdling zumute ist; seid ihr doch auch Fremdlinge gewesen im Lande Ägypten"* (Ex

23,9; ähnlich auch Ex 22,20). Noch ausdrücklicher erscheinen die Formulierungen im 5. Buch Mose: *"Du darfst das Recht von Fremdlingen und Waisen nicht beugen noch das Kleid einer Witwe pfänden. Vielmehr sollst du dessen eingedenk bleiben, daß du Knecht in Ägypten warst und dich daraus der Herr, dein Gott, befreite. **Darum gebiete ich dir, so zu handeln** ".* (Dtn 24, 17f.) In gleicher Weise wird das Recht der Nachlese auf dem Feld, von den Ölbäumen und im Weinberg begründet: *"Wenn du in deinem Weinberg Lese hältst, so sollst du hinterher nicht noch Nachlese halten; dem Fremdling, der Waise und der Witwe soll sie zufallen. Du sollst dessen eingedenk bleiben, daß du Knecht im Ägyptenlande warst. **Darum gebiete ich dir, so zu handeln**."* (Dtn 24,21f.) Fremdsein in Ägypten, das bedeutete Knechtschaft, Sklavenarbeit und Ausbeutung. Jetzt soll durch Israel das Fremdsein nicht mehr als Angst und Bedrohtsein empfunden werden. Die Bibel hält hier Israel kein fernes Ideal vor, dem nachzustreben wäre, sie erinnert das Volk vielmehr an seine eigene Fremdlingsschaft und fordert dazu auf, in jedem Fremden sich selbst zu erkennen. Das hat offensichtlich nicht sein Bewenden damit, den Fremden nicht zu unterdrücken. Die biblischen Weisungen greifen weiter: Sie wollen das Recht des Fremden, sein menschenwürdiges Leben und seine Identität bewahren. Diesen Schutz schulden ihm die Aufnehmenden aus Gründen der Gerechtigkeit, er ist nicht etwa die wünschenswerte Liebestat, die sie auch unterlassen könnten.

Die umfangreichen Schutzgebote für die Fremden sind entstanden vor dem Hintergrund der politischen Entwicklungen im 8. Jahrhundert. 722 wurde Israel, das sogenannte Nordreich, von Assur unterworfen und assyrische Provinz. Zahlreiche Bewohner wurden nach dem Osten verschleppt, andere konnten sich in das sogenannte Südreich retten. Hier waren sie fremd im Land ihrer Brüder, der Bewohner von Juda und Jerusalem. Nun wurde das geltende Recht weiter gefaßt und verstärkt. Die grundlegende Bestimmung aus dem Bundesbuch (z.B. Ex 23,9) zum Schutz des Fremden war schon bisher als Befehl des Herrn ausgewiesen. Jetzt wird er den einheimischen Armen, Notleidenden, Witwen und Waisen gleichgestellt[13]: *"Wie ein Einheimischer aus eurer Mitte gelte euch der Fremdling, der sich bei euch aufhält. **Du sollst ihn lieben wie dich selbst.** Denn auch ihr waret Fremdlinge im Land Ägypten. Ich bin der Herr, euer Gott"* (Lev 19,34). Das in Lev 19,18 formulierte Gebot der Nächstenliebe wird noch heute von manchen Christen gerne als Errungenschaft des Neuen Testamentes dargestellt. Daß es aus der hebräischen Bibel stammt und wenige Verse später gar den Fremden einschließt, macht vielfach ratlos.

Wären alle Schutzgebote eingehalten worden, müßte das kleine Königtum Judäa bis zu seiner eigenen Eroberung durch die Babylonier unter Nebukadnezar 587 zu einem wahren Magnet für alle Flüchtlinge des Vorderen Orients geworden sein. Nicht nur aus dem untergegangenen Nordreich sind Flüchtlinge gekommen; auch vielen Nicht-Israeliten, die im assyrischen und später babylonischen Machtbereich lebten und der dort herrschenden Not und Unterdrdückung zu entkommen suchten, war das kleine Königtum ein Ort der Zuflucht.[14] Wir wissen nicht, wie auf die tatsächlich hereindrängenden Fremden reagiert wurde. Denkbar ist, daß sie ökonomisch durchaus nützlich erschienen und als billige Arbeitskräfte eingesetzt wurden. Wenn aber in Zeiten der Arbeitslosigkeit die einheimischen Taglöhner sich zum Nulltarif anboten, dann wird es den Fremden schlecht gegangen sein. Die größeren Grundbesitzer waren auf Taglöhner und Sklavenarbeit angewiesen. Ihnen erschienen die Schutzbestimmungen eher lästig, weil sie feudale Grundrechte unterhöhlten. Da gab es also auch Widerstand und Boykott. Nicht von ungefähr mußten die vorexilischen Propheten vielfach die Rechte der Schwachen aus dem eigenen Volk und der Fremden anmahnen: Jeremia etwa redete zur Zeit der babylonischen Bedrohung dem Volk eindringlich ins Gewissen. In seiner berühmten Tempelrede warnte er vor der trügerischen Selbstsicherheit, die meinte, alle Gefahr unter Hinweis auf den Tempel in der Mitte Jerusalems ausschließen zu können: *"Vertraut aber nicht auf die Lügenworte: 'Der Tempel des Herrn, der Tempel des Herrn, der Tempel des Herrn ist hier.' Denn nur wenn ihr ernsthaft eure Wege und eure Werke bessert, wenn ihr wirklich untereinander recht tut, wenn ihr **Fremdlinge**, Witwen und Waisen nicht bedrückt, kein unschuldiges Blut vergießt an diesem Ort und keinen fremden Göttern nachlauft zu eurem eigenen Unglück, dann will ich mit euch wohnen an diesem Ort, in dem Lande, das ich euren Vätern geschenkt habe seit langem und für immer."* (Jer 7,4-7) Die Sicherheit ist also nicht gewährleistet durch Einhaltung kultischer Vorschriften oder wegen des Tempels, den der Herr nicht preisgeben könne. Jeremia stößt das Volk vor den Kopf und macht ihm klar, woran das Wohlergehen und der Fortbestand in Wahrheit hängen: an Recht und Gerechtigkeit im Innern. In ähnlicher Weise hatte bereits der erste Schriftprophet Amos im 8. Jahrhundert als "Fremder" aus dem Südreich den Herrschenden im Nordreich ins Gewissen geredet und ihnen das Gericht angekündigt. Die prophetische Botschaft, die trotz aller Gerichtsdrohung Gott als einen *deus pro hominibus* vorstellt, dient dem Menschsein des Menschen, auch des Fremden. Die Achtung seiner Würde, Gerechtigkeit und Liebe ihm gegenüber sind nicht an Bedingungen, etwa die Annahme des gleichen Glaubens, gebunden. Wo die Identität des Fremden in Frage gestellt wird, wo er unterdrückt ist, sind auch Integrität und Identität des Volkes gefährdet. Gott ist den Fremden zugetan, so faßt es Dtn 10,18 zusammen: *"Er liebt die Fremden und gibt ihnen Nahrung und Kleidung"*.

Im Corpus der biblischen Rechtssatzungen finden sich schließlich auch erste Ansätze der Asylgewährung, die wenigstens erwähnt sein sollen. Schon in der frühen Königszeit verfügte das Bundesbuch, einem der fahrlässigen Tötung Schuldigen solle Sicherheit am Heiligtum vor blindwütiger Blutrache gewährt werden (Ex 21,12ff). Religiöse Autorität wirkte hier als humanitäre Alternative zur fehlenden staatlichen Gesetzgebung. Das Asylinstitut wurde bald auch von anderen Verfolgten in Anspruch genommen und in späterer Zeit entstanden neben dem Tempel weitere Asylorte. Der Schutz wurde nicht mehr begründet durch die Heiligkeit des Tempelbezirks, sondern aus dem Recht der betroffenen Person: "Nicht der Tempel ist in erster Linie ... die Stätte der Geborgenheit... Gott selbst ist der Asylort, die Zuflucht (Ps 31,5)"[15]. Die Achtung vor der Würde der Person spricht auch aus jenen Texten, die Flüchtlingen Sicherheit vor Ausweisung zusagen: *"Du sollst einen [ausländischen] Sklaven, der sich vor seinem Herrn zu dir flüchtet, nicht seinem Herrn ausliefern. Bei dir soll er bleiben dürfen an dem Orte, den er sich in einer deiner Ortschaften, wo es ihm gefällt, aussucht; du darfst ihn nicht bedrücken."* (Dtn 23,16f.)

Das biblische Asylrecht gehört zur Antike insgesamt, es hatte Vorläufer bei den Hethitern, es wurde bei Griechen und Römern nachgeahmt und in der Christenheit des Römerreiches als Kirchenasyl praktiziert - freilich nicht für Juden, Heiden und Häretiker: ihnen gegenüber entwickelte es sich zum "Instrument der institutionalisierten Gnadenlosigkeit".[16]

Auch wenn die biblischen Ursprünge des Asyls nicht vereinfacht in die gegenwärtige Rechtslage übertragbar sind, unterstreichen sie - gerade so wie die Fehlentwicklungen der Kirchengeschichte - die Pflicht zur Achtung der unveräußerlichen Rechte der Person.

Ein Gott der Fremden

Der *Gott für die Fremden* ist der hebräischen Bibel nicht allein Instrument zur Begründung einer menschenfreundlichen Ethik. Glaube und Handeln hängen unlösbar zusammen. Deshalb gehört die Identifizierung mit dem Fremden für Israel auch in das Bekenntnis seines Glaubens.[17] Wir finden das heilsgeschichtliche Credo Israels im Zusammenhang mit der Liturgie eines Erntedankfestes. Hier bekennt sich Israel zu seinem Gott als einem Gott der Nichtseßhaften, der Heimatlosen und Sklaven, zu einem *Gott der Fremden: "Ein umherirrender Aramäer war mein Vater. Mit wenigen Leuten zog er hinab nach Ägyten und hielt sich dort als Fremdling auf, wurde aber daselbst zu einem großen und starken und zahlreichen Volke. Als uns dann die Ägypter schlecht behandelten und uns bedrückten und uns harten Frondienst auferlegten, schrien wir zum Herrn, dem Gott unserer Väter, und der Herr hörte auf unser Rufen und sah unser Elend, unsere Mühsal und Bedrängnis. Und der Herr führte uns aus Ägypten weg mit starker Hand und ausgestrecktem Arme, mit großen Schrecken, unter Zeichen und Wundertaten. Er brachte uns an diesen Ort und gab uns dieses Land, das von Milch und Honig fließt. Und hier bringe ich nun die Erstlinge von den Früchten des Landes, das du, der Herr, mir gegeben hast. Damit sollst du den Korb vor dem Herrn, deinem Gott, zurücklassen, dich vor dem Herrn, deinem Gott niederwerfen und dich samt deiner Familie, dem Leviten und dem **Fremdling**, der in deiner Mitte sich aufhält, an all dem Guten freuen, das dir der Herr, dein Gott gab."* (Dtn 26,5-11) Erinnerung an Heimatlosigkeit und Unterdrückung in der Fremde wird verknüpft mit dem Dank für Befreiung und Gabe eines Landes, in dem sich menschenwürdiges Leben entfalten soll. Wie am Sabbat, so soll daher auch an diesem Fest der Fremde am Mahl und an der Freude, die damit verbunden ist, teilhaben.

Der Glaube an den Gott der Fremdlinge spiegelt sich in der Bibel wider in zahlreichen anderen Geschichten und Erzählungen. Fast alle zentralen Identifikationsfiguren der Bibel - Abraham, Joseph, Mose, Elia, Rut, Maria und Joseph mit Jesus - mußten irgendwann fliehen. Das Buch Rut ist geradezu "ein biblisches Kompendium für die Probleme von Migration und Rückwanderung"[18]. Vor diesem Hintergrund bezeichnet der amerikanische Pfarrer John Fife, ein Mitbegründer der Sanctuarybewegung in den USA, die sich gegen die Abschiebungen von zentralamerikanischen Flüchtlingen wendet, die "Bibel als Buch von Flüchtlingen für Flüchtlinge".[19]

Gott - der Fremde

Wie eng Gastfreundschaft und Gotteserkenntnis miteinander verknüpft sind, offenbart die eigenartige Begegnung, die dem Patriarchen Abraham vor seinem Zelt bei Mamre zuteil wurde (Gen 18,1-15). Drei Männer quälen sich durch die glühende Mittagshitze. Abraham sieht sie vom Eingang seines Zeltes aus, springt auf und bittet die Fremdlinge, die anscheinend vorbeiziehen wollen, als Gäste zu sich herein. Sie können sich erfrischen und sich im Schatten des Zeltes erholen. Abraham bewirtet die Gäste, nimmt aber nicht an deren Mahl teil. Mit seiner Frau Sarah war er einst selbst auf Gottes Geheiß aus seinen ursprünglichen Lebenssicherheiten - Heimat, Familie, Besitz, Beruf? - aufgebrochen, einer verheißungsvollen Zukunft entgegen. Die schien sich jetzt als leer und sinnlos zu erweisen, denn Sarah war kinderlos geblieben. Nun, beim Mahl, überreichen die drei Männer, die zu einem werden, ihr Gastgeschenk: ER verheißt, daß Sarah dem Abraham trotz ihres hohen Alters einen Sohn gebären wird. Die ursprünglich gegebene Verheißung eines großen Volkes (Gen 12,2) kann sich noch erfüllen, der lange Weg Abrahams und seiner Frau geht weiter. Das nicht mehr für möglich Gehaltene wird wahr, die beiden erfahren es im Alltäglichen. Gott selbst ist in dem fremden Gast zu Besuch.

In ähnlich hoffnungslos erscheinender Lage werden nach der Kreuzigung Jesu die zwei Jünger von Gott eingeholt, die nach dem katastrophalen Scheitern Jerusalem verlassen und zu ihrer Vergangenheit zurückzukehren scheinen (Lk 24,13-35).[20] Unterwegs nach Emmaus gesellt sich zu ihnen ein Fremder - nur der Leser oder Hörer des Evangeliums ist eingeweiht. Trotz des Gesprächs, das den Fremden als überaus sachkundig erweist, erkennen sie ihn nicht, weil sie noch zu sehr mit ihrer Enttäuschung beschäftigt sind. Aber als es Nacht wird und der Fremde weitergehen möchte, wachen sie aus ihrer Benommenheit auf: Sie bitten ihn, mit hineinzugehen und bei ihnen zu bleiben (V. 28.29); "sie sind nun zuhause, aber der Fremdling will weitergehen? Es wird doch Nacht! Man kann doch nicht zulassen, daß ein einsamer Mensch - vielleicht ohne den Weg zu kennen - ins unheimliche Dunkel geht!"[21] Nicht der Fremdling muß um Quartier bitten. Sie, die nun ein Haus haben, bitten ihn herein, von dem sie nicht wissen, daß es Jesus ist. Er gibt sich ja erst später zu erkennen, als er das Brot segnet, bricht und ihnen gibt (V. 30). Christliche Interpretation hat aus dem "Bleib bei uns!" vorschnell ein "Herr, bleibe bei uns!" gemacht. Der Herr aber geht unerkannt auf unseren Wegen mit. "Erkennbar wird er nur dem, der ihn 'aufnimmt', und zwar nicht deshalb, weil er 'der Herr' ist, sondern als 'Fremdling'".[22]

In der Emmauserzählung wie in der Erscheinung bei Mamre zeigte sich Gottes Nähe zu den Menschen im Fremden. Jesus selbst hat in seinem Gleichnis vom Weltgericht sich mit den Fremden und Obdachlosen identifiziert: *"Ich war fremd, und ihr habt mich (nicht) aufgenommen"* (Mt 25, 35.43). Die verwunderte Rückfrage derjenigen, die einen Fremden aufgenommen haben, zeigt, daß sie es nicht taten in der Erwartung, etwa für die Aufnahme eines göttlichen Gastes belohnt zu werden, sondern um des konkret der Hilfe Bedürftigen willen.

Auf weitere neutestamentliche Texte, in denen Fremde zentrale Bedeutung haben, sei kurz hingewiesen. In der Beispielerzählung vom barmherzigen Samariter (Lk 10,29-37) wird gerade der Fremde dem unter die Räuber Gefallenen zum Nächsten. Und unter den zehn Aussätzigen, die Jesus heilte (Lk 17,11-18), ist es nur der Fremde, ein Samaritaner, der zurückkehrt, seinem Wohltäter dankt und Gott preist. Die ersten, die kommen, um das neugeborene Jesuskind anzubeten, waren Weise aus dem Morgenland. Der erste, der Jesus nach seiner Kreuzigung als Sohn Gottes bekannte, war ein heidnischer Offizier der römischen Armee.

Ein kurzer Blick in das Frühchristentum: Fremde eignen sich Fremdes an

Der Verfasser des Hebräerbriefes mahnt die christliche Gemeinde: *"Vergeßt nicht die Gastfreundschaft. Durch sie haben ja manche, ohne es zu wissen, Engel beherbergt."* (Hebr 13,2). Seine Erinnerung, bei der er an den Besuch der drei Männer bei Abraham gedacht haben mag, geschah gewiß auch in einem wohlverstandenen Eigeninteresse, fühlten sich die ersten Christen doch fremd in einer ihnen ablehnend gegenüberstehenden Umwelt. Die ersten Missionare, die das Evangelium über Jerusalem hinaus verkündeten, waren aus der Stadt geflohen. Phöbe aus Kenchreä bei Korinth, die nach Rom kam, wurde von Paulus der Gemeinde anempfohlen (Röm 16,1f). Aquila und Priscilla, die aus Rom fliehen mußten, finden in Korinth und Ephesus Aufnahme und werden später Gastgeber des Paulus und anderer Christen (Apg 18,2.26). Wandermissionare, die im 1. und 2. Jahrhundert vor allem in judenchristlichen Gemeinden predigten, waren auf deren Gastfreundschaft angewiesen. Ihre Aufenthaltsdauer war begrenzt; arbeiteten sie für die Gemeinde, erhielten sie ihren Lohn. Für die Aufnahme von durchreisenden Gästen gab es in manchen Gemeinden eigens eine Kasse, später richtete die Kirche Hospize ein.[23] Bereits die Eremitenkolonien und Klöster des 3. und 4. Jahrhunderts besaßen eine Fremdenherberge. Kirchenväter des 4. und 5. Jahrhunderts rufen in Predigten dazu auf, sich der "Fremden und Vertriebenen", der "Nackten und Obdachlosen" anzunehmen, die die Wirren der Zeit "an jedermanns Tür" brachten.[24]

Ohne die Gastfreundschaft, über die sich manche Heiden wunderten, mitunter auch darüber spotteten, wäre die urchristliche Mission nicht möglich gewesen. Mochten sich die frühen Christen dabei zusätzlich im übertragenen Sinne als "Fremdlinge und Pilgrime" (1 Petr 2,11) verstehen, deren wahre Heimat im Himmel ist, so konnte diese bewußte Betonung des Fremdseins, die sich zudem mit einem dogmatischen und unduldsamen Anspruch verband, die einzige Wahrheit für alle Menschen zu besitzen, schließlich die Annäherung an fremde Kultur und Philosophie und deren teilweise Aneignung nicht verhindern. In der hellenistischen Welt des 3. bis 5. Jahrhunderts mußte sich das christliche Bekenntnis einerseits gegen Fremdes abgrenzen und zugleich verständlich machen durch Begriffe und Denktraditionen der Umgebung, also durch die "Zulassung von Fremdem im Eigenen".[25]

In vergleichbarer Weise sind im Laufe der Kirchengeschichte zahlreiche Erfahrungen nichtchristlicher Kulturen übernommen und umgeprägt worden wie eine Münze, die ein neues Wappen oder Bildnis erhält. So gestaltete das asketische Mönchtum der frühen Kirche eine bereits vorhandene Lebensform um, die Organisation der Reichskirche nach Konstantin übertrug vorhandene staatliche Ämter und Strukturen, die scholastische Theologie des Mittelalters nutzte Denkstrukturen und Begriffe der an den Universitäten aufblühenden Wissenschaften, um den Glauben auch vor der Vernunft rechtfertigen zu können. Diese wenigen Hinweise entwerten die geschichtlicheAneignung von Fremdem keineswegs. Sie ist ja vielfach geschehen im Austausch mit der "Welt" *und* in schmerzlicher Auseinandersetzung mit jenen Kräften im Innern, die das "Bewährte" für unwandelbar hielten. Jede Wandlung der Kirchen- und Theologiegeschichte weist aber zugleich über sich hinaus in eine Zukunft, die ihre Herkunft *lebendig* erinnert und daher neu auf die jeweilige Gegenwart auslegt.

3. *Folgen der biblischen Erinnerungen*

Die Geschichte des Umgangs mit Fremden in der Bibel überliefert uns mehr als das Beispiel einer humanisierenden Wirkung des Gottesglaubens. Sie offenbart, welche Errungenschaften auf uns gekommen sind und im Laufe der Jahrhunderte in christliche Traditionen umgegossen wurden. Die Säkularisierung der Gesellschaft in der Neuzeit hat manche Aspekte dieses humanen Gedächtnisses unserer Kultur verschüttet, die sowohl individual- als auch sozialethisch relevant sein können.

Das Fremde unserer Tradition wahrnehmen und achten

Die frühe christliche Gemeinde hielt zunächst am *Sabbat* als Ruhetag fest. Sie feierte aber von Anfang an zusätzlich am Abend des ersten Tages der Woche das Gedächtnis von Tod und Auferweckung ihres Herrn (=Herrentag). Dieser Tradition wich allmählich die Beachtung des Sabbats. Konstantin der Große schließlich führte den *dies solis* (Tag des unbesiegbaren Sonnengottes) als allgemeinen Feiertag ein und verknüpfte ihn mit dem christlichen Herrentag. Daraus ist unser *Sonntag* geworden.

Bis heute wird im Judentum das Fest der Schnitternte oder der Erstlingsfrüchte (*Shavuot*) sieben Wochen nach Beginn des Pesach gefeiert. Daher der Name "Wochenfest". Zählt man nach Tagen, so kommt man auf den 50. Tag (griech.: pentekostes) nach dem Pesach. Von da leitet sich die Bezeichnung *Pfingsten* ab. In nachexilischer Zeit, nach anderer Meinung erst in nachchristlicher Zeit wurde das Fest zusätzlich verknüpft mit der Erinnerung an die Gabe der Torah. In jedem Fall hat das christliche Pfingstfest seine Wurzel in der biblischen Tradition des Wochenfestes. Der gleiche Zusammenhang besteht zwischen dem jüdischen Pesach und dem christlichen *Ostern*. Beim Vergleich zwischen dem Laubhüttenfest (*Sukkot*) und dem *Erntedankfest* der Christen im Herbst mag der Zusammenhang lockerer sein, er ist aber nicht zu verkennen. An der Feier des Sabbats und der Feste sollen auch Fremde als Gäste teilnehmen können. An die Synagogen sind deshalb oft Räume für die Unterkunft von Fremden angeschlossen, die dort auch ihre Mahlzeiten einnehmen.[26] Die rabbinische Exegese bezeichnet die Einladung von Armen und Fremden als "gerecht". Ohne sie werde die Festtagsgesellschaft keine Freude haben.

Nicht einmal alle "praktizierenden" Christen in Deutschland können diese Zusammenhänge erklären, wieviel weniger jene, die den Kontakt zu ihrer Kirche verloren haben oder ihn aus verschiedenen Gründen nie hatten? Vielleicht kennen die Menschen am ehesten noch die Übertragung des Sabbatgebotes auf den Sonntag. Die jüdische Wurzel unseres Pfingstfestes ist jedoch unbekannt, auch dort, wo um Beibehaltung oder Abschaffung des zweiten Pfingstfeiertages gestritten wird.

Die ausgewählten Texte aus dem Bundesbuch, der deuteronomistischen Torah oder dem Heiligkeitsgesetz sind nicht nur aufschlußreich hinsichtlich des Umgangs mit Fremden. Sie offenbaren auch eine hochstehende, sich den Erfordernissen zeitgemäß öffnende Sozialgesetzgebung in Israel. Dem freien Bauern, der über Grund und Boden, über Haus und Hof und Vieh verfügte, wurde die Verantwortung für die Schwächeren ins Gedächtnis gerufen. Das heißt heute *Sozialpflichtigkeit des Eigentums*. Was Artikel 14 des Grundgesetzes dazu sagt,[27] ist gegenüber den biblischen Forderungen schwach, kann aber durchaus mit ihnen in Zusammenhang gebracht werden. Das Gewohnheitsrecht der Nachlese für die Bedürftigen wird auch in unserem Jahrhundert noch in Anspruch genommen. Bekannt ist aus den Jahren nach dem Zweiten Weltkrieg das "fringsen". Der Kölner Erzbischof Frings hatte öffentlich erklärt, es sei keine Sünde, wenn Menschen, denen das Brennmaterial zum Kochen und Heizen fehlte, sich von den durch das Ruhrgebiet fahrenden Kohlezügen das Nötigste zusammenholen. Dieses Zugeständnis wurde auch auf andere Waren für den Lebensunterhalt, z.B. Kartoffeln, ausgedehnt.

Bei der Weitergabe des vierten Gebotes in Schule und kirchlicher Unterweisung ist meist der eigentliche Grundgedanke zugunsten eines oft mißbrauchten Gehorsamsgebotes verschüttet worden. *"Ehre deinen Vater und deine Mutter, wie der Herr, dein Gott, dir gebot, damit deine Lebenstage lange währen und es dir wohl ergehe in dem Lande, das der Herr, dein Gott, dir geben will"* (Dtn 5,16). Die den Eltern zu erweisende Ehre wird begründet im Blick auf das eigene Alter. Wer sich seiner Eltern auch im Alter annimmt (vgl. Sir 3,12), gibt ein Beispiel seinen Kindern und wird mit Recht auch deren Fürsorge im Alter, wenn er selbst schwach ist und "sein Verstand abnimmt" (Sir 3,13), erwarten dürfen. Der Grundgedanke des Generationenvertrages, der in der modernen Gesellschaft familienübergreifend ein würdiges Leben im Alter sichern soll, ist hier vorgebildet.

Schließlich erscheint ein anderer Aspekt der biblischen Texte bedeutsam. Mehrfach - z.B. im Glaubensbekenntnis Israels und im vierten Gebot - ist die Rede von *"dem Land, das der Herr, dein Gott dir geben will"* (oder gegeben hat), wenn die Regeln für ein friedliches und gerechtes Zusammenleben zwischen Einheimischen und Fremden, zwischen Reichen und Armen vorgelegt werden. Die Erträge des Landes, das der Herr gegeben hat, sollen allen ein menschenwürdiges Leben ermöglichen. Nach der Befreiung und der Gabe der Torah ist die Landgabe ein durchgängiges Motiv biblischer Botschaft. Das Land ist von Gott zum Erbbesitz gegeben, vom Menschen sozusagen in Erpacht zu bebauen und zu nutzen: *"Grund und Boden darf nicht für immer verkauft werden, denn mir gehört das Land. Ihr seid ja nur Fremdlinge und Beisassen bei mir"* (Lev 25,23). Die Indianer Amerikas wußten und wissen um diese Heiligkeit der Erde auch ohne Kenntnis jüdisch-christlicher Tradition des "Abendlandes". Sie machten sie sich nicht untertan. Das "Heilige" ist ihnen unveräußerlich: man kann es nicht besitzen, also auch nicht veräußern.[28] Erst christliche Entdecker brachen mit diesem Tabu und beuteten sowohl das Land als auch seine Bewohner aus. Die biblische und die indianische Glaubensüberzeugung verbieten gedankenlose Slogans, die manchmal gut gemeint sind: Die Erde gehört allen - das kann nur verstanden werden im Sinne: Sie ist allen anvertraut. Sie ist eine Gabe Gottes und bleibt sein eigen. Allen nationalistischen Parolen (z.B: "Deutschland den Deutschen") fehlt auch von daher jede Rechtfertigung. Wer von einer vermeintlichen Gefahr der "Überfremdung" redet, erinnere sich an die "Entdeckung" Amerikas: Damals kamen Christen als Fremde, bildeten soziologisch eine Mehrheit und zwangen den Einheimischen mit Gewalt und überlegener Technologie ihr Welt- und Gottesbild auf. Welch ein Unterschied zu den Fremdgruppen in Deutschland, die in keiner Weise verlangen, daß wir unsere Traditionen aufgeben![29]

Im Zuge der Neuordnung der Lehrpläne in einzelnen Bundesländern wird neuerdings die Notwendigkeit des fächerübergreifenden Unterrichts wieder besonders hervorgehoben. Zahlreiche Unterrichtshilfen bereiten die brennenden Fragen der Gegenwart, wie die Zunahme von Gewalt, den Anstieg des Rechtsradikalimus, Probleme der deutschen und europäischen Einigung für den Unterricht verschiedener Fächer auf.[30] Auch an kirchenoffiziellen Verlautbarungen zur Flüchtlings- und Asylfrage fehlt es nicht.[31] Oft sind sie in den eigenen Reihen nur wenig bekannt. Schließlich widmen sich zahlreiche wissenschaftliche Publikationen der Aufgabe und den Möglichkeiten interkulturellen Zusammenlebens und Lernens.[32]

Diese Beobachtungen zeigen, daß Einsichten, die aus der Bibel und jüdisch-christlicher Tradition abgeleitet werden können, nicht allein Sache eines Religionsunterrichts - oder allenfalls eines Ethikunterrichts - bleiben, um den sich eben die Kirchen verstärkt zu bemühen hätten. Weil es hier um die Grundlagen des Zusammenlebens aller geht, können diese Themen nicht in einen vermeintlich religiösen oder kirchlichen Winkel der Schule abgedrängt werden. Das Kennenlernen anderer Religionen und Kulturen fördert die offene Begegnung mit deren Angehörigen und ermöglicht ein friedliches Zusammenleben. Die Art und Weise, wie diese Aufgabe der Gegenwart gelöst wird, ist entscheidend für unsere *Zukunft*. Unsere Überlegungen wollen dieser Aufgabe durch eine Art Perspektivenwechsel dienen, der auf die *Herkunft* von Traditionen und Werten aufmerksam macht, die das gesellschaftliche Leben, ja sogar die politische Ordnung in Deutschland und Europa bereits seit Jahrhunderten prägen. Die etwa durch die Aufklärung, die sie tragende Philosophie und die ihr folgende Politik erreichten Fortschritte zur Sicherung der Menschenrechte sollen dabei keineswegs zurückgesetzt werden. Sie sind vielfach verkrustete Strukturen, die das Christentum - etwa durch die Festlegung von Konfessionsgrenzen - entwickelt hatte, mühsam abgerungen worden und vermochten Verschüttetes freizulegen. Wer aber unbefangen auf die biblischen Werte blickt, wird erkennen, daß der Umgang mit Fremden sich an ihnen auch heute orientieren kann. Er wird darüberhinaus spüren, daß die "Kultur des Abendlandes" Wesentliches Menschen verdankt, die Fremde waren und auch heute Andere sind. Fremde, die jahrhundertelang wegen ihrer Andersartigkeit immer wieder bedrückt, verfemt und verfolgt worden, von deren Religion, von deren Glaubensüberzeugung und Glaubenspraxis man jedoch selbst in unterschiedlicher Weise profitiert hat. Der ausufernden Gewalt, dem immer wieder aufflammenden Antisemitismus und den Ausschreitungen gegen Menschen fremder Kulturen in Deutschland wird man wirksam nicht mit einer neuen Anti-Haltung beggenen können: Ein Anti-Antisemitismus erscheint hilflos. Unterricht aller Fächer, der sich der fremden Wurzeln unserer Identität erinnert, wird zu einem Umdenken im Raum der Schule insgesamt beitragen. Er kann das Fremde in unserer Kultur und Gesellschaft, in Christentum und Kirche, nicht nur aufdecken, sondern schließlich auch liebenswert machen. Aus dieser Erkenntnis der "Gemeinsamkeit von Herkunft" kann auch eine "Gemeinsamkeit von Zukunft" wachsen.[33] Wer spürt, daß sein Eigenes, also seine Identität, auch Fremdem, hier dem Jüdischen[34] und in analoger Weise anderen Religionen und Kulturen, verdankt ist, wird wissen, warum Haß gegen Fremde selbstzerstörerisch ist. Wer das Fremde in sich entdeckt, zuläßt und liebt, wird nicht mehr hassen.

Um dies zu verdeutlichen, nehme man in Gedanken einmal alles "Ausländische" aus Vergangenheit und Gegenwart aus unserer Geschichte und Kultur. "Man tilge die Brentano oder Wischnewski, Dohnanyi oder de Maiziere oder van Beethoven und immer so fort. Und dann sehe man zu, was übrig bliebe: eine Geschichte mit riesigen Lücken, verarmt und ruiniert."[35] Die Verfolgung und Vernichtung der Juden Europas in diesem Jahrhundert war ein solcher Versuch. Deutschland hat sich - ohne es zu spüren? - selbst amputiert und dabei ein anderes Volk "für immer in den Rollstuhl gesetzt" (Amos Oz).[36]

Das "Märchen vom Auszug aller 'Ausländer'"[37] überträgt das Thema sehr anschaulich auf unseren "normalen" Alltag, indem es drei Tage vor Weihnachten nach Ausschreitungen gegen Ausländer alle aus dem Ausland kommenden Waren des täglichen Lebensbedarfs aus der Stadt ausziehen läßt. Kakao, Schokolade, Pralinen und Kaffee, Ananas, Bananen, Trauben und Erdbeeren: alle sind auf dem Rückzug in ihre Heimatländer Ghana, Uganda, Lateinamerika, Südafrika ... "Der Dresdner Christstollen zögerte. Man sah Tränen in seinen Rosinenaugen, als er zugab: Mischlingen wie mir geht's besonders an den Kragen. Mit ihm kamen das Lübecker Marzipan und der Nürnberger Lebkuchen." Nach drei Tagen war nichts Ausländisches mehr im Land, nur "Maria, Josef und das Kind waren geblieben. Drei Juden. Ausgerechnet. 'Wir bleiben', sagte Maria, 'wenn wir aus diesem Lande gehen - wer will ihnen dann noch den Weg zurück zeigen, den Weg zurück zur Vernunft und zur Mitmenschlichkeit?'"

Identität der Kirche wandelt sich

Kirche und Gemeinden, Theologie und Religionspädagogik, die aus der Besinnung auf die biblischen Grundlagen von der Gesellschaft und insbesondere der Schule eine "Option für die anderen" verlangen, müssen sich auch selbst fragen, inwieweit sie dieser Forderung zu entsprechen vermögen.

Ohne die Hilfe von Diakonie und Caritas für Asylbewerber, Flüchtlinge, Aussiedler oder Obdachlose ist die Fürsorge für die Fremden in Deutschland undenkbar. Man braucht sie nicht "hochdramatisch unter den Ernst des Jüngsten Gerichts"[38] zu stellen, wo sich Jesus selbst mit den Fremden und Obdachlosen identifiziert.: *"Ich war fremd, und ihr habt mich (nicht) aufgenommen"* (Mt 25, 35.43). Sie geschieht aus Mitmenschlichkeit, gewährt und übt Gastfreundschaft, wendet sich Notleidenden zu, damit ihr Leben wieder aufblühe - nicht wegen der von Jesus gegebenen Zusage, wer den Fremden, Unterdrückten, Geschlagenen, Verwundeten, Gefangenen aufnehme, dem begegne Gott. Das ist nicht in allen Gemeinden so. Vielfach leben sie auch "abgeschottet in ihren Gemeindezentren ihrem fertigen Terminkalender. Sie nehmen ihren normalen Anteil an der Apathie der Deutschen."[39] Wenn aber Kirche für andere da ist und ernst macht mit diesem Selbstverständnis, wird sie noch mehr die Zuwendung zum Menschen fördern und dafür vielleicht manches aufgeben, was bislang gut läuft. Ihre Identität hängt dabei nicht an einer möglichen Integration Fremder in die Institution Kirche, die den Abwanderungsprozeß der einheimischen Gemeindemitglieder etwas auffangen könnte, sondern an dem an der Gerechtigkeit orientierten Austausch mit der "Welt", die meist nicht-kirchlich, aber faktisch nicht unchristlich ist. Die Kirche erwarte dabei nichts für sich, "alles aber für das Reich Gottes"[40].

Auch Theologie und kirchliche Lehre müssen sich fragen, ob sie frei sind von allen Versuchungen zur Abstufung "zwischen bösen und guten Menschen, zwischen Ungläubigen und Gläubigen, zwischen Kranken und Gesunden, zwischen Behinderten und Freien, zwischen Fremden und Dazugehörigen, ... zwischen Himmel und Hölle"?[41] An Versuchen, die Unwissenheit zu überwinden, fehlende Kontakte aufzunehmen, fehlt es in der jüngsten Vergangenheit nicht. Zahlreiche Gemeinden pflegen zum Teil seit über einem Jahrzehnt die Partnerschaft (statt Patenschaft, die vielfach auch bevormundete) mit Gemeinden anderer Kontinente. Viele Theologen in Europa haben sich seit dem Zweiten Vatikanischen Konzil verstärkt mit den Erfahrungen der Kirche in anderen Kontinenten befaßt und auch befragen lassen. So gibt es im Fachbereich Katholische Theologie der Universität Frankfurt seit Jahren einen eigenen Forschungsschwerpunkt zum interkulturellen und interreligiösen Dialog. Hans Küngs Projekt eines "Weltethos" findet über die Grenzen der Konfessionen hinaus Beachtung. Die Wirkungen der lateinamerikanischen "Befreiungstheologie" auf das theologische Denken sind nicht zu unterschätzen, wie beispielhaft die Veröffentlichungen der Münsteraner Theologen Johann Baptist Metz oder Adolf Exeler zeigen können.[42] Die Reaktion der römisch-katholischen Kirche offenbarte aber zugleich, mit wieviel Angst und Sorge die veränderte Praxis christlichen Glaubens betrachtet und einzudämmen versucht wird. Jüngstes Beispiel für die mangelnde Öffnung der Kirche ist der "Katechismus der katholischen Kirche", in dem weder von der in der Kirche tatsächlich lebendigen Vielfalt im Glauben noch von der bei vielen Gläubigen vorhandenen und offiziell propagierten Bereitschaft zum Dialog mit anderen Religionen viel zu spüren ist.[43] Gerade das Wissen um die zeitbedingte Aneignung nichtchristlichen Denkens in zentralen Glaubensformeln durch die griechische Theologie des frühen Christentums sollte der faktischen "Monopolisierung" (N. Brox) dieser Rezeption zugunsten einer weltoffenen Theologie ein Ende bereiten.

Kann der Religionsunterricht angesichts dieser Tendenzen zur Abgrenzung die Begegnung mit den anderen glaubwürdig fordern und ermöglichen? Dann wird es nötig sein, sich stärker als bisher zu öffnen, konfessionell-kooperativen Unterricht zu praktizieren, die Begegnung mit fremden Religionen zu fördern, Verschiedenartigkeiten wahrzunehmen und sie auszuhalten.[44] "Ökumenisches" Lernen im Religionsunterricht gefährdet nicht die konfessionelle Identität der Schülerinnen und Schüler - sofern sie überhaupt vorhanden ist. Es zielt auf "gesamtkirchliche und interkonfessionelle, ja interreligiöse Verständigung und ... die Erhaltung und Gestaltung einer bewohnbaren Erde."[45] Den Menschen im vereinten Deutschland wird ein von den Kirchen zunehmend gemeinsam verantworteter Religionsunterricht vor allem dann einen Dienst erweisen, wenn er Schülerinnen und Schülern die religiöse Dimension der Wirklichkeit - des eigenen Lebens, der Begegnung mit dem anderen, der Grundlagen des gesellschaftlichen Zusammenlebens - aufzuschließen vermag. Das Nachdenken über die in den Religionen "aufbewahrten Bilder einer Welt, wie sie anders sein könnte"[46], wird für alle von Nutzen sein, seien sie nun getauft, Mitglieder einer anderen Religionsgemeinschaft oder keiner religiösen Gemeinschaft zugehörig.[47] Gerade letztere besuchen in den neuen Bundesländern den Religionsunterricht, soweit er bereits erteilt werden kann, in relativ hoher Anzahl. Die christlichen Kirchen brauchen für diese Aufgabe ihre Tradition und die konfessionelle Prägung ihres Christseins nicht zu verstecken. Sie tragen zum Reichtum unseres Lebens und unserer Kultur bei, wenn sie nicht um ihrer selbst willen, sondern um des Menschen willen gepflegt und gelebt werden.

Wie Papst Johannes XXIII. wenige Tage vor seinem Tod den "Akt des Glaubens" erneuerte, gilt mit Recht als Vermächtnis, auf das die Kirche hören sollte: "Mehr denn je, bestimmt mehr als in den letzten Jahrhunderten, sind wir heute darauf ausgerichtet, dem Menschen als solchem zu dienen, nicht bloß den Katholiken, darauf, in erster Linie und überall die Rechte der menschlichen Person und nicht nur diejenigen der katholischen Kirche zu verteidigen. Wer ein recht langes Leben gehabt hat, ... wer wie ich zwanzig Jahre im Orient und acht in Frankreich verbracht hat und auf diese Weise verschiedene Kulturen miteinander vergleichen konnte, der weiß, daß der Augenblick gekommen ist, die *Zeichen der Zeit* zu erkennen, die von ihnen gebotenen Möglichkeiten zu ergreifen und in die Zukunft zu blicken".[48]

4. *Flucht und Bergung - das Zeichen der Zeit im Bild*

Sichtbar ins Bild gefaßt finden wir dieses *Zeichen der Zeit* in der 1993 geschaffenen Bronzetüre für die Kirche St. Bernhard des Kinder- und Jugenddorfes Klinge e.V. in Seckach.[49] Auf Anregung des Pfarrers und Dorfleiters Herbert Duffner gestaltete der Schwarzwälder Bildhauer Klaus Ringwald, kurz vor Ausbruch des Zweiten Weltkriegs geboren, in 16 Darstellungen (vgl. Übersicht) biblische und historische Szenen über "Flucht und Bergung". Sie spielen in der Geschichte von Klinge von Anfang an eine vorherrschende Rolle. Nach Ende des Zweiten Weltkrieges strömten auch in den Landkreis Buchen zahlreiche Flüchtlinge und Heimatvertriebene. Auf dem Bahnhof Seckach kamen seit Februar 1946 an manchen Tagen bis zu 1.000 heimatlose Menschen an. Für ihre Unterbringung nutzte man notdürftig wieder hergerichtete Baracken, in denen zuvor polnische und russische Fremd- und Zwangsarbeiter lebten, die die Organisation Todt in kriegswichtiger Produktion eingesetzt hatte. Mit den Flüchtlingen kamen nicht wenige elternlose Kinder. Sie waren nicht einfach auf ihnen fremde Familien zu verteilen, die früher oder später in andere Unterkünfte weiterzogen. Die Jugendlichen standen ohne Ausbildung und Arbeit da. In ähnlicher Verfassung befanden sich viele einheimische Kinder und Jugendliche aus den zerstörten Großstädten. Ihrer nahm sich der Pfarrer des nahegelegenen Dorfes Hettingen und Vorsitzende der Kreiscaritas, Heinrich Magnani, an. Er organisierte Kurse, Lehrgänge und Notstandsarbeiten, ermöglichte Erholungskuren und Freizeiten. In den 50er Jahren entstanden nacheinander mehrere Häuser, in denen Kinder und Jugendliche, deren Eltern tot, verschollen oder verschleppt waren oder deren Familien aus anderen Gründen zerfallen waren, gemeinsam und familienmäßig leben konnten.[50] Diese doppelte Wurzel der Klinge, Ort der Bergung für Flüchtende aus Kriegsgebieten und für Kinder aus zerbrechenden Lebenssituationen zu sein, prägt das Leben dieses Dorfes bis in die

Gegenwart. In den vergangenen Jahren kamen vermehrt Flüchtlinge aus Vietnam, Eritrea und anderen Ländern. Das Jugenddorf wendet sich den Flüchtlingen in und aus dem ehemaligen Jugoslawien zu und nimmt in Zusammenarbeit mit dem Maximilian-Kolbe-Werk regelmäßig überlebende KZ-Häftlinge aus Polen für mehrere Wochen zu einem Erholungsaufenthalt auf.

Zu den Beispielen aus der Geschichte unseres Jahrhunderts, die Klaus Ringwald auf seiner Kirchentüre biblischen Themen zuordnet, gehören die Flucht über die Berliner Mauer und die Flucht aus dem brennenden Dresden im Februar 1945. Letztere korrespondiert zur Flucht aus Ägypten.

Schema der beiden Türflügel
mit Bezeichnung der dargestellten Themen

Arche Noah	Vietnam-Flüchtlinge	Taufe	Jesus wandelt über dem Wasser und Petrus
Flucht aus Ägypten	Flucht vor dem Krieg (Dresden)	Ankunft der Heimatvertriebenen in der Klinge	Flucht Jesus, Maria und Joseph nach Ägypten
Hagar und Ismael	Zerstörte Familie	Bergung, Heilung, Erzieher-Kind-Beziehung	Jesus und die syrophönizische Frau
Jonas Flucht	Flucht in Alkohol, Drogen	Die Berliner Mauer fällt	Paulus flieht über die Mauern von Damaskus

111

Zweites Doppelbild des linken Türflügels:
Flucht der Israeliten aus Ägypten durch das Rote Meer.

Zweites Doppelbild des linken Türflügels:
Die Flucht aus den brennenden Mauern Dresdens.

Flucht vor der Unterdrückung und Sklaverei durch die Pharaonen und Flucht vor der Barbarei des aus Überheblichkeit vom Zaun gebrochenen Krieges stehen in merkwürdiger Spannung zueinander. Die Israeliten folgten einer Verheißung, der sie trauen konnten; trotz der gewaltigen Strudel bildet das Wasser für die Fliehenden eine rettende und bergende Schale. Daneben gleichen die Menschen in Dresden mehr den verwirrten Ägyptern. Über der Stadt, ihren Prachtbauten, der Brücke und dem Fluß werfen die Flugzeuge ihre todbringenden Bomben ab und unterstreichen die Ausweglosigkeit, in der sich die fliehenden Menschen befinden. Viele liegen geschlagen am Ufer der Elbe - andere konnten sich retten und suchten ein Zeichen der Hoffnung und neuen Lebens im Meer der Ungerechtigkeiten. Wer könnte ihnen Rettung sein, wo könnten sie sich geborgen wissen? Wo Menschen ihre Türen öffnen, wo sie wie Kinder "Komm in meine Arme" rufen können und in ihren "Garten" als Refugium der Ruhe und Erquickung einladen, kann sich nach einer Flucht vor Krieg, Sklaverei, Hunger und Not dauerhafte Befreiung wirklich ereignen.

Jede Tür kann Symbol dieser Wirklichkeit sein. Gewiß ist es die Kirchentüre in der Klinge, deren Bilder Jesu Wort übersetzen. Wer in die Kirche eintritt, öffnet die Türe mit dem Knauf. Auf ihm sind die Worte geschrieben: "Ich war fremd, und ihr habt mich aufgenommen".

Anmerkungen

1 Während im *Handwörterbuch zur deutschen Einheit* (hg. von Werner Weidenfeld und Karl-Rudolf Korte) von 1991 das Stichwort *Ausländer* schlichtweg fehlte, geht das 1993 von denselben Herausgebern konzipierte *Handbuch zur deutschen Einheit* ausführlich darauf ein. Danach hat die Ausländerpolitik "paradigmatischen Charakter für die künftige Entwicklung des deutschen Staates und seiner europäischen und weltpolitischen Stellung", S. 19; vgl. die Besprechung in: Das Parlament Nr. 46-47, 12./19.11.1993.

2 Wochenpost Nr. 47 vom 18.11.1993, S. 25.

3 Rhein-Neckar-Zeitung vom 21.12.1993, S. 12.

4 Vgl. Sächsische Zeitung vom 26.11.1993.

5 Trotz persönlicher Beleidigungen setzte Frau Schieferdecker-Adolph das Gespräch mit den Jugendlichen aus Düsseldorf fort. Daraufhin schüttete ihr ein Mädchen Bier ins Gesicht, ein anderes drückte an ihrem Hals eine Zigarette aus, vgl. z.B. Rhein-Neckar-Zeitung vom 14.12.1993, S. 1.; Sächsische Zeitung vom 14.12.1993, S. 9.

6 Bundestagspräsidentin Rita Süssmuth am 9.11.1993 im Bundestag, in: Das Parlament Nr. 46-47, 12./19.11.1993, S. 7.

7 Vgl. Interview mit Ignatz Bubis, Vorsitzender des Direktoriums des Zentralrats der Juden in Deutschland, in: Das Parlament, Nr. 49-30, 3./10.12.1993, S. 19.

8 Das Versagen in weiten Kreisen - auch der Kirchen - während der nationalsozialistischen Herrschaft macht es fragwürdig, gegenüber Jugendlichen von vorbildlichen Werten der Alten zu sprechen.

9 Hans-Jochen Gamm: Fremdenfeindlichkeit und Erziehung. Anmerkungen zur deutschen Zeitgeschichte, in: Pädagogik 45 (1993, H. 10) 55-57, hier 56, ebd.: "Indikator unseres wirklichen Befindens sind die Gewalttätigkeiten der Jugendlichen."

10 So Konrad Feiereis: Die katholische Kirche in den neuen Ländern: Von der Verweigerung zur Mitgestaltung, in: Das Parlament, Nr. 17-18, 17./24.4.1992, S. 6.

11 Vgl. zu dieser Deutung von sbt = unterbrechen die Hinweise bei Sören Widman: Asylanten unter uns. Biblische und kirchengeschichtliche Besinnung, in: entwurf. Religionspädagogische Mitteilungen 1-2/88, 12-15, hier 12f.

12 Vgl. Maria Martha Teubner OSB: Soziale Gesetzgebung in Israel und die kapitalistischen Auswüchse der Königszeit, in: Bibel und Kirche (=BuK) 36 (1981/2) 206-212.

13 Vgl. Josef Schreiner: Muß ich in der Fremde leben? Eine Frage des alten Israel, in: BuK 42 (1987/2), 50-59, hier 52.

14 Vgl. dazu und zum folgenden S. Widmann, a.a.O., 12.

15 Ebd. 14.

16 Ebd., 15.

17 Vgl. dazu Gerhard Hoffmann: Dilemma und Herausforderung. Die theologische Basis für die kirchliche Flüchtlingsarbeit, in: BuK 42 (1987, H. 2) 71-74, hier 72f.

18 Ebd., 73.

19 Wolf-Dieter Just: Kirchenasyl und ziviler Ungehorsam aus philosophischer und theologischer Sicht, Vortragsmanuskript, Januar 1993.

20 Vgl. zum Folgenden Helga Rusche: Gastfreundschaft in Emmaus. Im vertrauten Text Neues entdecken, in: BuK 42 (1987/2) 65-67.

21 Ebd., 66.

22 Ebd., 67.

23 Vgl. Adalbert Hamann: Die ersten Christen, Stuttgart 1985, 39-42.

24 Franz Dilger: "Ich war fremd, und ihr habt mich beherbergt" Das Fremden- und Flüchtlingsproblem im Spiegel der Alten Kirche, in: BuK 42 (1987/2) 69.

25 Norbert Brox: Die Fremden und die Anderen im Frühchristentum, in: Diakonia 24 (1993/5) 221-227, hier 225.

26 Vgl. Wolfgang Walter: Meinen Bund habe ich mit dir geschlossen. Jüdische Religion in Fest, Gebet und Brauch, München 1989 (Leipzig 1988) 17; vgl. a. S. 54, Sukkot betreffend.

27 Art. 14 (2) GG: "Eigentum verpflichtet. Sein Gebrauch soll zugleich dem Wohle der Allgemeinheit dienen."

28 Vgl. dazu Rudolf Kaiser: Die Erde ist uns heilig. Die Reden des Chief Seattle und anderer indianischer Häuptlinge, Freiburg, Basel, Wien 1992.

29 Vgl. dazu Ursula Keller: Die Entdeckung des Fremden: Pädagogische Aspekte der europäischen Expansion, in: Armin Reese (Hg.): Columbus: Tradition und Neuerung, Idstein 1992 (Forschen - Lehren - Lernen 5) 96f.; vgl. a. den Hinweis von Ottmar Fuchs, Offen für Fremde: eine christliche Tugend, in: Rainer Isak (Hg.): Wir und die Fremden. Entstehung und Abbau von Ängsten, Freiburg 1993, 60-105, hier 65: "So hatten die Rechtsgelehrten von Salamanca die Indios der neu 'entdeckten' Welt als Geisteskranke eingestuft, um damit die 'Vormundschaft' der Sieger über diese 'Fremden' zu begründen."

30 Vgl. z.B. *Themenhefte sowie Arbeitsblätter für Geographie und Wirtschaft, Zeitgeschichte und Politk (Metzler aktuell)*, herausgegeben von Herbert Raisch in Zusammenarbeit mit dem Statistischen Bundesamt Wiesbaden; *Thema: Gewalt*. 36 Arbeitsblätter für den fächerübergreifenden Unterricht Gymnasium/Realschule (vereinfachte Fassung: 22 Arbeitsblätter für Hauptschule/Berufsschule), Stuttgart/Dresden 1993 (Klett);*Argumente gegen den Haß - Über Vorurteile, Fremdenfeindlichkeit und Rechtsextremismus* (Arbeitshilfen für die politische Bildung), hg. von der Bundeszentrale und der Hessischen Landeszentrale für politische Bildung, 2 Bde, Bonn 1993; aus der zahlreichen Zeitschriftenliteratur sei exemplarisch hingewiesen auf *Religion heute*, Heft 3/September 1990, zum Thema *Nationalismus - eine säkularisierte Religion; Notizblock*. Materialdienst für Religionslehrer an Grund-, Haupt-, Real- und Sonderschulen in der Diözese Rottenburg-Stuttgart Nr. 11/März 1992 zum Thema: Die Welt war voller Gewalttat (Gen 6,11), mit Beiheft: Propaganda-Dokumente 1900-1945 zusammengesetllt von Wendelin Keller.

31 Vgl. z.B. Päpstlicher Rat "Cor unum"/Päpstlicher Rat für die Seelsorge der Migranten und Menschen unterwegs: Flüchtlinge - eine Herausforderung zur Solidarität, Rom/Bonn 1992 (Arbeitshilfen Nr. 101, hg. vom Sekretariat der Deutschen Bischofskonferenz); vgl. a. den kurzen Überblick bei Hermann Uihlein: Die Kirche als Anwältin. Anspuch und Praxis kirchlicher Arbeit mit Fremden, in: R. Isak: Wir und die Fremden, a.a.O., 109-111.

32 Vgl. z.B. J. Miksch (Hg.): Multikulturelles Zusammenleben. Theologische Erfahrungen, Frankfurt/Main 1983; Ottmar Fuchs: Die Fremden, Düsseldorf 1988.

33 Vgl. Günter Biemer: Freiburger Leitlinien zum Lernprozeß Christen Juden, Theologische und didaktische Grundlegung, Düsseldorf 1981, 27, 37, 66f. u.ö.

34 Dieses Jüdische in unserer Gesellschaft nach 1989 unterscheidet sich stark von dem vergangener Jahrhunderte und Jahrzehnte. Daß das Judentum in Europa nach Shoa und 40 Jahren Marxismus selbst auf der Suche nach einer neuen Identität ist, wird jeder verstehen können, der sich die Zusammensetzung einer jüdischen Gemeinde in Deutschland anschauen kann. Vgl. zu diesem Gedanken etwa: Hans Hermann Henrix: Der schwere Weg nach Auschwitz. Der europäische Gedanke und die Juden, in: Rheinischer Merkur Nr. 25 vom 19.6.1992.

35 Siegfried von Kortzfleisch: Ein Volk aus vielen Völkern, in: Macht hoch die Tür ..., hg. vom Evangelischen Missionswerk im Bereich der Bundesrepublik und Berlin West, 1990, 3.

36 Gespräch mit Amos Oz, dem späteren Träger des Friedenspreises des Deutschen Buchhandels, Rhein-Neckar-Zeitung Nr. 124, 30./31.5.1992, S. 35.

37 Helmut Wöllenstein: Märchen vom Auszug aller "Ausländer", in: KBl 118 (1993/11) 792; auch in: Sächsische Zeitung vom 25.12.1993, 25.

38 Manfred Köhnlein: Der offene Himmel. Biblische Meditation aus der Helferperspektive, in: entwurf 1-2/88, 89-94, hier 89.

39 Ebd., 90.

40 Vgl. Ottmar Fuchs: Offen für Fremde, a.a.O., 94-96.

41 Ebd., 67f.

42 Vgl. z.B. Adolf Exeler: Religiöse Erziehung als Hilfe zur Menschwerdung, München 1982.

43 Norbert Mette: Begegnung mit dem Fremden. Herausforderung für den Religionsunterricht, in: Katechetische Blätter (=KBl) 118 (1993, H. 12) 815-823, hier 820: "Es handelt sich bei diesem lehramtlichen Text um eine nicht anders zu nennende als narzißtische Selbstbespiegelung des katholischen Glaubens, die weder andere noch anderes kennt und gelten läßt - es sei denn in der Form der Integration und Vereinnahmung...; die Möglichkeit nicht-abendländisch-europäisch geprägter Ortskirchen mit eigenen Theologien ist nicht vorgesehen.". Vgl. auch Norbert Scholl: Der Weltkatechismus. Ein brauchbares Instrument für Religionsunterricht und Gemeindekatechese? In: KBl 118 (1993, H. 11) 768-777, hier 774.

44 Vgl. dazu das Plädoyer des Deutschen Katecheten-Vereins *Religionsunuterricht in der Schule*, in: KBl 117 (1992/9) 611-626, hier 616.

45 N. Mette, a.a.O., 820.

46 N. Mette, a.a.O., 821.

47 Vgl. Norbert Scholl: RU 2000. Welche Zukunft hat der Religionsunterricht? Zürich 1993, 211-213; vgl. auch den Beitrag N. Scholls in diesem Band.

48 Orientierung 52 (1988, Nr. 10) 109, zit. n. O. Fuchs. a.a.O., 74f.

49 Vgl. zur Enstehung der Kirchentüre die Berichte in: *Klinge. Mitteilungen aus dem Kinder- und Jugenddorf Klinge, Heft 1-4/1993*. Bevor die Türe in der Kirche eingesetzt wurde, war sie im Sommer 1993 im Rahmen einer Ausstellung "Gegenständliche Plastik und Malerei im Anspruch der Tradition" in der Landesvertretung Baden-Württemberg in Bonn zu sehen.

50 Vgl. Kinder- und Jugenddorf Klinge e.V. (Hg.): Ein Ort zum Leben im Wandel der Zeit, ^{2}1987, S. 3-9.

Norbert Scholl

Postulate eines Religionsunterrichts, der sich als Hilfe zur Identitätsfindung versteht°

Krisenphänomene

Identitätsprobleme unter Jugendlichen haben in den letzten Jahren in bedenklichem Maß zugenommen. Vor allem Heranwachsende in den neuen Bundesländern sind davon betroffen. Ganze Biographien müssen umgeschrieben werden. Lebensziele, Erfahrungen, Maßstäbe, ja das Selbstbewußtsein vieler Menschen ist nicht mehr stimmig. Bei vielen hat das zu einem regelrechten Identitätsbruch geführt. Eine Neuentwicklung, so meint der derzeitige sächsische Kultusminister Hans Joachim Meyer, könne nur über den einzelnen gehen, über die ganz persönliche Auseinandersetzung mit "seiner" Situation. Die neue Basis müsse von innen wachsen, sie wäre sonst nur aufgeklebt und könnte zu neuen Problemen führen.[1]

Ähnlich sieht es der Rostocker Stadtjugendpfarrer Jochen Schnachtel. Er meint, daß von diesem Identitätsverlust besonders die heute Zwölf- bis Fünfzehnjährigen betroffen seien. "Das sind Jungen und Mädchen, die in der Wendezeit in der Vorpubertät gewesen sind, die noch nicht bewußt an den Demonstrationen teilgenommen haben. Mit denen ist etwas passiert, worauf sie gar keinen Einfluß hatten. Sie wurden nicht gefragt. Plötzlich wurde ihnen das dreigliedrige Schulsystem aufgedrückt, neue Klassen, neue Schulen, neue Lehrer. Normal ist es in diesem Alter, daß sich die Jugendlichen mit den Dogmen und mit den Lehrern dieser Dogmen ihrer Kindheit auseinandersetzen, aber diese Dogmen, die ihnen einst eingetrichtert wurden, stimmen plötzlich alle nicht mehr, sie sind nicht mehr da, und auch die, die sie vertreten, sind nicht mehr da. Die Jugendlichen können sich mit niemandem mehr auseinandersetzen. In den Schulen und in den Familien herrschen Ratlosigkeit und Schweigen. Es ist eine gähnende Leere eingetreten."[2]

1990 wurden in einer Erfurter Pfarrei Jugendliche gebeten, für die Feier des Ostergottesdienstes ihre Befürchtungen und Hoffnungen aufzuschreiben, die sie bewegen. Das Ergebnis (auszugsweise) ist erschütternd: "Traurig bin ich, daß zum Thema 1 in unserem Land die D-Mark geworden ist, daß die Menschen sich so schnell zufrieden geben mit Reisefreiheiten und der Erwartung größeren Konsums und darüber die eigentlichen Probleme vergessen wie den Aufbau einer Demokratie, die Unterstützung der Bürgerkomitees, die Umweltprobleme... Ich habe Angst davor, daß durch den

Konkurrenzkampf die zwischenmenschlichen Beziehungen leiden werden, daß bei dieser Geschwindigkeit viele Menschen zurückgelassen werden, daß wir für unseren Nächsten keine Zeit mehr haben und die Ausländer wie die Menschen der Dritten Welt gänzlich aus unserem Blick verlieren... Ich habe Angst vor Uneinigkeit, Zerstrittenheit, dem alten Stasi-Erbe, vor Rechts- und Linksradikalismus, vor dem Ausbluten unseres Landes, vor der Lohn-und-Preis-Spirale, vor einer 2/3-Gesellschaft, vor Einsamkeit, Egoismus und Karrierismus, vor neuer Knechtschaft,... vor einer neuen Aussiedlerwelle, vor wachsender Kriminalität... Ich bin traurig, daß plötzlich alles, was wir gemacht, gelernt und andere gelehrt haben, falsch oder nicht gut gewesen sein soll, daß alles von drüben als besser gilt und ohne viel Überlegung übernommen wird... Ich bin bewegt, wenn ich an die Kinder und Jugendlichen in unserem Land denke. Sie werden mit vielen schlimmen Dingen in Berührung kommen, z.B. Drogen, Pornographie, Sekten, Aids. Nach welchen Werten werden sie sich ausrichten, können wir Erwachsenen ihnen helfen, einen guten Weg zu finden?"[3] Fast alle Sorgen und Befürchtungen, die hier zum Ausdruck gebracht werden, sind leider zur Realität geworden. Kein Wunder, daß diese Jugendlichen zutiefst irritiert und verunsichert sind.

In den alten Bundesländern ist ebenfalls eine verbreitete Identitätskrise unter Jugendlichen festzustellen. Die Ursachen sind allerdings vielfach anderer Art. Als Gründe werden genannt:
- Die Gesellschaft produziere den Typ des willenlosen Konsumenten, der durch Labilität, Schwäche der Innensteuerung und Manipulierbarkeit gekennzeichnet sei.[4]
- Die abnehmende Integrations- und Bildungskraft familiärer und traditioneller, nachbarlicher bzw. dörflicher Strukturen öffne zwar den Handlungsspielraum der Heranwachsenden, raube ihnen aber gleichzeitig eine klare Orientierung. Die Gesellschaft nehme nicht mehr ihre Funktion wahr, die "Wahlmöglichkeiten des einzelnen zu leiten und einzuengen."[5] Unsicherheit und Angst der Heranwachsenden sind die Folge.
- Eine häufig unpersönlich bleibende, leistungsorientierte Erziehung in Schule und Beruf fördere die Mentalität des Sich-Durchsetzens, schaffe aber auch vermehrt das Erlebnis eigenen Versagens. Daraus resultiere nicht selten eine wachsende Aggressivität gegen sich selbst und gegen die Gesellschaft, die mit diesen Forderungen an die Jugendlichen herantritt.[6]
- Aufgrund der Entwertung anderer Sinnstiftungsmöglichkeiten erhalte die Berufsarbeit zunehmend eine identitätsrelevante Bedeutung; die Angst vor Arbeitslosigkeit oder der tatsächliche Verlust des Arbeitsplatzes haben daher verheerende Folgen.[7]
- Die vielfältig erfahrbare Zerstörung der Umwelt wecke Lebens- und Zukunftsängste.
- Die Entwicklungsprozesse der sog. "Fortschritts"-Technologien (Gen-Technologie z.B.) werden als Bedrohung erlebt und führen zu Irritationen.[8]

Auf einen tiefenpsychologischen Aspekt zur Identitätsfrage macht Erich Fromm in seinem Buch "Haben oder Sein" aufmerksam. Er weist darauf hin, daß für bestimmte, am "Haben" orientierte Menschen auch Objekte eine identitätsstiftende Wirkung haben können. Solche Objekte sind nicht nur materielle Dinge wie Nahrung, Kleidung, Geld und Wertgegenstände. Zu ihnen gehören auch Menschen (Freunde, Familie, Kinder), über die er meint, verfügen zu können. Auch Werte (Prestige, Ansehen) können ebenso als identitätsstiftender "Besitz" betrachtet und angestrebt werden wie weltanschauliche, politische und religiöse Überzeugungen. "Das Subjekt bin nicht ich, sondern ich bin, was ich habe. Mein Eigentum konstituiert mich und meine Identität."[9] Verliert nun ein am Haben-Modus orientierter Mensch seine Objekte, so geht damit auch ein Stück seiner Identität verloren. Er muß daher ständig in Angst vor ihrem Verlust leben. Die Angst treibt ihn dazu, auch jenen Angst einzujagen, von denen er seinen Besitz bedroht fühlt oder die ihm tatsächlich das genommen haben, was er als seinen Besitz betrachtet (hatte). Wer mir Angst macht, den kann ich nicht ausstehen. Angst ruft Haßgefühle hervor. Angst treibt dazu, den anderen vernichten zu wollen. Andererseits dürfen jene mit Zuneigung und Gefolgschaft rechnen, die versprechen, den identitätsgewährenden Besitz zu schützen und zu verteidigen.

Auf unterschiedliche Weise trifft dieser Aspekt für Ost und West zu. Jugendliche im Osten Deutschlands mußten erleben, wie sie ihres identitätsstiftenden Besitzes "beraubt" wurden: ihr Staat, ihre Jugendorganisation, ihr Schulsystem, ihr Arbeitsplatz verschwanden; das Neue, Andere haben sie noch nicht als ihren "Besitz" anerkannt und verinnerlicht; vielfach ist auch noch gar nichts an die Stelle des Verlorenen getreten. Irritationen, aufkommende Haßgefühle sind die Folge. Und weil sich dieser Haß nicht an den eigentlich "Schuldigen" entladen kann, sucht er sich wehrlose Objekte aus - Asylanten, Ausländer. Im Westen Deutschlands sind es wohl hauptsächlich die oben schon genannten Gründe, die (tatsächliche oder befürchtete) Arbeitslosigkeit und die daraus resultierenden verminderten Chancen, schnell zu Besitz (Motorrad, teure Stereo-Anlagen, Urlaub u.a.) zu gelangen, die zu Haßgefühlen und gewaltsamen Haßausbrüchen führen.

Weitere Aspekte verstärken diesen gefährlichen Trend noch. Junge Menschen erleben heute eine eigenartig schizophrene Situation: auf der einen Seite sind Jung-Sein und Fitness "in"; die Werbung kann nicht genug junge Menschen vorführen; bei Bewerbungen in der Industrie und Wirtschaft werden "junge, dynamische Persönlichkeiten" bevorzugt. Auf der anderen Seite müssen junge Menschen, und hier vor allem junge Frauen, die bittere Erfahrung machen, daß sie in Gesellschaft und Politik (und in den Kirchen) vielfach nicht gebraucht werden. Sie wenden sich enttäuscht ab. Für manche endet der Ab-Weg bei totalitären Utopien, bei gewalttätigen, religiös-nationalistischen Banden oder in apathischer Resignation und in der Flucht aus der harten Realität in den Drogenkonsum oder in esoterische Zirkel. Wer eher zu Passivität neigt, verharrt in selbstgewählter Abhängigkeit oder verfällt der Null-Bock-Mentalität. Er bleibt zeitlebens ein angepaßter, unauffälliger Mensch. Er bringt keinen Lebensmut auf, wagt sein

Leben nicht, getraut sich nicht, seine Fähigkeiten und Begabungen kreativ zu entfalten. Identifikation muß mißlingen, wenn die Heranwachsenden zu einer zwanglosen Integration in die Gesellschaft, zu einer gesunden Ausbalancierung der ihnen vorgestellten Lebensmodelle und zu einer integrierenden Deutung ihrer Lebensgeschichte nicht fähig sind.

Verstärkt wird daher heute eine von der Schule zu erbringende Hilfe zur Identitätsbildung gefordert. Lehrerinnen und Lehrer sollen darauf hinarbeiten, daß ihre Schülerinnen und Schüler lernen, zu sich selbst Ja zu sagen und sich für ihr Leben etwas zuzutrauen, weil sie auf sich selbst vertrauen können. Jeder Schüler soll es im Umgang mit seinen Lehrkräften erfahren dürfen: Es ist gut, daß es dich gibt. Du bist gewollt. Du wirst gebraucht. Du hast eine wichtige, unveräußerliche Aufgabe in dieser Welt. Ich weiß zwar noch nicht den Platz, den du im Leben einmal einnehmen wirst. Ich weiß nicht, was von dir erwartet wird, was du mit deinen Fähigkeiten und Möglichkeiten einbringen kannst. Aber eines ist sicher: Auch auf dich kommt es an, daß unser aller Leben gelingt.[10]

Ersatz-Identitäten

Die Frage nach dem Woher und Wohin, nach dem Warum und Wozu des eigenen Lebens, also das, was man gemeinhin unter dem Stichwort "Sinn-Frage" zusammenfaßt, wird heute von Jugendlichen kaum noch ausdrücklich gestellt. Reflexionen über das Eigentliche, Letzte und Tiefste im Leben werden selten angestellt. Meist begnügt man sich mit "Ersatz-Identitäten", die davon abhalten, dem Leben in seine Tiefe hinein nachzugehen und die Herausforderung eigener Daseins-Deutung und dauerhaft tragfähiger Identitätsfindung anzunehmen. Solche "Ersatz-Identitäten" sind (nach R. Döbert)[11]:
- Rastlose Berufsarbeit, die zu einem meß- und erkennbaren Erfolg führt,
- Glückliches Familienleben, das einen Ort hochwertiger Solidarität und Geborgenheit anbietet,
- Rückzug in eine Konsumsphäre, die durch große Expansivität und Dynamik gekennzeichnet ist,
- Moralische Prinzipien (Freiheit, Individualität, Gerechtigkeit, Solidarität), die auf unterschiedlichem Niveau gesucht werden und die durchaus subjektiv eingefärbt und verstanden sein können,
- "Action" durch die der einzelne - insbesondere in Gruppen Gleichaltriger - Mut, Tapferkeit, Charakter beweisen möchte. Hierzu sind leider auch die vielfältigen Erscheinungsformen jugendlicher Banden zu zählen, die in Provokationen und gewalttätigen Aktionen eine Art von Gruppenidentität erfahren und dadurch ihre mangelnde Ich-Identität kompensieren. In der Zunahme der Gewaltbereitschaft wird die oft verborgen schwelende Identitätskrise nach außen hin für alle manifest.

Auch der Heidelberger Sozialwissenschaftler Heiner Barz stellt in einer Untersuchung "Jugend und Religion" fest, daß das "persönliche, private Glück zur einzigen Instanz" geworden ist, an der sich vor allem junge Menschen heute ausrichten; sie suchen ihr Heil "radikal im diesseitigen Glück". Mit diesem Streben verbindet sich die "Orientierung der jungen Generation am eigenen Ich als letztem Sinnhorizont... Selbstverwirklichung als individuelles Glücksstreben, dies scheint in der Tat die Dominante der Werte von letzter Bedeutung zu sein."[12]

Identitätstiftende Funktion von Religion

Religion als Hilfe zur Identitätsfindung ist heute, jedenfalls auf den ersten Blick gesehen, wenig gefragt. Rainer Döbert bemerkt: "Man kann sich offensichtlich sehr gut auf 'niederen' Sinnebenen einigeln und muß die Ebene von Sinnstiftung, die traditionellerweise von Religion besetzt wurde, überhaupt nicht betreten."[13] Und Heiner Barz schreibt in seiner Untersuchung: "Leben als Erfüllung von Pflichten gegenüber Gott (gottgefälliges Leben) oder gegenüber der Gesellschaft (Eintreten für eine menschlichere Welt) wie auch das Schaffen bleibender (materieller oder ideeller) Werte, - diese traditionellen... Grundorientierungen trifft man nicht mehr an."[14]

Auch Elisabeth Noelle-Neumann pflichtet dieser Zustandsbeschreibung offensichtlich bei: "Man muß nicht unbedingt einen metaphysischen Glauben haben, um Sinn in seinem Leben zu finden. Es scheint, daß derjenige, der von einer großen Liebe zu einem anderen Menschen erfüllt ist, sein Leben nicht sinnlos findet. Und ebenso haben wir Resultate, daß derjenige, der seine Arbeit voll und ganz befriedigend findet, nur selten erklärt, er empfinde sein Leben als sinnlos. Auch ohne starke religiöse Orientierung gibt es also einen Zugang zum Lebenssinn. Allerdings muß man die Vorstellung aufgeben, daß Arbeit und Leben Gegensätze seien. Es scheint, würde ich in einem solchen Gespräch sagen, daß man sich an etwas anderes, an eine Aufgabe weggeben muß, an etwas anderes als eigenen Vorteil und eigenen Genuß."[15]

Dieser Ratschlag klingt zunächst wenig religiös. Bei genauerem Hinsehen muß man sich aber fragen, ob Frau Noelle-Neumann nicht implizit genau das behauptet, was sie explizit bestreitet. Ein "metaphysischer Glaube" sei nicht nötig, aber man muß sich an "etwas anderes, an eine Aufgabe weggeben", so meint sie. Was ist dieses "andere"? Was für eine "Aufgabe" ist das, an die man sich "weggeben" muß? Ist mit solchen Formeln nicht doch eine Dimension angesprochen, die im weiteren Sinn als "religiös" beschrieben werden kann? Gewiß lassen sich nach dem gängigen Religionsverständnis (Religion = Gebet, Gottesdienst, bestimmtes Glaubensbekenntnis u.a.) derartige Erscheinungen nicht als "religiös" bezeichnen. Aber dieser Begriff ist längst zu eng geworden, um das zu erfassen, was heutzutage an religionshaltigen Potentialen existiert. Nach einer bekannten Umschreibung von Paul Tillich ist Religion "die

Dimension der Tiefe in allen Dimensionen des menschlichen Geisteslebens", ist sie "der Ernst oder das Ergriffensein von dem, was uns unbedingt angeht"[16]. Ein zeitgenössischer Theologe, Johann Baptist Metz, sieht in der Religion "das Sicheinlassen auf die Transzendenz seines eigenen Wesens."[17] Und Hermann Schrödter, ein Religionsphilosoph, definiert Religion als "die Gesamtheit der Erscheinungen, in denen Menschen das Bewußtsein der radikalen Endlichkeit ihrer Existenz und deren reale Überwindung ausdrücken."[18]

Gewiß, einen Konsens darüber, was in der wissenschaftlichen Diskussion unter "Religion" verstanden wird, gibt es nicht; der Religionsbegriff ist unbestimmt geworden.[19] Aber unter Religionspädagogen besteht durchaus Einigkeit darüber, daß die Frage nach der eigenen Identität, nach dem Woher und Wohin, nach dem Warum und Wozu des eigenen menschlichen Daseins eine zutiefst religiöse Frage ist. In irgendeiner Form beschäftigt sie den Menschen bis an sein Lebensende, auch wenn er es sich nicht eingestehen will, auch wenn er die Frage immer wieder verdrängt oder durch allerlei "Ersatz-Identitäten" verdeckt.

Nun belegen zahlreiche religionspsychologische Untersuchungen aus jüngster Zeit, daß die (christliche) Religion eine identitätstiftende Funktion besitzt.[20] B. Grom faßt das Ergebnis dieser Arbeiten zusammen in der Feststellung, daß "insgesamt (christlich geprägte) Religiosität mit positivem Selbstwertgefühl einhergeht..; die Korrelation ist in den meisten Stichproben signifikant und in manchen auch ziemlich stark."[21]

Und er nennt einige bedenkenswerte Aspekte:
- "Religiöse Überzeugungen können eine transsoziale, unbedingte Zuwendung und Berufung wahrnehmen lassen: Ein Christ oder Muslim kann die positive Zuwendung, die er von Mitmenschen erfährt, als Bestandteil, Zeichen und Ermutigung eines Bejahtseins verstehen, das der Glaube an das Geschaffensein (=Gewolltsein) durch Gott und an das Angesprochensein durch seinen Propheten oder durch seine Selbstoffenbarung in Jesus beinhaltet...
- Ebenso kann ein gläubiger Mensch die Verantwortung für das eigene Wohl, die er in seinem Gewissen erfährt, nicht nur als anonymes ethisches Sollen, sondern auch als Ruf und Verpflichtung von seiten Gottes oder des Absoluten betrachten.
- Desgleichen kann er in der Verantwortung für das Recht und Wohl der Mitmenschen die Berufung zum Mitwirken mit Gottes Gerechtigkeit und Zuwendung vernehmen...
- Religiöser Glaube kann auch die konkreten Fremdbewertungen relativieren helfen...: 'Der mich richtet, ist der Herr' (1 Kor 4,4)...
- Lebendiger Glaube an die Vergebung durch Gott kann aber auch das Eingeständnis und die Annahme von moralischer Schuld, die das Selbstwertgefühl u.U. empfindlich trifft, erleichtern, da er dem Betroffenen versichert, daß er nicht dem Schuldspruch seines Gewissens und seiner Mitmenschen ausgeliefert ist, sondern trotz aller Schuld von Gott angenommen ist."[22]

Zugegeben, man muß derartige Feststellungen mit der nötigen Vorsicht betrachten und ihnen nicht übergebührliches Gewicht beimessen. Das betont auch Grom, wenn er abschließend hervorhebt, daß die von ihm zitierten psychologischen Untersuchungen zwar keinen Beweis, wohl aber einen Hinweis dafür geben, "daß religiöse Überzeugungen unter anspruchsvollen Bedingungen und in Grenzen erzieherische und therapeutische Bemühungen um den Aufbau eines positiven Selbstwertgefühls unterstützen können".[23]

Religionsunterricht als Hilfe zur Identitätsfindung

Eine der wichtigsten pädagogischen Aufgaben des Erziehers (und insbesondere des Religionslehrers bzw. der Religionslehrerin) muß es sein, die im heranwachsenden Menschen schlummernden individuellen positiven Fähigkeiten und Kräfte zu erkennen, sie zu wecken und zu fördern. Von besonderer Dringlichkeit ist ein Unterricht mit dieser pädagogischen Zielsetzung in den neuen Bundesländern. Vor allem der Religionsunterricht sollte sich als Hilfe zur Identitätsfindung verstehen.[24] Dieter Reiher, Oberkonsistorialrat in der Berlin-Brandenburgischen Kirche und Leiter von deren Erziehungskammer, verlangt das ausdrücklich: "Ich halte es für unabdingbar, daß ein Religionsunterricht in Ostdeutschland im Sinne der ethischen Fragestellungen die gegenwärtigen Verunsicherungen und Gefährdungen der Kinder und Jugendlichen bearbeiten muß. Das sind die Gefährdungen infolge von Zukunftsangst, durch den Zusammenbruch bisheriger Werte, durch das Übermaß von Freizeitangeboten der Medien, durch Drogenangebote infolge der Nichtbearbeitung der Vergangenheit. Diese Probleme sind mit dem Sinnangebot des christlichen Glaubens im Religionsunterricht zu verknüpfen."[25]

Auch der Deutsche Katecheten-Verein nennt in seinem Plädoyer "Religionsunterricht in der Schule" diese Funktion an erster Stelle (von insgesamt 12 Forderungen): "Wir plädieren für einen Religionsunterricht, der Schülerinnen und Schüler in erster Linie hilft, ihre Identität zu finden, selbstbewußt zu werden und ihr Lebenskonzept zu entwickeln. Deshalb soll er biographisch orientiert und erfahrungsbezogen angelegt sein."[26]

Soll das nicht pure Absichtserklärung bleiben, so ergeben sich daraus Postulate, die bei einer inhaltlichen Neukonzeptionierung des Religionsunterrichts zu beachten und zu berücksichtigen sind.

Hinführung zu solidarischem Handeln

Wenn - nach Heiner Barz - für Jugendliche vor allem das "persönliche, private Glück zur einzigen Instanz" geworden ist, an der sie sich heute ausrichten[27], so bedeutet diese Einstellung, sollte sie sich festsetzen, eine Gefahr für das gesamte Gemeinwesen. Denn wo Eigennutz vor Gemeinnutz geht, wo radikale Selbstverwirklichung vor sozialem und politischem Engagement rangiert, wo jeder rücksichtslos nur den eigenen Vorteil sucht und den Mitmenschen ignoriert, dort wird das Zusammenleben der Menschen zur Qual. Und dort ist auch das Staatswesen gefährdet. Da geht die Solidarität vor die Hunde. Jeder ist nur seines eigenen Glückes Schmied; wer nicht (mehr) stark und gesund genug dazu ist, bleibt auf der Strecke. Wer nicht genügend Kraft in den Ellenbogen besitzt, um die anderen beiseite zu schieben und das eigene Glück zu ergattern, wird umgestoßen und kommt zu Fall. "Der Arbeitsmarkt lebt von der Stärke schwacher Bindungen."[28]

Gerade die Bürgerinnen und Bürger der neuen Bundesländer müssen erfahren, wie mit der Einführung der Marktwirtschaft das Klima in den Betrieben nicht selten kälter und härter wird. Alte Freundschaften zerbrechen. Manche meinen sogar, die neuen Verhältnisse hätten eine neue Form der Sklaverei gebracht. "Brutale Geschäftemacher und Unternehmer, die den Typ von Kapitalisten vorstellen, vor dem wir 40 Jahre lang gewarnt worden waren, beherrschen manchmal die Szene so sehr, daß Menschen, die wirklich aus einem Idealismus heraus Aufbauarbeit leisten wollen und dafür auch viele Entbehrungen auf sich nehmen, aus dem Blickfeld geraten." So urteilt Bernhard Dittrich, Regens des Priesterseminars in Erfurt.[29]

Religionsunterricht als Hilfe zur Identitätsfindung und -bildung muß darauf hinzielen, junge Menschen zu solidarischer Haltung und zu sozialem Einsatz zu ermutigen. Er wird Jugendliche aufklären über die Macht von Kapital, Massenmedien und Bürokratie und sie zu konstruktivem Widerstand gegen sie befähigen.[30] Er sollte an konkreten Beispielen und Erfahrungen aufzeigen, daß das größte Glück für den Menschen nicht selten darin besteht zu erleben, wie andere Menschen Glück erfahren, zu dem er vielleicht selbst ein wenig beitragen durfte. Erst im Glück des anderen wird das eigene Glück vollkommen und verliert seinen manchmal schalen Beigeschmack.

"Gegen-Lernen" im Hinblick auf die Konsum-Mentalität

Erich Fromm sieht in der einseitigen Konsumorientierung weiter Teile der gegenwärtigen "zivilisierten" Menschheit eine Krankheit, die bis zur Selbstzerstörung führen kann. Wenn die Menschen und die Gesellschaft eine Zukunft haben wollen, so müssen sie sich zur Umorientierung entschließen; sie müssen mehr nach dem Sein als nach dem Haben fragen. Fromm sieht in der Religion eine mögliche Hilfe, dieses Ziel zu erreichen. Allerdings nur in jener Form von Religion, die die "menschliche Entwicklung, die Entfaltung spezifischer menschlicher Kräfte" fördert, nicht in jener, die das "individuelle Wachstum lähmt" (E. Fromm[31]).

Religionsunterricht soll und kann in vieler Hinsicht ein "Gegen-Lernen" (Jürgen Werbick) initiieren. Er wird die verbreitete Mentalität des "Haste-was-dann-biste-was" hinterfragen und darauf hinzielen, junge Menschen zu kritischer Haltung und zu Standfestigkeit gegenüber dem "Mehr-Haben" zu bringen, und ihnen dazu zu helfen, im "Mehr-Sein" ein wahrhaft menschlicher Freiheit und Selbstbestimmung angemessenes Ziel zu sehen. Nur wenn die auf Durchsetzung selbstsüchtiger Interessen, auf ungehemmten Konsum und auf immer härtere Leistungsanforderungen ausgerichtete Fixierung unserer "westlichen" Gesellschaft als entfremdend und inhuman erkannt wird, kann die Suche nach anderen Lebenszielen und -formen beginnen, kann das Leben menschlicher und menschenwürdiger gestaltet werden.

Muntermacher gegen Gleichgültigkeit und Gedankenlosigkeit

Der an vielen Orten wieder aufbrechende Antisemitismus und Fremdenhaß, das sich verbreitende politische Desinteresse und die zunehmende Gewaltbereitschaft können uns nicht gleichgültig lassen. Eindringlich warnt der Friedensnobelpreisträger Elie Wiesel vor einer solchen Haltung: "Ein Schlüsselwort meiner 'Weltanschauung' ist: der Kampf gegen die Gleichgültigkeit. Wenn es ein Wort gibt, das ich Ihnen einwurzeln möchte, dann ist es dies: Gleichgültigkeit ist eine Gefahr, Gleichgültigkeit ist ein Übel...Ich habe immer daran geglaubt, daß das Gegenteil von Liebe nicht Haß ist, sondern Gleichgültigkeit. ... Das Gegenteil von Hoffnung ist nicht Verzweiflung, sondern Gleichgültigkeit. Ich glaube daran, daß nur Erinnerung gegen die Gleichgültigkeit ankämpfen kann. Das Gegenteil von Erinnerung und Gedächtnis ist nicht Vergessen, es ist wiederum: Gleichgültigkeit. So lange wir uns erinnern, gibt das, woran wir uns erinnern, unserem Kampf und unserer Sensibilität eine andere Dimension...Ich möchte Ihnen sagen: Wenn Sie die Wahl haben, zwischen Verzweiflung und Gleichgültigkeit zu wählen, wählen Sie die Verzweiflung, nicht die Gleichgültigkeit! Denn aus der Verzweiflung kann eine Botschaft hervorgehen, aber aus der Gleichgültigkeit kann ...nichts hervorgehen."[32]

Religionsunterricht sollte als Muntermacher wirken gegen eine sich ausweitende Gleichgültigkeit und geistige Müdigkeit, als Stimulans gegen Gedankenlosigkeit und Lethargie, als "Unterbrechung" (J.B. Metz) des eingeschliffenen Trotts einer verbürgerlichten und selbstgenügsamen Gesellschaft. Er kann und soll mobilmachen gegen den "Flachsinn",[33] gegen das willenlose geistige Anpassertum, die kritiklose Unterwerfung unter das Diktat von Markt, Moneten und Mode. Erst aufgrund eines gesunden Selbstvertrauens und einer starken Identitätsbildung ist ein Leben in freier Selbstbestimmung möglich.

Infragestellung einer bloßen Qualifizierung zum "Arbeitsmarkt-Menschen"

"Faktisches Ziel aller schulischen und sonstigen Erziehung und Bildung ist die Qualifizierung zum 'Arbeitsmarkt-Menschen' mit seiner Arbeitsmarktindividualität und Arbeitsmarktfreiheit" (K.H. Schmitt[34]). Der Schwerpunkt liegt häufig auf der Vermittlung von Informations- und Technikwissen. Junge Menschen werden als "Maschinen" perfekt gemacht.[35]

In auffälliger Parallele dazu ist eine "demonstrative Gebrauchswertorientierung" unter Jugendlichen festzustellen.[36] Gemeint ist damit die Tendenz, Kontakte, Situationen, Institutionen und Mitarbeiter unter dem Aspekt ihrer Nützlichkeit und Brauchbarkeit für die alltägliche Lebensbewältigung zu betrachten.

Doch stellt sich nicht selten bald heraus, daß solches Wissen und solche Perspektiven nicht ausreichen. Denn das Bedürfnis nach Selbstverwirklichung, Selbstbestätigung und Selbstbestimmung einerseits und nach personaler Annahme andererseits bleibt dabei unberücksichtigt. Und das kann sich schon sehr bald dringlich zu Wort melden - vor allem in Krisensituationen (Krankheit, Verlust eines nahestehenden Menschen, Enttäuschung in der Liebe, Arbeitslosigkeit u.a.). K.H. Schmitt fragt daher zu recht: "Wo aber wird Lebenswissen vermittelt, das zu einer 'Lebensgewißheit' führt auch jenseits einer Arbeitsmarktgewißheit? Anders gefragt: Wo finde ich die Identität des Selbstbewußtseins, indem ich erfahre, es ist gut, daß du da bist?"[37]

Religionsunterricht kann und soll die Fähigkeit und die Bereitschaft fördern, die scheinbaren Selbstverständlichkeiten unseres technischen Fortschritts und unserer bürgerlichen Kultur zu durchschauen, sie zu befragen und in Frage zu stellen. In einer weitgehend nur am äußeren Bedarf, am "Haben" orientierten Gesellschaft sind die verschütteten grundlegenden inneren Werte des Lebens wieder zu entdecken und zur Geltung zu bringen: Mitmenschlichkeit und Solidarität (aber nicht von oben befohlen, sondern aus einem inneren Anspruch heraus erkannt und freiwillig gewählt), Verständnis und Toleranz für die Bedürfnisse anderer und Einfühlungsvermögen in ihre Ängste und Hoffnungen, Selbstbeschränkung und Selbstentfaltung, Freiheit und Bindung, Selbstbegegnung und Selbstüberschreitung.

Erziehung zur Entscheidungs- und Verantwortungsethik

In einer pluralistischen Gesellschaft gibt es keinen Konsens mehr über die für alle gültigen und verbindlichen Werte. Die Schülerinnen und Schüler müssen daher lernen, sich selbst zu orientieren. Sie müssen aus der breiten Palette angebotener Werte jene herausfinden, die für sie und für die Gesellschaft, in der sie leben, wichtig sind. Werterziehung kann sich darum nur als Erziehung zu einer Entscheidungs- und

Verantwortungsethik darstellen, nicht zur Nachahmungs- oder Gehorsamsethik. Werte müssen, wenn sie nicht jedem unmittelbar einsichtig erscheinen, argumentativ begründet werden und können nicht einfach autoritativ gesetzt werden. Die Vermittlung überkommener Werte wird nur dort gelingen, wo sie glaubwürdig und überzeugend vorgelebt werden und wo Erwachsene und Jugendliche miteinander im Gespräch sind.[38] Qualität und Sicherheit der Wertorientierung hängen davon ab, "daß die Gemütsbedürfnisse der Kinder nach Geborgenheit, liebevoller Zuneigung und Autoritätsanerkennung befriedigt werden. Rationale Belehrung über Werte uned Normen nützt nichts, wenn emotionale Bindungen an geliebte Personen als Wertträger fehlen."[39]

Ein Religionsunterricht, der zur Identitätsfindung und -stärkung beitragen will, kann nicht darauf verzichten, Heranwachsenden die Bedeutung und die Probleme einer heute verlangten Entscheidungs- und Veranwortungsethik vor Augen zu führen. Er wird (anders als das früher häufig geschehen ist) darum nicht auf Sekundärtugenden (Gehorsam, Pflichterfüllung) besonderes Gewicht legen, sondern auf die Erziehung zu Kreativität und Neugier, zu Konfliktfähigkeit und Widerstand, zu Zivilcourage und Risikofreudigkeit. Es gilt, wegzukommen von dem falsch verstandenen Ideal der Sündelosigkeit, das nur zu Lethargie und Ängstlichkeit führt. Die Freude am Leben darf nicht durch eine pervertierte "Froh"(=Droh-)Botschaft vermiest werden.

Der Religionsunterricht wird freilich nur dann einen wirksamen Beitrag zur Wertorientierung und -erziehung leisten können, wenn die Lehrerinnen und Lehrer "sich einen moralischen Standpunkt erarbeiten und ihn entschieden vertreten, zugleich aber auch ihre Gründe verständlich machen und helfen, sich damit auseinanderzusetzen."[40] Daher sind Begegnungssituationen und Lebensfelder aufzubauen, in denen anzustrebende und heute gültige Werte versammelt sind und eingeübt werden können (Familie, peer group, aber auch die Schulklasse samt Lehrer bzw. Lehrerin). Bei jeder reflexen, inhaltlichen Wertevermittlung ist an der konkreten Wertwelt und Lebenssituation der Schüler anzusetzen.

Sensibilisierung für das Leiden

Ein ständiger Stachel im Fleisch gerade des modernen Menschen ist das Leid. Denn es offenbart seine Ohnmacht angesichts einer sonst schier grenzenlosen Allmacht. Es irritiert ihn in seinem schwach ausgebildeten Identitätsbewußtsein. So muß das unüberwindbare, unaufhebbare Leid für ihn zum Alptraum werden, zum "Gotteskomplex" (Horst Eberhard Richter[41]). Er kann es nicht ertragen, daß etwas um ihn ist, das eigentlich nicht sein sollte. Und weil er das Leid nicht abschaffen kann, versucht er wenigstens, es zu verdrängen, zu verstecken, zu verleugnen. Er übersieht dabei, daß er mit dieser "Elends-Verpackungs-Politik" (H.E. Richter) das Leid keineswegs aus der Welt schafft, sondern vielmehr anderen Menschen damit nur zusätzliches Leid zufügt: "Es ist letztlich das Nicht-Ertragen-Können von Leiden, das immer wieder dazu zwingt, andere leiden zu machen."[42] Schließlich wird der Mensch, der den Anblick des Leidens nicht ertragen kann, selbst leidend und krank. Er leidet an der Unfähigkeit und Unwilligkeit zu leiden.

Ein auf Hilfe zur Identitätsbildung ausgerichteter Religionsunterricht darf das Leid nicht ausblenden. Er hat aufmerksam zu machen auf die vielfältigen Formen des Leidens in der Welt. Leid begegnet nicht als Abstraktum. Es hat ein Gesicht. Es schaut mich an aus den Baumruinen der Wälder des Erzgebirges. Es wendet sich an mich mit den runden, flehenden Augen einer sterbenden Robbe. Es steckt sich mir entgegen in der Hand eines Todkranken, der in seiner Angst nicht allein sein möchte und nach Halt und Hilfe sucht. Es klagt mich stumm an in den endlosen Reihen der Kreuze auf den Soldatenfriedhöfen beider Weltkriege. Wohin ich nur schaue - das Leid ist immer schon da.[43]

Der Religionsunterricht soll dafür die Augen öffnen. Er soll das Hinsehen auf das Leid und das Aushalten des Anblicks lehren. Er soll Sensibilität entwickeln helfen für Schwäche und Hilflosigkeit, für Versagen und Straucheln, für Schuld und Sünde. Er soll die Bereitschaft wecken zur Vergebung und zur Versöhnung, er soll Mut machen zum Wiederaufstehen und zum Neubeginn. Es ist nie zu spät dafür. Keinem darf die Chance genommen, jedem muß sie gegeben werden, sein Menschsein zu verwirklichen, auch wenn es scheinbar dafür schon zu spät ist, auch wenn sein Leben bisher verspielt und vertan zu sein schien. In diesem Prozeß der Hilfe zu einer wirklichen Ich-Werdung wird dann auch die Welt in einem neuen und anderen Licht erscheinen.

Verarbeitung von Kontingenzerfahrungen

Ein Unterricht, der zu tragfähiger Identifikation eine Hilfe geben soll, hat auch aufzuzeigen, daß es in der Lebens- und Leidensgeschichte jedes Menschen merkwürdige Fakten, Zeichen, Ereignisse, Situationen, Erlebnisse, "Zufälle" gibt, die Anlaß zu tieferem Nachdenken sein können:
- die großen Menschheitsfragen nach Anfang und Ende der Welt, nach Woher und Wohin menschlichen Lebens, nach Zeit und Ewigkeit,
- die alltäglichen Erfahrungen und Herausforderungen des Menschenlebens - Liebe und Vertrauen, Hoffnung und Glaube, Verantwortung und Freiheit, Schuld und Vergebung, Spiel und Feier,
- die Grunderfahrungen der menschlichen Existenz: Leid und Tod, Sinn und Unsinn,
- die Welt in ihrer geheimnisvollen Schönheit,
- die Wunder des Mikro- und Makrokosmos.

Wenn der Lehrer oder die Lehrerin bemüht sind, "den 'Unterricht des Lebens' ernstzunehmen,"[44] werden sie die Erfahrungen der Schülerinnen und Schüler, den Alltag der Welt, die herausragenden und auch die oft unscheinbaren, aber bedenkenswerten Ereignisse des Tages aufgreifen. Sie werden solche "neuralgischen Punkte" problematisieren, beleuchten und hinterfragen. Denn an ihnen entzündet sich die Identitätsproblematik in besonderer Weise und verlangt nach einer Antwort.

In den neuen Bundesländern ist die Situation noch schwieriger. Dort hat sich geradezu eine "Unfähigkeit zur Transzendenz" ausgebreitet; ein "religiöses Niemandsland" ist entstanden. Das hatte - anders als in den westlichen Bundesländern - immerhin zur Konsequenz, "daß die Sekten mit ihrem frontalen Angriff...fast total gescheitert sind und sich mit winzigen 'Erfolgen' begnügen mußten."[45]

Hier wird seitens der Lehrerinnen und Lehrer zunächst Aufbauarbeit vonnöten sein. Die Grundlagen für Transzendenzerfahrungen müssen erst geschaffen bzw. freigelegt werden. Häufig genügt es dann schon, wenn der Lehrer oder die Lehrerin bestrebt ist, die Schüler zur Nachdenklichkeit zu führen, sie dazu anzuleiten, sich mit dem Vordergründigen und Oberflächlichen nicht zufrieden zu geben und statt dessen sich immer wieder die Frage zu stellen: Warum ist das eigentlich so? Ist das wirklich schon die letzte Erklärung? Könnte da vielleicht mehr dahinter stecken?

Ein Religionsunterricht, der sich als Hilfe zur Identitätsfindung versteht, wird Schülerinnen und Schüler einladen zum Erfahren der Stille, zum verweilenden Betrachten, zum gesammelten Hören, zu Staunen und Ehrfurcht. "Man sieht nur mit dem Herzen gut", sagt der Fuchs zum kleinen Prinz bei Antoine de Saint Exupéry. Und Rainer Maria Rilke äußert in einem Brief den Wunsch, unser Auge müßte "eine Spur schauender, unser Ohr empfangender sein, der Geschmack einer Frucht müßte uns vollständiger eingehen, wir müßten mehr Geruch aushalten, und im Berühren und Angerührtsein geistesgegenwärtiger und weniger vergeßlich sein -: um sofort aus unseren nächsten Erfahrungen Tröstungen aufzunehmen, die überzeugender wären, die überzeugender, überwiegender, wahrer wären als alles Leid, das uns je erschüttern kann."[46]

Die Gewißheit einer absoluten Realität

Im "Nachwort", dem zweiten Teil seines Romans "Stiller", legt Max Frisch dem Staatsanwalt folgende Worte in den Mund: "Viele erkennen sich selbst, aber nur wenige kommen dazu, sich selbst anzunehmen... Allein mit der Selbstannahme ist es noch nicht getan! Solange ich die Umwelt überzeugen will, daß ich niemand anderes als ich selbst bin, habe ich notwendigerweise Angst vor Mißdeutung, bleibe ich Gefangener meiner Angst. Ohne die Gewißheit, daß es eine absolute Realität gibt, kann ich mir freilich nicht denken, ...daß wir je dahin gelangen, frei zu sein."

Frisch stellt die Identitätsfrage damit in ihren letztmöglichen Zusammenhang. Nur eine absolute, nicht mehr hinterfragbare Wirklichkeit kann den Menschen letztlich zu sich selbst führen, kann ihm eine Identität schenken, die nicht abhängig ist von eigener Leistung und eigenem Können, von Anerkennung durch andere und von sozialem

Ansehen, die ihn nicht mehr den Rollenerwartungen einer bestimmten Gesellschaft und den Schwankungen des Augenblicks ausliefert. Der Religionsunterricht könnte - behutsam und bedächtig - einen Beitrag zur Kenntnis und Anerkenntnis dieser "absoluten Realität" leisten.

Anmerkungen

° Bei dem Beitrag handelt es sich um einen erweiterten, vielfach überarbeiteten und aktualisierten Auszug aus meinem Buch "RU 2000. Welche Zukunft hat der Religionsunterricht?", Zürich 1993

1 vgl.: Herder-Korrespondenz 6/1991, 269-273

2 zit. nach: D. Weber, Die Revolution frißt ihre Kinder, in: Publik-Forum 3/1992, 33

3 K. Feiereis, Wird das Wagnis gelingen? Thesen zur Zukunft von Christen und Kirche, in: Herder-Korrespondenz 5/1990, 234-237; hier: 234 f.

4 vgl.: H. Reiser, Identitätsproblematik und Religionsunterricht, in: Katechetische Blätter 2/1979, 106-125; hier: 111

5 vgl.: E.H. Erikson, Jugend und Krise, Stuttgart 1970, 87

6 vgl.: G. Nunner-Winkler, Jugend und Identität als pädagogisches Problem, in: Zeitschrift für Pädagogik 36/1990, 671-689

7 vgl.: G. Nunner-Winkler, Berufsfindung und Sinnstiftung, in: Kölner Zeitschrift f. Soziologie und Sozialpsychologie 22/1981, 116

8 vgl.: Institut der deutschen Wirtschaft (Hg.), Streitsache Religionsunterricht kontrovers, Köln 1991, 11

9 E. Fromm, Haben oder Sein. Die seelische Grundlage einer neuen Gesellschaft, Stuttgart 1976, 73-80; hier: 80

10 B. Grom sieht im "Grundvertrauen, das sich zu religiösem Vertrauen auf unbedingtes Bejahtsein entwickelt", einen grundlegenden Erfahrungsansatz für die Entwicklung reifer Religiosität: ders., Religionspädagogische Psychologie des Kleinkind-, Schul- und Jugendalters, Düsseldorf/Göttingen 1981, 61-77

11 vgl.: R. Döbert, Sinnstiftung ohne Sinnsystem, in: Religionssoziologie als Wissenenssoziologie, hg. v. W. Fischer und W. Marhold, Stuttgart 1981, 65 ff. Ich halte mich hier an einen Aufsatz von R. Bleistein, Zur Sinnproblematik junger Menschen, in: Stimmen der Zeit 1/1983, 45-52

12 H. Barz, Jugend und Religion. Bd. 2: Postmoderne Religion am Beispiel der jungen Generation in den alten Bundesländern, Opladen 1992, 250 f.

13 R. Döbert, Sinnstiftung ohne Sinnsystem, a.a.O.(Anm.10), 70

14 H. Barz, Jugend und Religion, a.a.O. (Anm.12), 251

15 E. Noelle-Neumann, Die junge Generation und der Wandel der Werte, Vortrag 1980; zit,. nach: R. Bleistein, Zur Sinnproblematik junger Menschen, a.a.O.(Anm.11), 52

16 P. Tillich, Die verlorene Dimension. Not und Hoffnung in unserer Zeit, Hamburg 1962, 27

17 J.B. Metz, Art. "Akt, religiöser", in: Lexikon für Theologie und Kirche. Bd. 1, Freiburg 1957, 256

18 H. Schrödter, Bemerkungen zum Religionsverständnis der Allensbacher Untersuchungen, in: religionspädagogische beiträge 25/1990, 41

19 F.X. Kaufmann, Religion und Modernität, Tübingen 1989, 53-69

20 vgl. dazu: B. Grom, Religionspsychologie, München 1992, v.a.173-237

21 ebd., 175

22 ebd., 176-178

23 ebd., 181; Hervorhebung von mir

24 vgl. u.a.: N. Mette, Religionsunterricht - ein Beitrag zur Identitätsfindung im Jugendalter, in: Schule zwischen gestern und morgen (Päd. Woche in Düsseldorf), Düsseldorf 1990, 72-84

25 R. Mokrosch/D. Reiher, Den Glauben lernen, in: Evangelische Kommentare 6/1992, 349-352, hier: 352

26 Religionsunterricht in der Schule. Ein Plädoyer des Deutschen Katecheten-Vereins, in: Katechetische Blätter 9/1992, 611-627; hier: 612

27 H. Barz, a.a.O. (Anm. 12), 250 f.

28 K.H. Schmitt, Bildung und Erziehung im zukünftigen Europa. Eine Herausforderung für die Kirche, in: Katechetische Blätter 3/1992, 180-185; hier: 182

29 B. Dittrich, Die geistig-religiöse Situation (Referat auf einer Tagung der Kath. Akademie in Bayern "Christsein in entchristlichter Gesellschaft. Glaube und Kirchen in den neuen Bundesländern" (12./13.3.1993); zit. nach: zur debatte. Mitteilungen der Kath. Akademie in Bayern 7/8-1993, 14

30 Katechetische Blätter 9/1990, 584 ff.

31 E. Fromm, Haben oder Sein, a.a.O. (Anm.9), 133

32 zit. nach: Institut für Religionspädagogik Freiburg (Hg.), Unterrichtsmodelle und Informationen f. d. RU an Realschulen und Gesamtschulen 3/1989, 91

33 zit. nach: Publik-Forum 1/1991, 15

34 K.H. Schmitt, a.a.O.(Anm. 28), 182

35 H.E. Richter, Der Gotteskomplex, Reinbek 1979, 77

36 R. Münchmeier, Lebensorientierungen und Perspektiven Jugendlicher in den neunziger Jahren, in: Der evangelische Erzieher 2/1993, 169-182; hier: 178

37 K.H. Schmitt, a.a.O.(Anm. 28), 182

38 vgl.: R. Bleistein, Ethische Erziehung heute, in: Stimmen der Zeit 11/1989, 751-759; hier: 757 ff.

39 W. Brezinka, Erziehung in einer wertunsicheren Gesellschaft. Beiträge zur Praktischen Pädagogik, München/Basel 1986, 30

40 ebd.

41 H.E. Richter, a.a.O. (Anm. 35), v.a. 127-187

42 ebd., 146

43 vgl.: N. Scholl, Warum denn ich? Hoffnung im Leiden, München 1990

44 K.E. Nipkow, Erwachsenwerden ohne Gott? München 1987, 91

45 G. Nachtwei, Neue Herausforderungen, in: zur debatte, a.a.O. (Anm.29), 16

46 R.M. Rilke und Marie von Thurn und Taxis, Briefwechsel, Zürich 1951, Bd. 1, 436

Udo Margedant

Identitätshemmende Wirkungen der Erziehung zum sozialistischen Menschen

"Noch nie in meinem Leben hat mich ein historischer Prozeß so beunruhigt wie der gegenwärtige. Ich habe den Eindruck, daß ich die Vorgänge bei uns viel weniger als vor der 'Wende' überschauen oder gar beeinflussen kann."[1] Mit diesen Worten beginnt der Chefarzt der Psychotherapeutischen Klinik in Halle, Hans-Joachim Maaz, ein deutsch-deutsches Zwiegespräch mit seinem Kollegen Michael Lukas Moeller, Professor für Medizinische Psychologie in Frankfurt/Main. Maaz fährt fort: "Obwohl ich mich in dem damaligen System oft nicht wohl fühlte und innerlich dagegen rebellierte, obwohl ich mitunter verzweifelt, empört oder haßerfüllt war, wußte ich doch immer genau: Hier lebe ich, hier habe ich meinen Platz, hier habe ich meine Bedeutung - und hier habe ich meine Möglichkeiten, mich unangenehmen Dingen zu entziehen. Ich empfand in den repressiven Strukturen der DDR eigenartigerweise immer ein Sicherheitsgefühl und hatte mich ganz gut eingerichtet; ich lebte so, als würde das Ganze ewig weitergehen. Manchmal hat mich das zwar deprimiert, aber es hat mir auch Geborgenheit gegeben. Das alles ist jetzt verlorengegangen. Ich weiß nicht, wo mein Platz ist, was meine Aufgabe ist, wie ich mich in den neuen Verhältnissen einrichten soll. Meine bisherige Identität ist in Frage gestellt, und gleichzeitig tut sich eine Fülle neuer Möglichkeiten auf, die mich begeistern oder ängstigen. Noch völlig unklar ist mir, wie ich mich in Zukunft unangenehmen Ansprüchen der neuen Macht entziehen kann."

Moeller antwortet hierauf: "Das verblüfft mich sehr. Die Frage, wie werde ich mit den neuen Machthabern klarkommen, könnte ich im Westen in dieser Form gar nicht formulieren. Ich sehe Regierungen, Behörden und alles was noch über mir ist in keiner Weise als 'Machthaber'. Ich könnte dieses Wort in mir gar nicht finden. Aber ich denke, daß Sie damit ihre seelische Situation gut umrissen haben."[2]

In diesem deutsch-deutschen Dialog wird die Frage der Identität, Identitätsbildung und Identitätsrevision angesprochen. Wenn man Identitätsbildung in ihrer historischen Dimension zu verstehen sucht und Identität als das Selbstverständnis des Individuums in seinen sozialen Bezügen definiert, dann bilden Nationalität und nationale Zugehörigkeit, soziale und regionale Zugehörigkeit sowie die individuelle Lebensgeschichte wesentliche Determinanten. Gerade in der gegenwärtigen Situation erleben wir tiefgreifende Brüche und Zäsuren, die nicht nur die deutsch-deutsche Identitätsproblematik widerspiegeln. Die von Maaz artikulierte Verunsicherung findet eine Entsprechung bei Moeller, obwohl der Westdeutsche nicht durch den Zusammenbruch seines gesellschaftlichen und politischen Ordnungsrahmens direkt betroffen ist.

1. Phasenversetzter gesellschaftlicher Umbruch

Die Gründe für diese Verunsicherung sind vielfältig und letztlich Symptome der schwierigen Phase des Umbruchs, nicht nur im politischen, sondern auch im gesellschaftlichen und wirtschaftlichen Bereich, in dem wir uns befinden. Diese Umbruchsituation ist politisch gekennzeichnet durch die Überwindung des Ost-West-Gegensatzes, die fortschreitende Integration in Teilen Europas und den schwierigen Prozeß der Vollendung der deutschen Einheit einerseits bei gleichzeitigem Aufflammen neuer - im Grunde jedoch alter - Nationalismen und Nationalitätenkonflikte in Südost- und Osteuropa andererseits. Diese Zeitenwende korrespondiert mit einer Phase gesellschaftlicher Unsicherheit, die in den westlichen Demokratien bereits seit längerem durch Wertewandel und Suche nach neuen Werten gekennzeichnet ist. Ein Wandlungsprozeß, der sich zeitverschoben im östlichen Teil Europas ebenfalls vollzieht. Traditionelle Werte verlieren an Bindekraft.

Bei einem großen Teil der Bürger in der alten Bundesrepublik herrscht nach wie vor eine materielle Wertorientierung vor: Wohlstand, soziale Sicherheit und hohes Einkommen sind die Lebensziele. Doch die Gewichte haben sich bei der Bevölkerung insgesamt hin zu Mischformen zwischen materieller und sogenannter postmaterieller Orientierung oder sogar hin zu einer rein postmateriellen Haltung verschoben. Dieser Wertewandel tritt deutlich im Verhältnis von Mensch und Natur zutage. In der Phase des "Wirtschaftswunders" wurde die Bundesrepublik zum Inbegriff des modernen Industriestaates. Kritik an den Folgen zivilisatorischen Fortschritts, an Industrie und Technik verstummte. Um 1970 setzte dann ein Prozeß ein, der die bewußte Auseinandersetzung mit den Auswirkungen menschlichen Tuns auf die natürliche und soziale Umwelt beinhaltete.[3]

Das Wissen um die Umwelt und deren Schädigung ist einer unter mehreren Aspekten der umfassenden Suche nach neuen Orientierungen in der hochindustrialisierten Gesellschaft, die den festen Glauben an den wissenschaftlich-technischen Fortschritt zu verlieren beginnt. Umfragedaten haben bereits Anfang der achtziger Jahre, festgestellt, daß in der gegenwärtigen Gesellschaft das Gefühl "ich fühle mich wohl" abnimmt. Der Mensch sucht nach neuen Orientierungen, wendet sich stärker dem Privaten und Individuellen zu, dem Unmittelbaren und Irrationalen, aber auch dem Gefühl.

Dieser Wertewandel vollzieht sich in den neuen Bundesländern zeitversetzt. Das bedeutet: Die Gesellschaft in den beiden deutschen Staaten hat sich unterschiedlich entwickelt; sie ist im wissenschaftlich-technischen Industrialisierungsprozeß um Jahrzehnte gegeneinander versetzt, was Auswirkungen auf das Werteverständnis, die Lebensziele und die politische Rangskala der Aufgaben im Verständnis der Menschen hat. Thomas Meyer spricht als Konsequenz dieses Prozesses von der "Gleichzeitigkeit des Ungleichzeitigen" im Modernisierungsprozeß. Einen Umbruch, wie er z.B. durch die Studentenbewegung mit ihren Auswirkungen in Westdeutschland ausgelöst wurde, hat es in der DDR nicht gegeben. "Die flüchtige, wenn auch durchschlagende Rolle, die die Bürgerinitiativen und -foren beim revolutionären Wandel in der DDR gespielt haben, sind ein deutlicher Hinweis darauf, daß dieser Umbruch mit seiner nur kurzlebigen Partizipationskultur der Runden Tische diese Rolle nicht gänzlich übernehmen kann."[4]

Eine wesentliche Ursache für die von Meyer konstatierte Ungleichzeitigkeit in der gesellschaftlichen Entwicklung und den daraus resultierenden unterschiedlichen Wertorientierungen in den beiden deutschen Staaten liegt in den anthropologischen Grundlagen: Auf der einen Seite das Menschenbild, wie es im Grundgesetz zum Ausdruck gebracht wird. Der Mensch als Person ist danach konstituiert durch Individualität, Soziabilität und Geschichtlichkeit, die ein Feld unaufhebbarer, sich gegenseitig bedingender Spannungen bilden. Auf der anderen Seite, seit dem VIII. Parteitag der SED 1972, die "entwickelte sozialistische Gesellschaft", in der es noch Klassen, Unterschiede und bestimmte differenzierte Interessen zwischen den Klassen gibt. Nicht die Person - in ihrer unantastbaren Würde - wird in den Mittelpunkt aller Bemühungen gestellt, sondern der Mensch in der sozialistischen Gesellschaft. Gemeinwohl entfaltet sich danach nur mit der politischen Macht des Volkes unter der Führung der Arbeiterklasse und ihrer marxistisch-leninistischen Partei. Die Konsequenzen dieses Menschenbildes zeigten sich besonders im Bildungswesen.

2. *Erziehung zum sozialistischen Menschen*

Die SED leitete aus der Gesellschaftstheorie des Marxismus-Leninismus ihren Führungsanspruch ab, den gesamten Bereich der Bildung und Erziehung umfassend zu gestalten und damit auch zu kontrollieren. Entsprechend dem Prinzip der Einheit von Bildung und Lehre sollten Wissen vermittelt und gleichzeitig auf der Grundlage eines klaren Klassenstandpunktes zu politischem Handeln erzogen werden. Alle pädagogischen Bemühungen waren somit Gegenstand gesellschaftlicher Entscheidung. Aus dem sozialistischen Menschenbild wurde das Erziehungsziel der "sozialistischen Persönlichkeit" abgeleitet, dessen Werte auf dem jeweils neu zu bestimmenden Standpunkt einer bewußten, klassenmäßigen Parteinahme für die sozialistische Gesellschaft im Kontrast zur kapitalistischen Gesellschaft zu bestimmen waren.

"Vorrangige Aufgabe bei der Gestaltung der entwickelten sozialistischen Gesellschaft ist es, alle jungen Menschen zu Staatsbürgern zu erziehen, die den Ideen des Sozialismus treu ergeben sind, als Patrioten und Internationalisten denken und handeln, den Sozialismus stärken und gegen alle Feinde zuverlässig schützen [...]. Es ist ehrenvolle Pflicht der Jugend, die revolutionären Traditionen der Arbeiterklasse und die Errungenschaften des Sozialismus zu achten und zu verteidigen, sich für Frieden und Völkerfreundschaft einzusetzen und antiimperialistische Solidarität zu üben [...].

Die jungen Menschen sollen sich durch Eigenschaften wie Verantwortungsbewußtsein für sich und andere, Kollektivbewußtsein und Hilfsbereitschaft, Beharrlichkeit und Zielstrebigkeit, Ehrlichkeit und Bescheidenheit, Mut und Standhaftigkeit, Ausdauer und Disziplin, Achtung vor den Älteren, ihren Leistungen und Verdiensten sowie verantwortungsvolles Verhalten zum anderen Geschlecht auszeichnen."[5]

Der Persönlichkeit in der sozialistischen Gesellschaft wurden folgende Eigenschaften zugeordnet:
"- gesellschaftliches Verantwortungsbewußtsein. Es umfaßt die Fähigkeit, Zusammenhänge von Produktion und Gesellschaft zu erkennen und an ihrer Gestaltung mitzuwirken. Als Indikatoren des gesellschaftlichen Verantwortungsbewußtseins gelten etwa die Teilnahme an der Neuerwerbung, an der Planung und Leitung der Produktion oder die Mitarbeit in den gesellschaftlichen Massenorganisationen;
- Kollektivität in den sozialen Beziehungen, insbesondere im beruflichen Bereich;
- wissenschaftliche Weltanschauung als Merkmal des politischen Bewußtseins der sozialistischen Persönlichkeit."[6]

Hauptmerkmal der sozialistischen Persönlichkeit ist ihr politisches Bewußtsein. Nach Gerhart Neuner, der als Präsident der Akademie der Pädagogischen Wissenschaften entscheidend das Bildungs- und Erziehungskonzept beeinflußte, bilden die "sozialistische Weltanschauung", die "ideologische Bewußtheit" und die "sozialistische Moral" den Kern der Persönlichkeit. Die Prägung und Entfaltung dieser Eigenschaften stand folglich im Mittelpunkt der schulischen - und außerschulischen - Erziehung sozialistischer Persönlichkeiten.[7]

Da die Entwicklung des Menschen als Persönlichkeit nach marxistischer Ideologie ein geschichtlicher Prozeß ist, in dem objektive und subjektive Faktoren eine Einheit bilden, müsse folglich von der historisch-materialistischen Position an neue Problemstellungen der kommunistischen Erziehung herangegangen werden. Das bedeutete für die Bildungsinhalte in der DDR, daß die Kenntnisse der Klassenkämpfe der Arbeiterklasse und das historische Vorbild der proletarischen Revolutionäre ebenso notwendige Voraussetzung für die Erziehung der sozialistischen Persönlichkeit wie etwa die Kenntnisse der Geschichte der kommunistischen Parteien oder der Programmatik der SED waren. Nach diesem Selbstverständnis sollten im Unterricht die geschichtliche Herausbildung der sozialistischen Persönlichkeit und die Aufgaben der Erziehung auf der gegenwärtigen Entwicklungsstufe des Sozialismus vermittelt und als ein dialektischer Prozeß einsichtig werden, in dem alle progressiven Elemente bewahrt und weiterentwickelt würden. Das geschichtliche Vorbild des proletarischen Kämpfers sollte dazu beitragen, vor allem im Geschichts-, Staatsbürgerkunde- und Deutschunterricht ein lebendiges und anschauliches Bild zu vermitteln. Der Erziehung im Kindes- und Jugendalter, vor allem in der Oberschule, wurde große Bedeutung für die Ausprägung der allseitig entwickelten sozialistischen Persönlichkeiten[8] zugemessen.

Die sozialistische Persönlichkeit besaß Leitbildfunktion für die politisch-ideologische Erziehung in den Bildungseinrichtungen. Der Erziehung in der DDR wurde damit ein einheitliches Konzept zugrundegelegt, das eine ideologisch-legitimatorische Funktion hatte und eng mit dem Herrschaftsanspruch der SED verbunden war. Nur insofern die im Erziehungsprozeß vermittelten Wertorientierungen und Verhaltensweisen mit den Zielen von Partei und Staat übereinstimmten, erfüllten sie ihre Funktion, zur höheren Entwicklung der Persönlichkeit im Sozialismus zu führen.

Der Erziehung zu sozialistischen Werten lag ein Freund-Feind-Schema zugrunde. Die Forderung lautete: eine "unverrückbare Klassenposition" auszubilden und "für die Sache des Sozialismus in jeder Situation Partei zu ergreifen und die ganze Kraft für die begeisternden Aufgaben der sozialistischen Revolution einzusetzen."[9] Dieses Schema ist dichotomisch; d.h. im Feindbild sind eine Reihe negativer Vorurteile gebündelt, die eine differenzierte Beurteilung dessen, was man mit dem Etikett Feind versieht, unmöglich macht. Das Feindbild oder Freund-Feind-Schema erfüllt eine doppelte Funktion: Es trägt zur Integration des Lagers der Freunde bei (proletarischer Internationalismus, Gemeinschaft der sozialistischen Staaten u.s.w.), da die Existenz eines tatsächlichen oder fiktiven Feindes die Notwendigkeit der Einheit begründet. Zugleich bietet der Feind ein geeignetes Objekt für die Projektion eigener Probleme und zur Ableitung von Aggressionen.[10]

Die Wahrnehmungsmuster, die mit dem stereotypen Feindbild vermittelt wurden, und deren Vorurteilsstruktur sollten beim Rezipienten bewirken, daß er für ihn widersprüchliche Informationen aus der Bundesrepublik Deutschland als "Lügen des imperialistischen Lagers" sozusagen erkannte und somit nur bedingt zur Kenntnis nahm. Er sollte sie, wenn sie nicht mehr verdrängt werden konnten, unter Verstärkung des Vorurteils als falsch zurückweisen bzw. im von der SED erwünschten Sinne interpretieren. Der als aggressiv beschriebene Feind rechtfertigte nach diesem Selbstverständnis die Unterdrückung der Opposition, die Aufrechterhaltung und den Ausbau des Militär- und Überwachungsapparates.

Die SED suchte bis zuletzt dieses Feindbild aufrechtzuerhalten. So wehrte Kurt Hager im Oktober 1988 Veränderungen angesichts der Umgestaltungen in der Sowjetunion damit ab, daß diese sich "aus inneren Entwicklungsbedingungen" ergäben und ihre Formen und Methoden den "Zielen, die sich die KPdSU stellt", entsprächen und folglich "nicht auf die anderen sozialistischen Länder übertragbar" wären.[11] In Vorbereitung auf den XII. Parteitag wurden Ende August 1989 in einem Vortrag an der Parteihochschule vor Sozialkundelehrern der unversöhnliche, antagonistische Gegensatz zwischen Sozialismus und Kapitalismus als eine "wesentliche theoretische Grundfrage in der heutigen Auseinandersetzung" bekräftigt und Empfehlungen zur Erneuerung des Sozialismus in der DDR als "Restauration des Kapitalismus" bezeichnet.[12]

3. Der verordnete Antifaschismus

Mit diesem dichotomischen Freund-Feind-Schema korrespondierte der nicht differenzierte, letztlich parteilich verwendete Antifaschismus-Begriff. Der Begriff, der ursprünglich jegliche Opposition gegen den Faschismus Mussolinis bezeichnete, wurde bereits Mitte der zwanziger Jahre als Legitimation kommunistischens Handelns deformiert.[13] Dieser verordnete", "unechte"Antifaschismus wurde von der SED wieder aufgegriffen, als politischer Kampfbegriff gebraucht und nicht differenziert gegen alle politischen und gesellschaftlichen Strömungen verwendet, welche die Politik der Sowjetunion bzw. des sozialistischen Lagers nicht anerkannten. Günter Fippel schlußfolgert, daß der "unechte Antifaschismus" nur auf dem Boden eines "unechten Faschismus" gedeihen konnte. Der Antifaschismus diente zur Legitimation der SED-Diktatur. Er erfüllte die Funktion einer Integrationsideologie.[14] Die SED nutzte dabei geschickt die in der Bevölkerung weit verbreitete Ablehnung des nationalsozialistischen Regimes und seiner Greueltaten aus, um das Gegenbild eines antifaschistischen, sozialistischen Staates zu entwerfen.

Der Antifaschismus war die über den Sozialismus gestülpte Ideologie, die jede Kritik am eigenen System von vorneherein kriminalisierte: Die Heldenverehrung der gemordeten Antifaschisten, der Märtyrer des Sozialismus, und die ständige Vergegenwärtigung nationalsozialistischen Unrechts durch die quasireligiös überhöhten Mahn- und Gedenkstätten instrumentalisierten den Antifaschismus. Die Verfolgung und Vernichtung der Juden und Zigeuner wurde demgegenüber weitgehend ausgeblendet. Die Bürger - vor allem die Jugendlichen wurden bei Fahnenappellen, Jugendweihen, Pioniernachmittagen oder im Unterricht in krasser Schwarz-Weiß-Malerei mit den antifaschistischen, sozialistischen Heldengestalten einerseits und den faschistischen Unmenschen sowie deren Nachfahren im "latent faschistischen" Westdeutschland andererseits permanent konfrontiert. Die Auseinandersetzung mit der Ideologie des Nationalsozialismus wurde hingegen geführt.

Dieser "unechte" Antifaschismus als ein wesentlicher Bestandteil auch der Erziehung konnte seinem Anspruch, den Sozialismus zu festigen und gegen den Faschismus (und den Kapitalismus) zu immunisieren, nicht gerecht werden; er verhinderte ein Wiedererstarken des Rechtsextremismus nicht.[15]

4. Ideologische Erziehung im Geschichts- und Staatsbürgerkundeunterricht

Die sozialistischen Überzeugungen sollten im Geschichtsunterricht geschichtlich begründet werden. Die im Fach Geschichte vermittelten Lerninhalte sollten wesentlich zum obersten Erziehungsziel der sozialistischen Persönlichkeit beitragen. Der Geschichtsunterricht wurde im Interesse der Politik der SED instrumentalisiert. Er reagierte inhaltlich und methodisch-didaktisch auf Veränderungen der Geschichtswissenschaft, der Pädagogik und der gesellschaftlichen und politischen Verhältnisse in der DDR entsprechend den Vorgaben der SED.[16]

Angesichts der tiefgreifenden inneren Krise verstärkte die SED in den achtziger Jahren ihre Bemühungen, über Erziehung und Bildung bewußtseinsprägend zu wirken. 1988/89 wurden neue Geschichtslehrpläne und parallel dazu Geschichtsbücher und Unterrichtshilfen entwickelt, die dazu beitragen sollten, die "Liebe zum sozialistischen Vaterland" zu vertiefen und die "antiimperialistische Grundhaltung" der Schüler zu festigen. "Aus der Geschichte heraus sind der Stolz auf die historischen Errungenschaften des Sozialismus und das feste Vertrauen in die Politik der SED zu entwickeln."[17] Die Aneignung der deutschen Geschichte sollte nachdrücklich im Geschichtsunterricht zum Ausdruck gebracht werden: "Ausgehend von ihrem Wissen, das sie [die Schüler] über die Geschichte des Sozialismus in der DDR besitzen, sollen sie erkennen, daß sie die besten Traditionen deutscher Geschichte, insbesondere die revolutionären Traditionen des Kampfes der Arbeiterklasse, verkörpert und daß sie den bisherigen Höhepunkt der ganzen deutschen Geschichte darstellt."[18] Folgerichtig befaßte sich der Unterricht in der Klasse 10 nur noch mit der Geschichte der DDR ab 1950.

In den Unterrichtshilfen zu Geschichte 10 wurde 1989 die Beschränkung der Zeitgeschichte auf die DDR damit begründet, daß "den Schülern ein konkretes, wissenschaftlich exaktes und parteiliches Bild von der historischen Entwicklung der DDR als Teil des sozialistischen Weltsystems von ihrer Gründung bis zur Gegenwart"[19] vermittelt werden sollte. In der abschließenden Stoffeinheit 5 sollten ausgewählte Fakten und Zusammenhänge aus allen Epochen der deutschen Geschichte wiederholt werden, um "die Erkenntnis zu vertiefen, daß die DDR ein reiches progressives und revolutionäres Erbe besitzt und die besten Traditionen in der Geschichte des deutschen Volkes verkörpert".[20] Der Unterricht wurde in den Dienst der "patriotischen Erziehung" und der Findung nationaler Identität gestellt. Die Unterrichtsstoffe waren quantitativ auf die deutsche Geschichte - in den Klassen 9 und 10 auf die Vorgeschichte und Geschichte der DDR - konzentriert. Qualitativ erfolgte die Auswahl der Lerninhalte strikt nach dem Schema des Geschichtsablaufs, wie er im Historischen Materialismus vorgegeben wurde.

Auswahl und Ziele der zeitgeschichtlichen Stoffeinheiten stimmten weitgehend mit den Elementen des Staatsbürgerkundeunterrichts überein. Die Stoffe der beiden Fächer wurden im Lehrplanwerk fächerübergreifend mit der Intention zusammengefaßt, die "Leitlinien der ideologischen Erziehung im Unterricht"[21] zusammenzuführen.

Die fachdidaktische Begründung für die Trennung der beiden Fächer lieferte Gerhart Neuner: Im Geschichtsunterricht "steht die historisch-konkrete Darstellung des Ziels, der entscheidenden Klassenschlachten zur Verwirklichung dieser historischen Mission in der weltgeschichtlichen Epoche des Übergangs vom Kapitalismus zum Sozialismus und besonders in der Deutschen Demokratischen Republik im Vordergrund."

Die Staatsbürgerkunde hingegen leite "die Verwirklichung der historischen Mission der Arbeiterklasse und die Stellung der Arbeiterklasse im Sozialismus konkrethistorisch aus Grundzügen der gesellschaftlichen Entwicklung der DDR ab."[22]

Der Staatsbürgerkundeunterricht[23] in den Klassen 7 - 10 hatte die Aufgabe, grundlegende Erkenntnisse des Marxismus-Leninismus in enger Verbindung mit Kenntnissen der Politik der SED zu vermitteln, um die Schüler zur "wissenschaftlich fundierten, unverrückbaren Klassenposition" zu erziehen, ihre Bereitschaft zu entwickeln, für den Sozialismus "Partei zu ergreifen" und zu erkennen, daß er die "einzige Alternative zum menschenfeindlichen System des Imperialismus" darstelle.[24]

"Der gesamte Staatsbürgerunterricht muß durch einen kämpferischen und polemischen Stil gekennzeichnet sein. Ausgehend von erarbeiteten objektiven gesellschaftlichen Erfordernissen an das Handeln und die Haltung des Staatsbürgers ist der Unterricht so zu führen, daß bei den Schülern die Bereitschaft und die Fähigkeit zur kritischen und selbstkritischen Auseinandersetzung mit überlebten Gewohnheiten und Denkweisen entwickelt wird."[25]

Die SED war jedoch mit den Ergebnissen der politisch-ideologischen Erziehung im Staatsbürgerkundeunterricht nicht zufrieden. Gerhart Neuner ging in seinem Beitrag auf der schulpolitischen Konferenz des Ministeriums für Volksbildung 1986 ausdrücklich auf das Problem ein, daß im Unterricht die Einheit von Wissenschaft und Ideologie erreicht werden müsse, damit die politisch-moralische Erziehung im Unterricht wirksam werde. Die "Linienführung" der weltanschaulichen Erziehung dürfe nicht "krampfhaft auf den Unterricht aufgepfropft" werden.[26] Bis zum Ende der DDR blieb die "offensive ideologische Erziehung im Staatsbürgerkundeunterricht" unangetastet; d.h. die SED wich hinsichtlich der "ideologischen Prinzipienfestigkeit" (Erich Honekker) nicht von ihrem Kurs ab.[27]

5. *Wirksamkeit ideologischer Erziehung*

Fragwürdig war die Vermittlung sozialistischer Werte, d.h. die Umsetzung politischer Parolen, der Appell an die Solidarität mit der sozialistischen Staatengemeinschaft, die patriotische Erziehung oder der Aufruf zu Arbeiten für das Kollektiv. Die Sprache der politischen und wissenschaftlichen "Kader" verkümmerte zu stereotypen Floskeln. Permanent wurden Zielvorstellungen und Aufgaben der Erziehung in der sozialistischen Gesellschaft in Begriffe gepreßt wie Disziplin, Autorität (der Partei und ihrer Gliederungen, der Herrschaftsträger insgesamt), Kollektivität, Ordnung oder Pflicht, in Gegensatzpaare wie Sozialismus und Kapitalismus, Freund und Feind oder Liebe und Haß. Diese stereotype Sprache war autoritär wie das System, das sich ihrer bediente. Stereotypen und autoritative Handlungsanweisungen durchzogen auch die Schulgesetze, die Lehrpläne, die Unterrichtsmaterialien und Unterrichtshilfen. Entlarvend wirkten dann Formulierungen wie die "Linienführung" des Unterrichts (entsprechend den politisch-ideologischen Vorgaben).

Vor allem die ideologischen Phrasen, die im Geschichts- und Staatsbürgerkundeunterricht über die Unterrichtsmedien vermittelt werden sollten, fanden wenig Gegenliebe bei den Schülern. Gerade in diesen Fächern wirkten der Frontalunterricht und die Lehrervorträge motivationshemmend. Kritische Arbeit mit und anhand von Quellen und Texten war nicht vorgesehen und mit den vorhandenen Materialien auch nicht möglich gewesen. Das unkritische Arbeiten mit Freund-Feind-Bildern oder die Schwarz-Weiß-Malerei, wie etwa beim verordneten Antifaschismus, führten zur Unfähigkeit der Schüler, Konflikte auszutragen. Statt dessen war die Schule zur Harmonie verpflichtet; sie sollte zur politischen Stabilität des Regimes und zur ideologischen Geschlossenheit der Gesellschaft beitragen. "Die Harmonieverpflichtung wurde zur Harmoniesehnsucht und zur Konfliktangst. Die Unmöglichkeit der Konfliktbearbeitung wurde zur prinzipiellen Unfähigkeit, Konflikte als aushandelbare und auszuhandelnde Interessenunterschiede wahrzunehmen und anders als durch Machtausübung zu bewältigen."[28]

Der Lehrer, der in seinem "gesellschaftlichen und persönlichen Leben der jungen Generation stets Vorbild sein"[29] sollte, war das Werkzeug der Partei, welches die Kader produzierte. Zwar engten viele Vorschriften seine pädagogische Praxis ein, aber die vielfältigen Kontakte mit den Schülern und die auf die Schule einwirkenden Kräfte (Schuloragnisationen der SED, Schulgewerkschaften, Weiterbildungsinstitutionen) eröffneten ihm große Einflußmöglichkeiten auf den Schüler. Man kann dem Lehrer in der ehemaligen DDR daher ein hohes Maß an Verantwortung zuschreiben; dieses gilt im positiven wie im negativen Sinne. Wenn auch die politisch-ideologische Erziehung nicht die von der SED erwünschten Erfolge erzielen konnte, gelang doch weitgehend die Disziplinierung der Schüler im Stile antiquierter Pädagogikkonzepte.[30]

Die Gestaltungsmöglichkeiten des Lehrers waren sehr eingeschränkt, zumal außerdem völlige Übereinstimmung zwischen den Lehrplanvorgaben und Unterrichtswerken sowie Unterrichtshilfen bestand und über die Pädagogischen Akademien und teilweise auch die Parteihochschule auf die Unterrichtsinhalte und deren Vermittlung massiv Einfluß genommen wurde. Mit den obligatorischen Weiterbildungskursen war ab den siebziger Jahren zugleich im Sinne der SED gewährleistet, daß alle Lehrer mit den jeweiligen politischen und gesellschaftlichen Zielvorgaben, die auf den Parteitagen verkündet wurden, vertraut gemacht und ideologisch beeinflußt wurden.

Der Zusammenbruch des SED-Regimes bedeutete gleichzeitig die Bankrotterklärung der politisch-ideologischen Erziehung und mithin des sozialistischen Bildungssystems. Jedoch ist damit die Frage nach der Wirksamkeit politischer Indoktrination nicht zureichend beantwortet. Mehrere Indikatoren sprechen für ein differenziertes Urteil:

1. Untersuchungen, die das Zentralinstitut für Jugendforschung im Mai 1989 durchgeführt hat, zeigen, daß sich 62% der Lehrlinge kaum oder gar nicht mit dem Marxismus-Leninismus identifizierten, während sich nur noch 10% mit der SED stark verbunden fühlten. Das Streben nach individueller Selbstbestimmung, nach Bildung und beruflichem Erfolg, nach gesellschaftlicher Anerkennung und nach materiellen Werten war in den letzten Jahren der DDR nach den Untersuchungen des Instituts deutlich angestiegen.[31] Andererseits belegen Untersuchungen, daß Jugendliche in den neuen Bundesländern sehr anfällig für die Parolen rechtsradikaler Strömungen sind und leicht zur Intoleranz neigen. Die Erziehung zum "Internationalismus" und zur "Völkerfreundschaft" scheint nicht besonders wirkungsvoll gewesen zu sein.

2. Solche Beobachtungen deuten auf die Nichtwirksamkeit aber auch auf die negativen Wirkungen politisch-ideologischer Erziehung vor allem im Staatsbürgerkundeunterricht hin, der zur Bevormundung und Unselbständigkeit der Schüler führte, ihnen aber nicht die Fähigkeit zur Kritik, zur eigenen rationalen Urteilsbildung oder zur Toleranz vermittelte, mithin Fähigkeiten demokratischen Verhaltens, die gerade im Bereich der politischen Bildung einzuüben sind.

3. Die Erziehung zur sozialistischen Persönlichkeit verfehlte ihre selbst gesetzten Ziele; denn sie prägte keine Persönlichkeiten. Unter der Parole allseitig gebildeter Persönlichkeiten wurde in der Schule "jedem das 'Rückgrat' gebrochen, und es kam keiner heraus, der sich nicht einengenden Normen und repressiver Manipulation unterworfen hätte", wie es der Psychotherapeut Maaz formulierte. Er fährt fort: "Die Ich-Schwäche der Lehrer und ihr Untertanengeist sollten garantieren, daß sich die Charakterdeformation durch den autoritären Unterricht und die Gehirnwäsche mit permanenter Nötigung zu Lippenbekenntnissen 'fortpflanzte'".[32] Diese Diagnose deckt sich mit anderen Aussagen. So bestand für Christa Wolf die Deformation der DDR-Schule darin, "daß unsere Kinder in der Schule zur Unwahrhaftigkeit erzogen und in ihrem Charakter beschädigt werden, daß sie gegängelt, entmündigt und entmutigt werden."[33] Verhaltensmuster der Menschen aus der ehemaligen DDR bestätigen, daß die ideologische Erziehung zumindest rudimentär Spuren hinterlassen hat.

5. Inwiefern sich die Jugendlichen mit der DDR identifizierten, ist aufgrund der DDR-Untersuchungen nur schwer zu beantworten. Harry Müller berichtet, daß nach Untersuchungen im Frühjahr 1989 sich 56% der befragten Jugendlichen uneingeschränkt als DDR-Bürger fühlten und nur etwa 13% sich diesem Land ablehnend gegenüber verhielten.[34] Nach einer Umfrage bei Jugendlichen in Berlin 1991 war für für 25,9% der befragten ostberliner Jugendlichen der Verlust der DDR-Identität ein Problem.[35] Die Befragten beschrieben das Leben in der DDR als sozial und sicher, sehen aber zugleich die Probleme, die sich aus staatlicher Kontrolle und Bevormundung und den geringen Möglichkeiten ergeben hatten, Eigeninitiativen zu entwickeln.

6. Gesamtdeutsche Jugendstudien zeigen zum Teil große Ähnlichkeiten in den Wertorientierungen von Jugendlichen. Vergleiche der Lebensstile Jugendlicher in Ost und

West[36] lassen aufgrund des Modernisierungsrückstands und der Wirkungen des Bildungssysteme auch erhebliche Unterschiede zutage treten. Während im Westen typisch individualistische Werte genannt werden, herrschen im Osten traditionelle Werte wie Höflichkeit, familiäre Sicherheit oder Autorität vor. Die Grundorientierungen entsprechen stärker kollektiv geteilten Konventionen.

Für die Jugendlichen in Ostdeutschland, die den Zusammenbruch der sozialistischen Planwirtschaft erlebt haben, sind Sicherheit und materieller Wohlstand wichtiger als für die Altersgenossen im Westen. Sie sind stärker an konventionelle bzw. traditionelle Sekundärtugenden wie Pflicht und Anpassung orientiert; ausgeprägter ist außerdem die Familienorientierung. Die ostdeutschen Jugendlichen neigen stärker zur Wertsynthese. Gensicke begründet dies folgendermaßen: "Ich behaupte also, daß die ostdeutsche Mentalität zwar einerseits nach der Seite der Selbstentfaltungswerte hin offen ist, solche Werte aber eher integrativ anreichert und ausprägt. Auf der anderen Seite neigt sie dazu, traditionelle Werte nicht einfach 'über Bord zu werfen', sondern damit instrumentell, also zweckrational umzugehen. Das ist der Grund, weswegen das Muster der Wertsynthese ihr näher liegt als das des 'revolutionären' Wertschubs."[37] Die Ergebnisse der Jugendforschung deuten darauf, daß sich auch in den neuen Bundesländern ein langfristiger Wertewandel in Richtung auf die stärkere Betonung postmaterialistischer Werte vollziehen wird.[38]

Gegenwärtig lassen sich auf der Grundlage empirischer Erhebungen keine klare Aussagen machen über die Entwicklung einer gemeinsamen politischen Kultur in Deutschland, noch viel weniger über mögliche identitätshemmende Wirkungen der Erziehungsziele in der ehemaligen DDR. Festzustellen ist jedoch, daß die Bürger in den neuen Bundesländern teilweise erheblich größere Vorbehalte gegenüber den Institutionen der Bundesrepublik haben. Insbesondere die Einstellungen gegenüber Bundestag und Bundesregierung sind stärker durch Mißtrauen geprägt als im Westen.[39]

Die politische Vereinigung Deutschlands wird von Jugendlichen in den neuen Bundesländern weitaus überwiegend positiv bewertet. Positive Ansätze finden sich auch in der Identifizierung als Deutsche. Andererseits bergen die Unkenntnis demokratischer Strukturen und die Unsicherheit demokratischen Verhaltens hohe Risiken, die ihren Ausdruck in der Distanzierung von der politischen Ordnung bis hin zur Sympathie für radikale, demokratiefeindliche Strömungen findet.

Anmerkungen

1 Michael Lukas Moeller/Hans-Joachim Maaz: Die Einheit beginnt zu zweit. Ein deutschdeutsches Zwiegespräch. Berlin 1991, S. 17.

2 a.a.O., S. 18 f.

3 Vgl. Udo Margedant: Entwicklung des Umweltbewußtseins in der Bundesrepublik Deutschland; in: Aus Politik und Zeitgeschichte B 29/87, S. 15 ff.

4 Thomas Meyer: Die Gleichzeitigkeit des Ungleichzeitigen. Politische Bildung im vereinigten Deutschland; in: Aus Politik und Zeitgeschichte B 37-38/91, S. 10.

5 Gesetz über die Teilnahme der Jugend an der Gestaltung der entwickelten sozialistischen Gesellschaft und über ihre allseitige Förderung in der Deutschen Demokratischen Republik. Jugendgesetz der DDR vom 28. Januar 1974; in: GBl. DDR, Teil I, Nr. 5 vom 31. Jan. 1974.

6 Christiane Lemke: Persönlichkeit und Gesellschaft. Zur Theorie der Persönlichkeit in der DDR. Opladen 1980, S.59.

7 Gerhart Neuner: Zur Theorie der sozialistischen Allgemeinbildung. Berlin (Ost) 1973, S. 35 u.a.

8 Sie wird im "Pädagogischen Wörterbuch" folgendermaßen charakterisiert: "Allseitig entwickelte sozialistische Persönlichkeiten zeichnen sich durch revolutionäres Kämpfertum, durch hohes sozialistisches Bewußtsein, durch die volle Entfaltung ihrer produktiven und intellektuellen, ihrer sozialen, politischen, moralischen, ihrer künstlerischen und physischen Beziehungen und Betätigungsweisen und durch eine dadurch mögliche reiche Individualität aus. Aus der Sicht auf das gesellschaftliche Ganze gestalten sie durch alle ihre Lebensäußerungen, vor allem durch ihre Arbeitstätigkeit, die Gesellschaft aktiv und schöpferisch mit und entwickeln sich so als Individuen zu Subjekten des Geschichtsprozesses." Pädagogisches Wörterbuch, hrsg. von Hans-Joachim Laabs u.a. Berlin (Ost) 1987, S. 18.

9 Lehrplan Staatsbürgerkunde Klassen 7 bis 10. Berlin (Ost) 1983, S. 5.

10 Siehe u.a.: Aenne Ostermann/Hans Nicklas: Vorurteile und Feindbilder. München-Wien-Baltimore, 1982 (2.Aufl.); Karl-Günter Schirrmeister: Erziehung zum Haß. Geistige Militarisierung in der DDR, Bonn 1987; Udo Margedant: Feindbilder sozialistischer Erziehung in der DDR; in: Aus Politik und Zeitgeschichte B 52/53/88; S. 24 ff.

11 Kurt Hager auf dem Schulräteseminar am 28. Oktober 1988 in Ludwigsfelde; in: Neues Deutschland vom 29/30. Okt. 1988, S. 9 - 11.

12 Wolfgang Schneider: Zur Wissenschaft und Praxis des Sozialismus; in: Neues Deutschland vom 26./27.8.1989.

13 Siehe Semjonows Auffassung, daß Faschismus und Sozialdemokratie die rechte und linke Hand des Kapitalismus seien. In der Weimarer Republik bekämpfte die KPD die Sozialdemokratie als Sozialfaschisten (vgl. Rede von Ernst Thälmann auf der Plenartagung des ZK der KPD am 19. Febr. 1932).

14 Günter Fippel: Antifaschismus als Integrationsideologie und Herrschaftsinstrument; in: Antifaschismus und Rechtsradikalismus; 30. Sitzung der Enquete-Kommission "Aufarbeitung von Geschichte und Folgen der SED-Diktatur in Deutschland, Bonn 1993; Günter Fippel: Der Mißbrauch des Faschismus-Begriffs in der SBZ/DDR; in: Deutschland Archiv10)1992, S. 1055 ff.; Annette Simon: Antifaschismus als Loyalitätsfalle; in: FAZ vom 1. Febr. 1993.

15 1978 und 1979 registrierte das MfS insgesamt 188 Fälle von "staatsfeindlicher Hetze mit faschistischem Charakter". Bei Fußballspielen kam es 1988/89 zu fast 1100 "Störhandlungen". Ab 1987 traten in der DDR Skinheads öffentlich in Erscheinung.

16 Siehe vor allem: Hans-Dieter Schmid: Die Entwicklung des Geschichtsunterrichts in der SBZ/ DDR; in: Klaus Bergmann u.a. (Hrsg.): Gesellschaft-Staat-Geschichtsunterricht. Düsseldorf 1982, S. 313 - 348. Vgl. Wolfgang Protzner/ Alexandra Neubauer/ Christel Schuster: Der Geschichtsunterricht in der DDR als Instrument der SED-Politik; in: Aus Politik und Zeitgeschichte B 29-30/1993, S. 42 - 51; Hans-Dieter Schmid: Die marxistisch-leninistische Geschichtswissenschaft und der Geschichtsunterricht in der DDR; in: Geschichtswissenschaft in der DDR, hrsg. von Alexander Fischer, Band 1. Berlin 1988, S. 435 - 458; Horst Gies: Geschichtsbewußtsein und Geschichtsunterricht in der DDR, in: GWU 40(1989), S. 618 ff.

17 Lehrplan der zehnklassigen allgemeinbildenden Oberstufe Geschichte Klassen 5 bis 10. Berlin (Ost) 1988, S. 4.

18 Lehrplan Geschichte, a.a.O., S. 8.

19 Unterrichtshilfen Geschichte Klasse 10, hrsg. von einem Autorenkollektiv unter der Leitung von S.Kretschel und I.Höpfner. Berlin (Ost) 1989, S. 7.

20 Unterrichtshilfen Geschichte Klasse 10, a.a.O., S. 148.

21 Gerhart Neuner: Zur Theorie der sozialistischen Allgemeinbildung. Berlin (Ost) 1973, S. 63.

22 Gerhart Neuner: Zur Theorie der sozialistischen Allgemeinbildung, a.a.O., S. 58 f.
23 Zum Aufbau des Fachs Staatsbürgerkunde und zur politischen Erziehung als Schulfach bis zum Ende der siebziger Jahre, siehe: Karl Schmitt: Politische Erziehung in der DDR. Ziele, Methoden und Ergebnisse des politischen Unterrichts an den allgemeinbildenden Schulen der DDR. Paderborn 1980. Die folgenden Darlegungen zur Staatsbürgerkunde beschränken sich daher auf die achtziger Jahre.

24 Lehrplan Staatsbürgerkunde. Klassen 7 bis 10. Berlin (Ost) 1985, S. 5 f.

25 Lehrplan Staatsbürgerkunde, a.a.O., S. 14.

26 "Die Schulpolitik der SED und die wachsenden Anforderungen an den Lehrer und die Lehrerbildung". Protokoll der Konferenz des Ministeriums für Volksbildung der DDR. Berlin (Ost) 1986, S. 87.

27 Wolfgang Schneider: Zur Wissenschaft und Praxis des Sozialismus; in: Neues Deutschland vom 26./27. 8 1989.

28 Bernd-Rainer Fischer/ Norbert Schmidt: Das zweifache Scheitern der DDR-Schule; in: Aus Politik und Zeitgeschichte B 37-38/91, S. 36.

29 Vgl. Verordnung über die Pflichten und Rechte der Lehrkräfte und Erzieher der Volksbildung und Berufsbildung - Arbeitsordnung für pädagogische Kräfte vom 29. November 1979, _ 2, Abs. 1; in: Sozialistisches Bildungsrecht. Berlin 1988 (2. Aufl.), S. 216.

30 Vgl. Arnold Freiburg: Schüler, Ordnung und Disziplin; in: B. Hille/ W. Jaide: DDR-Jugend. Politisches Bewußtsein und Lebensalltag. Opladen 1990, S. 276 ff.

31 Walter Friedrich: Mentalitätswandlungen der Jugendlichen in der DDR; in: Aus Politik und Zeitgeschichte B 16-17/1990, S. 25 - 37.

32 Hans Jaochim Maaz: Der Gefühlsstau. München 1990, S. 27.

33 Christa Wolf: "Das haben wir nicht gelernt". Denken, Streiten, Handeln!; in: Wochenpost, Nr. 43 vom 27. Okt. 1989.

34 Müller, Harry: Lebenswerte und nationale Identität; in: Friedrich, Walter/ Griese, Hartmut (Hrsg.): Jugend und Jugendforschung in der DDR. Opladen 1991.

35 Vgl. Oesterreich, Detlef: Autoritäre Persönlichkeit und Gesellschaftsordnung. Der Stellenwert psychischer Faktoren für politische Einstellungen - eine empirische Untersuchung von Jugendlichen in Ost und West. Weinheim u. München 1993.

36 Vgl. Arthur Fischer / Jürgen Zinnecker (Hrsg.): Jugend '92. Lebenslagen, Orientierungen und Entwicklungsperspektiven im vereinten Deutschland. Band 4, Opladen 1992, S. 59 ff.; Werner Georg: Modernisierung und Lebensstile Jugendlicher in Ost- und Westdeutschland; in: Aus Politik und Zeitgeschichte, B 26-27/93, S. 20 ff.

37 Thomas Gensicke: Sind die Ostdeutschen konservativer als die Westdeutschen; in: Rolf Reißig / Gert-Joachim Glaesner (Hrsg.): Das Ende eines Experiments: Umbruch in der DDR und deutsche Einheit. Berlin 1991, S. 277.

38 Bereits die Untersuchungen des Zentralinstituts für Jugendforschung in Leipzig, die seit Mitte der siebziger Jahre durchgeführt wurden, weisen in diese Richtung und zeigen einen Bedeutungszuwachs von Werten der Selbstverwirklichung und des Hedonismus; vgl. Walter Friedrich: Mentalitätswandlungen der Jugend in der DDR; in: Aus Politik und Zeitgeschichte, B 16-17/90, S. 25 ff.

39 Vgl. Oscar Gabriel: Institutionenvertrauen im vereinigten Deutschland; in: Aus Politik und Zeitgeschichte, B 43/93, S. 3ff.

Gerd Hepp

Psychosoziale und politische Bewußtseinslagen - Vor welchen Herausforderungen steht die politische Bildung in den neuen Bundesländern?

Seit den historischen Umbrüchen im Herbst 1989 haben sich die politischen Strukturen und Bewußtseinslagen in Deutschland nachhaltig zu verändern begonnen. Dies trifft natürlich weit mehr für den Osten als für den Westen zu. Die Westdeutschen hatten zunächst geglaubt, die Wiedervereinigung sei kaum mehr als eine Vergrößerung der alten Bundesrepublik, an deren überkommenen Lebensverhältnissen sich nichts Wesentliches ändern würde. Entsprechend erlag man zunächst auch der Illusion, der Beitritt der ehemaligen DDR könne recht problemlos, praktisch wie eine freundliche Firmenübernahme, abgewickelt werden. Nach 3 Jahren Vereinigungsalltag zeigt sich nun, daß die Auswirkungen der deutschen Einheit auch die Westdeutschen, wenn auch mit einem gewissen Verzögerungseffekt, zu erreichen begonnen haben. Wie tiefgreifend diese Veränderungen auf Dauer sein werden, vermag heute niemand verläßlich abzuschätzen. So müssen auch an dieser Stelle einige stichwortartige, z.T. spekulative, Hinweise genügen. Unausweichlich ist z.B. der Verantwortungszuwachs in den internationalen Beziehungen, der deutlich macht, daß es mit dem behäbigen Zustand der alten Bundesrepublik im Schatten festgezurrter Großmachtbeziehungen vorbei ist.[1] Aber auch und vor allem sind die innersystemischen Bewußtseinslagen und Beziehungen unter den Druck des Wandels geraten.[2] Das größere Deutschland ist nicht nur protestantischer und laizistischer geworden und künftig nicht mehr durch das nationale Trauma belastet. Der Vereinigungsprozeß, der unter dem Diktum der Einheitlichkeit der Lebensverhältnisse steht, führt auch zu mehr Staatsinterventionismus, zu einer grundlegenden Neuvermessung des föderalen Koordinatensystems, wie auch zur plötzlichen Aktualisierung und Dramatisierung bislang verdrängter und vertagter Problemlagen. Dies zeigt ein Blick auf die Bildungsreform, die inflationäre Entwicklung der Staatsausgaben oder die seit langem sich abzeichnende Leistungsüberforderung des Sozialstaates.

Aber auch im Osten hat man die Tragweite der Veränderungen unterschätzt. Sie führten in den neuen Bundesländern zu einer radikalen Herauslösung aus den alten Lebensverhältnissen und zu einem in demokratischen Gesellschaften beispiellosen Anpassungs- und Einfügungsdruck, sowohl auf der mentalen wie der ökonomischen und politisch-institutionellen Ebene. Geblieben ist so insgesamt ein sperriger Alltag, in dem mit den gewohnten Lebensmustern radikal aufgeräumt werden mußte. Auf der einen Seite standen die positiven Errungenschaften der Vereinigung, die rasch und selbstverständlich konsumiert in Vergessenheit zu geraten drohen: die neugewonnene Freiheit und Freizügigkeit und das Abschütteln der vielfältigen staatlichen Zwänge. Geblieben sind vor allem die Probleme: zum Beispiel die Umstellung am Arbeitsplatz, die drohende oder schon eingetretene Arbeitslosigkeit, die Umstellung auf ein völlig neues Rechts- und Normensystem, der Verlust gewohnter Staatsbetreuung, die Umstrukturierung einer zentral gelenkten Planwirtschaft in eine freiheitlich orientierte Marktwirtschaft, der ungewohnte Pluralismus der Meinungen und Anschauungen, der Wettstreit der politischen Parteien sowie die völlig neuen Instrumente und Funktionsweisen eines westlichen Traditionen verpflichteten demokratischen Entscheidungsprozesses.

Angesichts dieser weitreichenden Umstellungsprozesse ist es kaum verwunderlich, daß die Jahrhundertaufgabe der Wiedervereinigung inzwischen zu einer Geschichte von enttäuschten Hoffnungen und verwirrten Gefühlen geworden ist. Das Gefährliche daran ist, daß zum Teil losgelöst von den objektiven Entwicklungsdaten, hüben wie drüben ein sich eigendynamisch verstärkender Entfremdungsmechanismus in Gang gesetzt wird. Die Entwicklung scheint Peter Schneider recht zu geben, der bereits 1982 in seinem Roman "Der Mauerspringer" davon gesprochen hatte, daß die Mauer im Kopf einzureißen länger dauern werde als irgend ein Abrißunternehmen für die sichtbare Mauer brauche.[3] Der immer tiefer sich abzeichnende Mentalitätsgraben hat Gründe, die sowohl auf der langen Trennungsgeschichte wie aktuellen Problemlagen beruhen. Im Westen sind es vierzig Jahre ununterbrochener Wohlstandsgeschichte und das Fehlen jeglichen Patriotismus, die Aufrufe zur Opferbereitschaft und auch die Formel "Die Teilung durch Teilen überwinden" so unpopulär machen. Wirtschaftsrezession, Steuerlasten und schmerzhafte Einschnitte ins soziale Netz nähren bei den Westdeutschen vielmehr die Sorge und die Skepsis, die enormen Transferleistungen in den Osten, der auch vom Bundespräsidenten vorgeschlagene neue Lastenausgleich, könne den Westen überfordern und die alten Bundesländer zu Verlierern des Einigungsprozesses machen.[4] An die Stelle der Freude über den Neuaufbruch ist so im Westen Mißmut und mürrische Verzagtheit getreten, gepaart oft mit der Vorstellung, "drüben" seien die Menschen naiv, bequem, undankbar und larmoyant.[5]

Hiermit verglichen ist aber die Bewußtseinslage im Osten noch um einiges düsterer und dramatischer. Der historische Schnitt von 1989 hatte zunächst einmal ein Gefühl totaler Verunsicherung und Orientierungslosigkeit hervorgerufen. All das, woran man sich in vierzig Jahren gewöhnt und teilweise auch geglaubt hatte, war über Nacht zusammengebrochen. Seitdem kann man sich an das Neue und Fremdartige nur sehr schwer gewöhnen, zumal die gewaltigen Umstellungsprobleme für deren Verarbeitung im Alltag kaum Zeit und Kraft lassen. Im Verbund mit den existentiellen Nöten erzeugt dies hohe Empfindlichkeiten. Man fühlt sich vereinnahmt, kolonisiert, unterworfen oder einfach auch nur abgewickelt.[6] Jedes und alles, von der Verfassung über die

Rechts-, Wirtschafts- und Gesellschaftsordnung soll nun vom Westen übernommen werden, ob die Neubürger im Osten vielleicht etwas anderes wollten, stand nicht zur Debatte. So machten sich Minderwertigkeitsgefühle, Unterschichtsbewußtsein oder auch das Gefühl, Bürger zweiter Klasse zu sein, zunehmend breit. Dies schürt Vorurteile, wie die Westdeutschen seien arrogant, besserwisserisch, kalt und von nacktem kapitalistischen Profitstreben getrieben, nur auf den eigenen Vorteil bedacht. Dazu gesellt sich die Enttäuschung über die ausgebliebenen raschen Verheißungen der Marktwirtschaft, unter deren Signum man in naher Zukunft blühende Landschaften versprochen hatte. Statt dessen erlebt man ein eklatantes Wohlstandsgefälle und einen für das eigene Selbstbewußtsein nur schwer erträglichen Prozeß der De-Industrialisierung mit großen Beschäftigungseinbrüchen, Konkursen und Verlusten von ca. 80% der alten Industriekapazität. In Zusammenhang mit anderen Frustrationen begünstigt dies eine nicht unbedenkliche Relativierung der politischen Systemakzeptanz. So erscheint der überlebte Staatssozialismus im zeitlichen Abstand von der Wende zunehmend in einem milderen, ja sogar teilweise nostalgischen Licht. Hielten im Herbst 1990 lediglich 18% der Befragten die Verstaatlichung von Betrieben für ein erfolgsversprechendes Konzept, so sind es heute (Herbst 1993) knapp 50%.[7] Umgekehrt sank die Sympathie für die Marktwirtschaft, die 1990 noch bei 77% der Bevölkerung Zustimmung gefunden hatte, auf heute weniger als 40% ab. Dies deutet darauf hin, daß sich möglicherweise so etwas wie eine Art "Renaissance des DDR-Bewußtseins" anbahnen könnte, oder daß die Ostdeutschen zumindest wieder so etwas wie eine eigene emotionale und interessenbestimmte Identität, die sich vor allem an den "sozialistischen Errungenschaften" festmacht, entwickeln könnten: So fühlten sich nach Umfragen des Spiegel Ende 1992 54% von ihnen eher als "Ostdeutsche", denn als "Deutsche" (45%).[8] Dies ist eine signifikante Veränderung, denn im Sommer 1991 waren es 51% bzw. 40%, ein Jahr vorher aber erst 26% bzw. 66%, die so geantwortet hatten.

Die neuerliche DDR-Nostalgie, die besonders von Intellektuellen und Publizisten gepflegt wird, kann natürlich nicht nur mit aktuellen Frustrationen erklärt werden. Dahinter steht auch die Wirkmächtigkeit einer doppelten Traditionslast, in der sich ältere gemeindeutsche Traditionen und sozialistische Sozialisationswirkungen zu einem eigentümlichen Konglomerat verdichtet haben. Ein hervorstechender Zug, der bis 1945 staatlich vereinten Deutschen, so wird gemeinhin argumentiert, sei der Typus des eher gehorsamen, autoritär-obrigkeitsstaatlichen Untertanen gewesen, der harmoniebewußt und konfliktscheu, sich auf seine private Innerlichkeit zurückgezogen habe. Idealistischer Überschwang, Staatsgläubigkeit und ein ausgesprochener Hang zum Formalismus hätten ihn ebenso ausgezeichnet, wie die Scheu vor streitbarem Pluralismus und eine Minderbewertung individualistischen und oppositionellen Denkens. Vergleicht man unter diesem Aspekt die Nachkriegsentwicklung in den beiden deutschen Teilstaaten, dann zeigen sich doch beträchtliche Unterschiede. Im Westen sind die genannten Negativ-Dispositionen im Zuge der fortschreitenden Modernisierung und Demokratisierung der Gesellschaft nach und nach weitgehend abgeschliffen worden. Im Osten dagegen hat man im roten Preußen unter der Herrschaft des Sozialismus vieles von den alten Traditionsbeständen bewußt weiter zu konservieren gesucht. Bei aller Reserviertheit gegenüber dem SED-Regime sind in der Bevölkerung nach 54 Jahren permanenter Diktatur solche Prägungen offenkundig. In der vom dynamischen Modernisierungstrend des Westens abgekoppelten und eingemauerten DDR-Gesellschaft konnten so eher als im Westen kleinbürgerliche Pflicht- und Kollektivwerte überdauern. Die DDR-Bürger, denen man 40 Jahre lang eine Untertanenmentalität antrainiert hatte, waren so an Ordnung, Disziplin, Sicherheit und Unterordnung gewöhnt. Meinungsumfragen nach der Wende haben so auch immer wieder gezeigt, daß gerade auch älteren Neubürgern die westliche Gesellschaft in vieler Hinsicht als zu lax, zu freimütig, zu bunt und zu unordentlich gilt. Für den politischen Bereich zeigen sie, daß die Ostdeutschen insgesamt zu autoritäreren Politiklösungen neigen als die Westdeutschen und daß bei ihnen ordnungs-, führungs- und elitebezogene Demokratievorstellungen deutlich verbreiteter sind. Dazu paßt auch, daß die Ostdeutschen in deutlich geringerem Maße als die Westdeutschen Auseinandersetzungen zwischen Parteien und Interessengruppen bejahen und der Opposition in einem stärkeren Umfang die Aufgabe zuschreiben, die Regierung zu unterstützen.

Gerade was diese traditionelle Konfliktscheu und das stärkere Harmonie- und Konsensbedürfnis anbetrifft, hatte die SED-Herrschaft bestätigend und verstärkend gewirkt. Dies erklärt, weshalb z.B. die PDS auch nach der Wende von ihren Gegnern mit geradezu unglaublicher Fairness behandelt wurde und daß die Zusammenarbeit am Runden Tisch von einem auffallend starken, Konflikte und Streit vermeidenden, Harmoniebedürfnis geprägt war. Gerade im Umfeld des Runden Tisches und der Bürgerinitiavbewegung, vor allem auch unter Intellektuellen, manifestierte sich - und hier bestehen auch starke Parallelen zu westdeutschen Gegebenheiten - sehr deutlich eine idealistische Politiktradition. Sie hat allerdings weniger mit dem Sozialismus, als vielmehr mit protestantischen Wurzeln zu tun und äußert sich in stark moralisierenden und gesinnungsethischen Politikvorstellungen. Während der Verfassungsberatungen ist dies unter anderem in basisdemokratischen Reformvorstellungen oder in dem Vorschlag, ein Recht auf Arbeit, Wohnung oder Bildung als Staatszielbestimmung in das Grundgesetz hineinzuschreiben, deutlich zum Ausdruck gekommen. Auch der Ausspruch des vom Neuen Forum herkommenden Jens Reich, "wir wollen die politische Kultur des 21. Jahrhunderts entwickeln", steht für dieses idealistische Sendungsbewußtsein.[12] Ähnlich wie im Westen ist jedoch auch im Osten die große Masse der Bevölkerung von einer solchen basisdemokratischen Anspruchs- und Erwartungshaltung weit entfernt. Dazu hat auch das Erscheinungsbild des sozialistischen Staates beigetragen. Die ständige Staatspräsenz und das ständige Trommelfeuer der sozialistischen Propaganda haben den Rückgang in die private Nischengesellschaft ebenso gefördert wie eine entsprechende politische Schrebergartenmentalität. Dieser

Rückzug aus der Politik in die private Innerlichkeit erfährt durch die gegenwärtigen existentiellen Nöte und Sorgen verständlicherweise einen zusätzlichen Schub. Die Bereitschaft zur politischen Teilnahme bzw. zu politischem Engagement ist deshalb unter den gegenwärtigen Bedingungen im Osten niedriger ausgeprägt als im Westen. Ganz im Gegenteil erwartet man vielmehr vom Staat die Lösung der anstehenden Probleme, während im Westen umgekehrt oft Klagen über eine angebliche Staatsverdrossenheit zu hören sind. Vierzig Jahre Staatsvergottung in der DDR haben offensichtlich deutliche Sozialisationseffekte hinterlassen. Dies zeigt sich heute nicht nur in der vorherrschenden paternalistischen Erwartung an einen Fürsorgestaat von der Wiege bis zur Bahre, sondern auch in der hohen Bewertung des Staates als Wirtschaftsunternehmer und als öffentlicher Ordnungs- und Ruhestifter.[13] Hier wirken auch länger zurückreichende etatistische Denkmuster nach. Bezeichnend hierfür war z.B. der Modrow-Effekt nach der Wende, aufgrund dessen der ehemalige Repräsentant des SED-Staates zum staatlichen Hoffnungsträger avancieren konnte. Oder auch die für viele westliche Beobachter unfaßliche Tatsache, daß nach der friedlichen Revolution an der Unrechtsverfassung so lange festgehalten wurde, bis sie formal korrekt mit verfassungsändernder parlamentarischer Mehrheit geändert wurde.

Das bisher Gesagte könnte den Eindruck erwecken, es bestimmten auch gegenwärtig die genannten altdeutschen Traditionen und ihre Überlagerungen durch den Sozialismus die gegenwärtige Wertelandschaft in den neuen Bundesländern. Ein solches Bild, das die Ostdeutschen schlichtweg als traditionell-konservativ, kleinbürgerlich oder autoritär beschreibt, wäre aber zu undifferenziert, da es entwicklungs- und situationsspezifische Momente vernachlässigen würde.[14] Andererseits muß es jedoch als unumstößliche Tatsache gelten, daß es einen dem Westen an Intensität vergleichbaren Wertwandelschub im Osten bislang nicht gegeben hat. Der allgemeine Modernisierungsrückstand dieser Gesellschaft und deren hermetisches Abgeschottetsein haben dies bis zur Wende weitgehend verhindert. Folgt man der Kühlschrank-Theorie von Peter Schneider, dann sind im realen Sozialismus die traditionellen Werte der Deutschen gleichsam tiefgefroren worden.[15] Umgekehrt ist es dagegen im Westen seit Mitte der sechziger Jahre in der Wertausstattung der Bevölkerung zu einer deutlichen Verschiebung von traditionellen Pflicht- und Akzeptanzwerten zu Selbstentfaltungswerten hin gekommen. Bei diesem Prozeß handelte es sich um eine notwendige Anpassung der Sozialpsyche an die Herausforderungen und Möglichkeiten in einem hochentwickelten, demokratisch und pluralistisch verfaßten Gemeinwesen. Seitdem dominieren im Westen vor allem die Werte eines "neuen Individualismus", wirkt diese Gesellschaft in ihrem Erscheinungsbild dynamischer, pluralistischer, multikultureller aber auch hedonistischer. In der ehemaligen DDR dagegen ist es erst seit Anfang der 80iger Jahre, hier vor allem bei der Jugend, nicht zuletzt unter dem Einfluß des westlichen Fernsehens, zu einer allmählichen Identifikation mit westlichen Werten gekommen.[16] Seit der Wende hat sich dieser Trend verbreitet und verfestigt, wobei in den letzten Jahren im Osten situationsbedingt stärkere Wertschwankungen und eine erhöhte Fluidität der Wertstrukturen auszumachen sind. Neuere vergleichende Untersuchungen zeigen zudem, daß es zwischen Ost und West in den Werten einerseits zwar weitgehende Übereinstimmungen, andererseits in betimmten Punkten auch auffällige Unterschiede gibt. Im Osten sind so traditionelle Pflicht- und Akzeptanzwerte immer noch deutlicher ausgeprägt, ist insgesamt das moralische Wertsystem mit seiner Hochschätzung von Treue, Ehrlichkeit und Fleiß, mit seiner gerade auch unter dem Sozialismus bewährten Pflege solidarisch-informeller Sozialbeziehungen (Freunde, Familie, Nachbarschaft) besser intakt geblieben.[17] Insgesamt zeigt so die ostdeutsche Gesellschaft zumindest gegenwärtig ein Erscheinungsbild, das insgesamt weniger individualistisch, hedonistisch und materialistisch ist, gleichzeitig aber auch dadurch charakterisiert ist, daß Ordnung und Sicherheit, Wirtschaftswachstum und Nationalstolz deutlich höher bewertet werden als in den alten Bundesländern.

Im Hinblick auf den gerade auch von den Ostdeutschen so sehnlichst erwünschten Aufschwung-Ost, werden weitere Mentalitätsanpassungen im Sinne eines nachzuholenden Wertewandels auch künftig unabdingbar sein. Risikobereitschaft, Eigeninitiative und Eigenverantwortlichkeit sind aber Tugenden, die unter dem Sozialismus weitgehend verkümmerten. So hat man sich die Zuteilungsmentalität eines Staatspensionärs angewöhnt, mit der ein gefährlicher Attentismus einhergeht, der das Heil vor allem von fremder Hilfe erwartet. Indem man sich aber primär vom Sozialtropf des Staates bzw. der alten Bundesländer abhängig macht, wird aber sowohl die Bereitschaft zum Ärmelhochkrempeln wie auch die Bereitschaft, notwendige strukturelle und produktionstechnische Anpassungen zu akzeptieren, untergraben. Insofern wäre auch aus Gründen der ökonomischen Entwicklung ein Wandel von der Zuteilungs-mentalität zur Wettbewerbsmentalität äußerst dringlich.[18] Wettbewerbsmentalität ist in der sozialen Marktwirtschaft eine *conditio sine qua non* ökonomischer Effizienz. Sie ist in einem doppelten Sinne auch politisch lohnend. Sie fördert in ihrem Schlepptau einerseits eine politische Marktorientierung im Sinne westlicher Demokratietradition.[19] Sie ist andererseits über den ökonomischen Erfolg, wie ein Blick auf die westdeutsche Nachkriegsgesellschaft lehrt, auch eine Grundvoraussetzung für politische Systemakzeptanz und Vertrauen in die politischen Institutionen. Es ist daher auch nicht verwunderlich, daß in der gegenwärtigen Umbruchsituation, in der es an deutlichen Aufbruchsignalen bislang mangelt, im Osten das Verhältnis zu den demokratischen Institutionen gegenwärtig durch Skepsis und Abwarten geprägt ist. Umfragen haben Ende 1991 ergeben, daß in den neuen Bundesländern die Demokratiezufriedenheit mit 72% deutlich niedriger ausgeprägt war als im Westen (81%). Sie korrespondiert gleichzeitig mit einem niedrigeren Vertrauen in die politischen Institutionen, insbesondere auch in die politischen Parteien und deren Repräsentanten.[20] Darin dokumentiert sich vielleicht weniger ein Mangel an demokratischer Tradition, als vielmehr ein Gefühl der sozialen und ökonomischen Benachteiligung im Vergleich zur westdeutschen Bevölkerung. Die muß in letzter Konsequenz zu einer deutlichen sozial-psychologischen Blockierung beim Aufbau dauerhafter Identifikationen und Bindungen zum politischen System der Bundesrepublik Deutschland führen.

Angesichts der hier dargelegten psycho-sozialen und politischen Bewußtseinslagen wäre nun in einem zweiten Schritt zu fragen, welches der Beitrag der politischen Bildung zum Aufbau einer demokratischen politischen Kultur bzw. zu einer positiven Systemidentifikation sein könnte. Allerdings wird man hier zunächst mit einem einschränkenden Hinweis auf die realen Möglichkeiten der politischen Bildung beginnen müssen. Nicht über die politische Bildung, sondern primär über eine glaubwürdige und erfolgreiche Politik läßt sich diffuse Legitimität herstellen. Dazu gehört insbesondere, daß die westdeutsche Politik den Neubürgern im Osten das Gefühl gibt, daß sie deren Probleme zu ihren eigenen macht. Der Solidarpakt war hier ein wichtiger Schritt in die richtige Richtung. Dringend notwendig ist vor allem auch der langerwartete ökonomische Aufschwung, der den individuellen Existenzproblemen, insbesondere der Arbeitslosigkeit, die Schärfe nimmt. Politische Bildung kann hier höchstens eine ergänzende und flankierende, dennoch gleichwohl sehr wichtige Aufgabe beim Aufbau einer gemeinsamen demokratischen politischen Kultur übernehmen. Geht man von den hier beschriebenen Problemlagen aus, so könnten entsprechende Gesichtspunkte unter fünf verschiedenen Aspekten gebündelt werden. Sie werden im folgenden der Einfachheit halber in Thesenform wiedergegeben, wobei gleichzeitig eine Beschränkung auf den schulischen Bereich zugrundegelegt wird.

1. *Mentale Integration*

Eine der wichtigsten Aufgaben der politischen Bildung wird zunächst darin bestehen, dazu beizutragen, daß die Mauer in den Köpfen der Menschen nicht weiterwächst.[21] Dazu gehört zunächst der Abbau von gängigen Klischees und Vorurteilen, die die wechselseitigen Entfremdungsmechanismen verstärken. Auch im Osten kennt man den anderen Teil der Bundesrepublik meist nur aus zweiter Hand, nämlich über das Fernsehen als dem einflußreichsten gesamtdeutschen Scharnier. So entsteht leicht ein fiktives und verzerrtes Bild von der Wirklichkeit, wie sie tatsächlich ist. Wichtig ist deshalb das persönliche Kennenlernen von Land und Leuten, die authentische unmittelbare Begegnung, die z.B. auch über schulische Kanäle gefördert werden kann. Korrekturbedürftig ist aber auch das Vorurteil, die Wiedervereinigung sei nichts anderes als ein Akt moderner Kolonisation, nicht dagegen die Befreiung von totalitären Zwängen, die Wiedergewinnung von Freiheit und Freizügigkeit. Politische Bildung muß verdeutlichen, daß trotz aller Unzulänglichkeiten auch westlicher Gesellschaftssysteme für eine wie auch immer geartete DDR-Nostalgie kein Anlaß besteht. Dazu gehört auch, die möglichst sachliche und objektive Auseinandersetzung mit aktuellen Problemlagen. Die Industrialisierung und Arbeitslosigkeit z.B. sind nicht die Folge westlicher Willkür, sondern wirtschaftlicher Zwangsläufigkeiten, die mit der gegenwärtigen Konkurrenzsituation auf dem Weltmarkt zu tun hat. Auch bedarf es der realistischen Einschätzung der Möglichkeiten und Grenzen westlicher Transferhilfe. Daß im Westen inzwischen erhebliche Opfer gebracht werden und die Opferbereitschaft auch nicht überstrapaziert werden darf, sollte kein Tabu sein. Dazu gehört auch die Entwicklung einer gewissen Frustrationstoleranz, denn die Wohlstandsmauer wird sich nicht über Nacht einreißen lassen und die Herstellung eines gleichen Lebensstandards und einheitlicher Lebensverhältnisse wird zumindest eine Generation in Anspruch nehmen. Schließlich bedarf es auch der diskursiv-vergleichenden Auseinandersetzung mit der westlichen Wertewelt, den Möglichkeiten und Risiken des Wertewandels mit dem Ziel - hier mit Blick auf die eigene Vergangenheit und die gemeinsame Zukunft - eine gesamtdeutsche Werteidentität schrittweise aufzubauen.

2. Kritische Aufarbeitung der eigenen Vergangenheit

Ausgangspunkt kann hier die das politische Klima gegenwärtig und wohl auch auf längere Sicht hin belastende Frage des Umgangs mit der Stasi-Vergangenheit sowie das hiermit zusammenhängende Problem der Integration von Belasteten sein. Diese schmerzliche Erinnerungsarbeit zu verdrängen, ihr auszuweichen, sie zu vertagen, hätte nur eine Scheinruhe zur Folge.[22] Viele und nicht nur die eigentlichen Stasi-Opfer könnten dann zur Demokratie wohl nur ein gebrochenes Verhältnis entwickeln. Wichtig wäre aber auch, das Kapitel Vergangenheitsbewältigung auf die gesamte vierzigjährige Geschichte der DDR zu erstrecken. In einer offenen Rückbesinnung könnten z.b. anhand typischer Normalbiographien der tägliche Anpassungsdruck, die damit einhergehenden mentalen Verformungen und die Eigentümlichkeiten des Lebens in der von oben erzwungenen negativen Integration deutlich werden. Von den persönlichen Alltagssituationen könnte dann der Bogen zu den strukturellen Rahmenbedingungen in Gesellschaft und Politik geschlagen werden. Wichtig wäre in diesem Zusammenhang aber auch die kritisch aufzuarbeitende Auseinandersetzung mit der Ideologie des Marxismus-Leninismus, der als angeblich objektive und wissenschaftlich begründete Lehre der SED-Rechtfertigung und Motivation für ihre politischen Praktiken lieferte. Schließlich muß in dieser Aufarbeitung der DDR-Geschichte auch die Beschäftigung mit den positiven Seiten ihren Platz haben. Zu denken ist hier zunächst an die vielen Einzelschicksale demokratischen Widerstands in einer vierzigjährigen Diktatur. Ferner an die Leistungen der Menschen- und Bürgerrechtsbewegungen im zeitlich näheren Vor- und Umfeld der Revolution und an die vielfältigen und neuartigen Erfahrungen, die die Bevölkerung selbst mit der Demokratie in der allgemeinen Begeisterung und Aufbruchsstimmung im Herbst 1989 machte. Damals bildete sich so etwas wie ein DDR-volkseigenes Grundverständnis von Demokratie heraus, das in der Phase, die dem Beitritt voranging, vor allem auch am "Runden Tisch" und seitdem auch in unzähligen Diskussionszirkeln, bewußt und auch selbstbewußt weitergepflegt wurde. Zu dessen Kern gehören vor allem drei Forderungen: Die Forderung nach menschlichen Dialog- und Kommunikationsstrukturen in der Politik, nach der Einheit von Moral und Politik und nach basisdemokratischen Entscheidungsformen. Diese stark idealtypisch und gesinnungsethisch eingefärbten Motivstrukturen reiben sich an westdeutschen Demokratievorstellungen, an der professionellen und routinierten Kälte des westdeutschen Politikbetriebs, an dem hier vorherrschenden sachzwangorientierten Politikpragmatismus mit seinen komplizierten und langatmigen Verfahrensprozeduren wie auch an der starken Betonung des Repräsentativprinzips. Hier schlummert ein Potential für Politik- und Demokratieverdrossenheit, ein Keim für mögliche Kolonisationsängste, weshalb gerade auch im Hinblick auf den Einigungsprozeß diese Fragen einer sorgfältigen und sachgerechten Aufarbeitung bedürfen.

3. Alltags- und Lebenspraxisorientierung

Da in der gegenwärtigen Umbruchsituation praktisch alle Maßstäbe und Werte, die vor der Wende Gültigkeit hatten, zusammengebrochen sind, drohen viele Menschen in ein Nichts zu fallen, wobei die normativen Unsicherheiten und Orientierungsprobleme zudem häufig durch ökonomische und berufliche Notlagen verschlimmert werden. Diese Situation birgt für die Demokratie eine doppelte Gefahr in sich. Zum einen die Gefahr der politischen Radikalisierung, wobei Rechtsradikalismus und Ausländerfeindlichkeit in der gegenwärtigen Ausgangslage einen besonders günstigen Nährboden finden. Zum anderen wächst die Neigung, sich ganz auf die private Lebensgestaltung zurückzuziehen und zur Politik auf Distanz zu halten. Diese Haltung des "Politik ohne mich" wird tendenziell auch dadurch begünstigt, daß man in der DDR ständig indoktriniert und mit Staatsideologie vollgepropft wurde. Verstärkend wirken auch Gefühle des Betrogenseins und Enttäuschungserlebnisse, und zwar unabhängig davon, wie berechtigt oder unberechtigt diese im Einzelfall sein mögen. Entpolitisierung und Privatismus sind für die Demokratie aber genauso schädlich wie politischer Radikalismus. Deshalb waren auch Tendenzen, die es nach der Wende gab, die alte Staatsbürgerkunde in der Schule einfach durch einen unpolitischen Ethikunterricht oder ein Fach Lebenskunde zu ersetzen, sehr bedenklich.[23] Politischer Unterricht, der diesen Namen verdient, darf sich nicht auf die Vermittlung anwendungsorientierter Hilfsangebote und allgemeiner lebenspraktischer Orientierungen beschränken. Zwar sollte er, gerade auch in Phasen gesellschaftlichen Umbruchs, persönliche Nöte ernstnehmen, an sie anknüpfen und so den Menschen den Eindruck vermitteln, daß man sie bei ihren Alltagssorgen abholt. Die eigentlich politische Dimension darf dabei aber nicht zu kurz kommen oder gar ausgeblendet werden. Sie muß quer durch die Alltagssituationen hindurch sichtbar gemacht werden, wenn das Grundanliegen des politischen Unterrichts, die Erziehung zur Demokratie, nicht vernachlässigt werden soll. Gegen den apathischen Rückzug aus der Politik muß so die Einsicht stehen, daß Demokratie von der Bereitschaft der Bürger lebt, über die persönlichen und privaten Interessen hinaus für die Anliegen des Gemeinwesens aufgeschlossen zu sein. Die jungen Menschen für diese Anliegen zu interessieren, sie hierüber zu informieren, damit sie dann auf der

Basis einer rationalen Urteilsbildung entsprechend handeln und sich engagieren können, muß ein Hauptziel des politischen Unterrichts sein. Erziehung zur Demokratie ist deshalb auch gleichbedeutend mit dem Aufbau und der Pflege einer demokratischen Partizipationskultur.

4. Vertrautmachen mit den Erfordernissen des Pluralismus

Der hochgradig ideologisierte Erziehungsprozeß in der ehemaligen DDR, der auf die totale Angepaßtheit der Bürger zielte, ließ selbst innerhalb der sehr eng gezogenen systemimmanenten Grenzen für Meinungsvielfalt, das Denken und Handeln in Alternativen und für eigenverantwortliche Initiativen fast keinerlei Spielraum. In einem System, das sich im Besitz objektiver Wahrheiten wähnte, galten oppositionelle Ideen und Kräfte als konterrevolutionär. Nach der Vereinigung muß deshalb der Umgang mit den neugewonnenen Freiheiten, das Sich-Zurechtfinden in der widersprüchlichen Buntheit des Pluralismus erst gelernt werden. Erziehung zur Demokratie beinhaltet in diesem Zusammenhang zunächst einmal Erziehung zu größerer Selbständigkeit im Denken und Handeln, zu konstruktiver Kritikfähigkeit sowie zu größerer Eigenverantwortung und Risikobereitschaft. Auf dieser Grundlage kann sich dann auch eine entsprechende Wettbewerbsmentalität wie auch die dringend benötigte demokratische Streitkultur entwickeln. Für die Demokratie ist der geordnete Streit lebenswichtig, da sie grundsätzlich von der Nichtentscheidbarkeit des Richtigen und im konkreten Fall immer von alternativen Entscheidungsmöglichkeiten auszugehen hat. Das alte System kannte nur den von oben verordneten Konsens, aber nicht den Konflikt. Konsens ohne Konflikt zerstört aber die Freiheit, wie umgekehrt Konflikt ohne Konsens den inneren Frieden zerstört. Politische Bildung muß deutlich machen, daß der demokratische Pluralismus von der Kunst des Ausbalancierens lebt, von der Suche nach dem rechten Maß zwischen Begriffen, die untereinander in einem dialektischen Spannungsverhältnis stehen. So geht es z.B. um den rechten Ausgleich zwischen Selbstentfaltung und sozialer Bindung, von Streit und Kooperation, von Freiheit und Gleichheit, von Freiheit und Ordnung, von Privatheit und Öffentlichkeit, von Gesellschaft und Staat. Dabei muß klar werden, daß es keine einfachen oder dauerhaften Patentlösungen gibt, sondern nur das immer wieder neue Suchen nach möglicher Optimierung. Diese Ungewißheiten müssen, gerade auch junge Menschen aushalten und ertragen lernen. Ihre Bearbeitung muß in einer offenen und pluralistischen Gesellschaft, in der das freie Spiel der gesellschaftlichen und politischen Kräfte die Richtung angibt, von diesen als eine nie zu ihrem Ende kommende Daueraufgabe angesehen und auch angenommen werden.

5. Vertrautmachen mit den demokratischen Institutionen

Hier geht es um das Einführen in die allgemeinen Prinzipien und Normen des demokratischen und sozialen Rechtsstaates, in die daraus abgeleiteten Grundstrukturen und Einrichtungen des politischen Systems, sowie in die Art und die Form des politischen Willensbildungs- und Entscheidungsprozesses. Allerdings darf politischer Unterricht sich hier nicht auf bloße Institutionenkunde beschränken. Neben der Vermittlung von Wissen und Kenntnissen (z.b. wie entsteht ein Gesetz? Wie wird der Bundeskanzler gewählt?) geht es vor allem auch um einen problemorientierten, durchaus auch kritischen Zugang, zu den demokratischen Institutionen. Hier muß deutlich werden, daß gerade sie erst ein weithin selbstbestimmtes und freiheitliches Zusammenleben ermöglichen. An dieser Stelle ist die Auseinandersetzung mit den tragenden Grundnormen der freiheitlich demokratischen Grundordnung deshalb auch von besonderer Wichtigkeit. Als Leitbild dieser grundgesetzlichen Ordnung ist der weltanschaulich neutrale aber keineswegs wertneutrale Verfassungsstaat herauszuarbeiten, dem der Gedanke zugrunde liegt, daß ohne einen verallgemeinerungsfähigen Minimalbestand an gemeinsamen und einheitlichen Normen und Wertüberzeugungen, der allen Kontroversen vorausliegt, ein pluralistisches Gemeinwesen weder begründbar noch überlebensfähig ist. Dieser bewußt schmal gehaltene, allen Bürgern zumutbare Basiskonsens, ist inhaltlich mit dem Bekenntnis zur Menschenwürde, den unveräußerlichen Menschen- und Grundrechten, den allgemeinen Prinzipien wie Freiheit, Gerechtigkeit oder Frieden in allgemeiner und abstrakter Form umschrieben, wobei die Letztbegründungen dieser Werte in der pluralen Demokratie aber unterschiedlich ausfallen können. Strittig bleibt dagegen die konkrete Umsetzung und Verwirklichung dieser Leitideen und Werte im Politikalltag. Damit dieser inhaltliche Dissens in der Praxis aber mit friedlichen Mitteln ausgetragen wird, hat die moderne Demokratie ein bewährtes Instrumentarium an Spielregeln und Verfahrensweisen entwickelt. Dazu gehören unter anderem das Repräsentations-, das Mehrheits- und das Gewaltenteilungsprinzip wie auch das Gewaltmonopol des Staates. Dieser Verfahrens- und Ordnungskonsens ist für eine Demokratie fast noch lebenswichtiger als der angesprochene inhaltliche Konsens, weil er letzterem zur Voraussetzung dient. Im übrigen haben auch die als formal bezeichneten Spielregeln inhaltliche Wertentscheidungen zur Voraussetzung, so daß zwischen ihren formalen und inhaltlichen Aspekten nicht eindeutig unterschieden werden kann. Beide Formen des Wertekonsenses, der inhaltliche wie der formale, sind jedoch in je unterschiedlicher Gewichtung für die Demokratie überlebenswichtig. Dies zu verdeutlichen heißt gleichzeitig, auf eine rational begründbare Identifikation mit den tragenden Grundnormen unserer freiheitlich-demokratischen Grundordnung hinzuwirken.

Anmerkungen

1 Vgl. Irma Hanke, Die "Dritte Republik", Wandel durch Integration? Lernhemmnisse und Lernprozesse in der "alten" Bundesrepublik, in: Aus Politik und Zeitgeschichte, B 41, 2. Okt. 1992, S. 13.

2 Vgl. Klaus von Beyme, Das politische System der Bundesrepublik, München 1991, S. 15 f.

3 Peter Schneider, Der Mauerspringer, Darmstadt-Neuwied 1982, S. 102.

4 Vgl. hierzu: Renate Köcher, Opfern fällt den Deutschen schwer, in: Frankfurter Allgemeine Zeitung, 8. Juli 1992

5 Fritz Ullrich Fack, Geblieben ist ein sperriger Alltag. Deutschland und die Deutschen im Jahre 1993, in: Frankfurter Allgemeine Zeitung, 2. Oktober 1993

6 Bezeichnend für diese Sicht etwa: Hans-Jochim Maaz, Psychosoziale Aspekte im deutschen Einigungsprozeß, in: Aus Politik und Zeitgeschichte, B 19, 3. Mai 1991, S. 6

7 Fritz Ullrich Fack, a.a.O.

8 So Gerd Meyer, Deutschland: Ein Staat - zwei politische Kulturen, in: Der Bürger im Staat, 1, 1993, S. 5

9 Vgl. hierzu z.b. Martin Greiffenhagen, Die Bundesrepublik Deutschland 1945-1990, Reformen und Defizite der politischen Kultur, in: Aus Politik und Zeitgeschichte, B 1-2, 4. Jan. 1991, S. 22 ff.

10 Vgl. Ursula Feist, Zur politischen Akkulturation der vereinten Deutschen, in: Aus Politik und Zeitgeschichte, B 11-12, 1991, S. 32

11 Helmut Klages, Zustand und Perspektiven der politischen Kultur in Deutschland: Zahlen, Fakten, Trends. Unveröffentlichtes Manuskript 1991, S 10

12 Lothar Probst, Bürgerbewegungen, politische Kultur und Zivilgesellschaft, in: Aus Politik und Zeitgeschichte, B 19, 3. Mai 1991, S. 34

13 Vgl. Erwin Scheuch, Wie deutsch sind die Deutschen? Eine Nation wandelt ihr Gesicht, Bergisch-Gladbach 1991, S. 396 ff.; Peter Mohler, Auf dem Weg zur stabilen gesamtdeutschen Demokratie? Soziologische Betrachtungen zum Prozeß der deutschen Einheit, in: Aus Politik und Zeitgeschichte, B 41, 2. Oktober 1992, S. 43

14 So richtig Gerd Meyer, a.a.O., S. 9

15 Peter Schneider, Extreme Mittellage. Eine Reise durch das deutsche Nationalgefühl, Reinbeck 1990, S. 126

16 Helmut Klages/Thomas Gensicke, Wertewandel in den neuen Bundesländern, in: Helmut Klages, Traditionsbruch als Herausforderung - Perspektiven der Wertwandelgesellschaft, Frankfurt - New York, 1993, S. 224 ff.

17 Elisabeth Noelle-Neumann, Wird sich jetzt fremd, was zusammengehört? In: Frankfurter Allgemeine Zeitung, 19. Mai 1993; Helmut Klages, a.a.O., S. 233

18 Vgl. Werner Weidenfeld/Karl-Rudolf Korte, Die pragmatischen Deutschen. Zum Staats- und Nationalbewußtsein in Deutschland, in: Aus Politik und Zeitgeschichte, B 32, 2. August 1991, S. 7

19 Vgl. Martin Greiffenhagen, a.a.O., S 18.

20 Karl-Heinz Dittrich, Das Bild der Parteien im vereinten Deutschland. Für welche Bevölkerungsgruppen setzen sie sich ein? In: Aus Politik und Zeitgeschichte, B 34-35, 14. August 1992, S. 35

21 So auch Günter Rüther, a.a.O., S. 4

22 Vgl. Thomas Meyer, Die Gleichzeitigkeit des Ungleichzeitigen. Politische Bildung im vereinigten Deutschland, in: Aus Politik und Zeitgeschichte, B 37-38, 1991, S. 13

23 Vgl. Rolf Schörken, Zur Ausgangslage der politischen Bildung in den neuen Bundesländern, Aus Politik und Zeitgeschichte, B 9, 22. Februar 1991, S. 37

Herbert Schneider

Zwischen Effektivitätssteigerung und Identitätssicherung - Ein Problem der kommunalen Gebiets- und Verwaltungsreform in den neuen Bundesländern

Das Problem: Spannung zwischen Effektivitätssteigerung und Identitätssicherung

Auf dem Gebiet der neuen Bundesländer hat sich der deutsche Obrigkeitsstaat mit seiner effizienten Bürokratie in Brandenburg-Preußen am wirkungsvollsten herausgebildet. Er sollte uns jedoch nicht den Blick auf die dort auch vorzufindenden Wurzeln der - modern gesprochen - kommunalen Selbstverwaltung versperren. Dabei wäre u.a. an Magdeburg zu denken, das mit seinem Stadtrecht im Mittelalter zum Vorbild bürgerlicher Rechtsgemeinschaften in Mittel- und Ostdeutschland, darüber hinaus auch in Böhmen und Polen, wurde.[1] Magdeburger Recht war ein Synonym für Stadtfreiheit und Schwurgemeinde. Und zu Beginn des 19. Jahrhunderts hat der von der Lahn stammende Reichsritter von und zum Stein in dem unter den Schlägen des napoleonischen Massenheeres zusammengebrochenen preußischen Obrigkeitsstaates die kommunale Selbstverwaltung in Ostelbien wieder zu begründen und mit neuem Leben zu erfüllen versucht.[2] Diese und andere von Heinrich Heffter in seinem verdienstvollen Werk: "Die deutsche Selbstverwaltung im 19. Jahrhundert" herausgearbeiteten Traditionslinien sind schon im Dritten Reich mit der Deutschen Gemeindeordnung von 1935 verformt worden. Nach dem mühevollen Nachkriegs-Neuanfang hat sie schließlich das SED-Regime gänzlich unterbrochen: Die Gemeinden und Kreise wurden zu Teilen des Staatsapparates. Für die DDR stellte zwischen 1952 und 1990 die kommunale Selbstverwaltung ein verpöntes Fremdwort dar. Es mußte daher aufhorchen lassen, daß die Bevölkerung an dieser Bruchstelle bei den Kommunalwahlen am 8.5.1989 den vorherrschenden politischen Ritualismus aufkündigte. Wie sich nachträglich herausstellen sollte, war dies der Anfang des kartenhausähnlichen Zusammenbruchs der SED-Herrschaft. Bevor die DDR in ihrer Endzeit mit der Wiederbelebung der Länder zu ihren föderalen Ansätzen zurückkehrte, hatte sich schon mit der noch von der Volkskammer verabschiedeten Kommunalverfassung vom 17.5.90 den Weg zu einer Demokratisierung der Gemeinden und Kreise geebnet.[3] Damit wurden die

Voraussetzungen für einen Transformationsprozeß, d. h. der Überführung einer realsozialistischen-zentralistischen Verwaltung in eine des klassischen Zuschnitts mit Gesetzesvorrang, Regelbeachtung Kompetenzverteilung und Professionalität[4], und einem zeitlich etwas versetzten Integrationsprozeß, d. h. der Eingliederung der wiederbelebten Länder in die repräsentativ-demokratische, föderative und marktwirtschaftliche Ordnung der Bundesrepublik geschaffen. Parteien, Verbände und veröffentlichte Meinung in den alten Bundesländern setzten dabei in seltener Einmütigkeit auf die Wirksamkeit des freien Spiels der Kräfte. Diese "postmarxistische" Überschätzung des Unterbaues erwies sich bald als eine Illusion. Die öffentlichen Hände werden seitdem mehr gefordert, als ihnen lieb ist. So ruhen die Hoffnungen des Aufbaues Ost nicht nur auf den finanziellen Transferleistungen Westdeutschlands, sondern auch - und das stellte eine "Entdeckung" dar - auf der Effektivität der neugebildeten Länder- und umstrukturierten Kommunalverwaltungen.[5] Während erstere zu einem erheblichen Umfang auf personelle Hilfe aus den alten Ländern zählen können, müssen sich die Kommunen und Kreise - trotz der Unterstützung durch Verbände, Partnerschaften und Parteistiftungen aus dem Westen - weitgehend auf sich selbst verlassen. Dabei läuft ohne sie nichts. Die kommunale Verwaltung zeichnet für die Bauleitplanung verantwortlich, sie fördert die noch stockende Gewerbeansiedlung und räumt die sich auftürmenden Investitionshindernisse aus dem Weg. So stellen Gemeinden und Kreise die Ansprechpartner für Investoren und Bürger dar. Diese erfahren am eigenen Leib, wie unentbehrlich die kommunale Infrastruktur und die kommunalen Dienstleistungen für ihren privaten Alltag und ihre berufliche Zukunft sind.[6] Die Stärkung der Verwaltungskraft der Gemeinden und Kreise stellt daher ein verständliches und auch konsensfähiges politisches Ziel in den neuen Bundesländern dar. Dabei entzieht sich der Begriff Verwaltungskraft einer eindeutigen Definition. Ich selbst verstehe darunter folgendes: Die einer komplexen Herausforderung gerecht werdende arbeitsteilige, fach- und rechtskundige Verwaltung. Unter Berücksichtigung der besonderen Bedingungen der neuen Länder - teilprofessionalisierte Verwaltung, knappe Finanzmittel, ruinöse Infrastruktur - erschien der Mehrheit der politisch Verantwortlichen das Ziel "Stärkung der kommunalen Verwaltungskraft" nur durch Überwindung der überkommenen kleinräumlichen Gemeinde- und Kreisstrukturen erreichbar zu sein. So setzten bald nach der Wende Diskussionen über eine kommunale Gebiets- und Verwaltungsreform ein. Dabei kamen auch Stimmen zu Gehör, die warnend auf die durch die Gebietsreform im Westen verursachten Identitäts- und Identifikationsverluste aufmerksam machten.

An dieser Stelle ist daher eine grundsätzliche Bemerkung angebracht: Zur Rechtfertigung und zum Selbstverständnis der kommunalen Selbstverwaltung in der Bundesrepublik Deutschland dienen zwei sich ergänzende, wenn auch nicht widerspruchslos gebliebene Annahmen: Zum einen, daß die kommunalen Selbstverwaltungsräume eine eigene Identität besitzen sollten, die ihre Unverwechselbarkeit und Besonderheit, kurzum ihre Individualität, wahrnehmbar zum Ausdruck bringt. Zum anderen, daß sich Bürger mit ihrem Gemeinwesen identifizieren, d. h. sich ihm zugehörig und für sein

Schicksal mitverantwortlich fühlen sollten. Was allgemein für die kommunale Selbstverwaltung in der Bundesrepublik Deutschland gilt, kann für die Menschen in den neuen Bundesländern eine besondere Bedeutung erlangen: Das Identitätsargument. Nach dem Zusammenbruch vieler Orientierungsmuster und Brüchen in der eigenen Biographie sind sie auf der Suche nach neuen Identitäten und Identifikationen. Wie die Humanethologie aufgezeigt hat, wird gerade in Zeiten der Unsicherheit der Wunch nach Nähe und Einbindung besonders deutlich empfunden (s. Tabelle 1).[7] Kann dieser aber nicht durch die kommunalen Nahräume von Gemeinde und Kreis erfüllt werden? So steht die kommunale Gebietsreform in den neuen Bundesländern in einem Spannungsverhältnis zwischen Effektivitätssteigerung und Identitätssicherung.

Der Ausgangspunkt:
Aufbau der kommunalen Selbstverwaltung

Das SED-Regime hat auf dem Wege zur Verwirklichung einer "sozialistischen Gesellschaft" viele Lebensbereiche radikal umgestaltet. Im Unterschied zu den bereits 1952 abgeschafften Ländern haben die Gemeinden und Kreise - abgesehen von Veränderungen in den Jahren 1952 und 1973/74 - die 40jährige DDR-Zeit nahezu unversehrt überstanden. Im Vergleich zu der durch die kommunalen Gebietsreformen einschneidend veränderten Gemeinde- und Kreisstruktur in der alten Bundesrepublik blieb die kleinräumige Kommunalstruktur in der DDR erhalten. So kam es, daß zur Zeit der Wende im Jahre 1989 die damals über 60 Mio Einwohner zählende alte Bundesrepublik nur 91 kreisfreie Städte, 237 Landkreise und 8.506 Gemeinden besaß, während die DDR bei einer Einwohnerzahl von 16 Mio 38 kreisfreie Städte, 189 Landkreise und 7.565 Gemeinden vorweisen konnte. Diese kleinräumige Gemeindestruktur kann nicht als zusätzlicher Beweis für die von Carl J. Friedrich nach dem 2. Weltkrieg vertretene Stabilitätsthese dienen, wonach Kommunen politische Krisen und Umbrüche besser überstehen als umfassendere, großflächige Gemeinwesen.[8] Der im wirtschaftlichen Bereich dem Prinzip der maximalen Größe huldigende SED-Staat schonte allerdings den überlieferten Gemeindebestand nicht aus Traditionsehrfurcht oder Rücksicht auf Identifikationsgefühle der Bevölkerung, sondern weil er die Gemeinden bereits ihres Selbstverwaltungscharakters beraubt und sie zu staatlichen Dienststellen vor Ort degradiert hatte. Dies zeigte sich auch in ihrem Verhältnis zum Kreis: Bei diesem konzentrierten sich die knappen finanziellen und materiellen Ressourcen; er griff in starkem Umfange in die laufende Verwaltung ein und wählte Bürgermeister aus. So sahen diese und die Gemeinderäte nicht länger ihre vorrangige Aufgabe darin, den Willen der Bürgerschaft gestaltend in der Gemeinde und fordernd gegenüber dem Staat durchzusetzen. Man wird ihnen auch nicht gerecht, wenn man sie allein als stramme Parteisoldaten oder Verkörperung einer politisierten Inkompetenz betrachtet. Selbst wenn davon auszugehen ist, daß sie in der Regel stärker vertikal, d. h. in die Partei und den Staatsapparat, als horizontal, d. h. mehr in die Bevölkerung und ihre Gemeinde, eingebunden waren, so kam es doch nicht selten vor, daß sie die im Planungssystem vorhandenen Freiräume zu nutzen versuchten, um die Lebensbedingungen der Bevölkerung und die Infrastruktur ihrer Gemeinde zu verbessern. Zu diesem Zweck nahmen sie auch Zuflucht zu Gemeinschaftsaktionen. Zwar verboten es die herrschenden politischen Verhältnisse, dabei zu offensichtlich an kommunale Identifikationsgefühle zu appelieren, doch konnte dies im Rahmen der VMI (Volkswirtschaftlichen Masseninitiative) mit einem Augenzwinkern in versteckter Form geschehen.

Wie andere totalitäre Systeme wollte auch die DDR die Menschen mit ihren verschiedenartigen Identitäten nicht einfach annehmen. Sie träumte von einem neuen Menschen, der an die Stelle des alten Adams treten sollte. In dieses Bild paßt, daß auch die überlieferten Gemeindeidentitäten durch eine sozialistische Gemeinde ersetzt werden sollten. Diese gleichmacherische Vorstellung blieb nicht ohne Einfluß auf die Städtebaupolitik. Es war nicht nur Materialmangel, der die DDR über lange Jahre hinweg veranlaßte, die Kerne ihrer Städte zu vernachlässigen und ihnen damit ihre identitätsstiftende Wirkung zu nehmen. Die allen Industriegesellschaften innewohnenden Einebnungstrends sind damit nachhaltig verstärkt worden: Die sozialistische Stadt mit ihrer alles überragenden Parteihauskrone und ihren eintönigen Plattenbausiedlungen bildete das übersteigerte Gegenstück zu den Bankpalästen und Reihenhaussiedlungen im Westen.[9] So wie es hier zulande eine Gegenreaktion in Form der Rückbesinnung auf das überlieferte Stadtbild gab, so begann man in der DDR an verschiedenen Orten entsprechend des neuinterpretierten Leitbildes von der "schönen deutschen Stadt" mit Sanierungsmaßnahmen der alten Stadtkerne. Da die begrenzten Eigenmittel sich bald als unzureichend herausstellten, kam man jedoch über kosmetische Operationen nicht hinaus. Die inzwischen in die Jahre gekommene DDR erlebte vielleicht deshalb eine Renaissance der Heimatgefühle. Sie wurden noch dadurch verstärkt, daß die von staatswegen verhängten Reiseverbote eine Hinwendung zum Nahen bewirkten. Die um Erklärungen nicht verlegenen SED-Ideologen konnten dies alles nicht als Überbleibsel des Kapitalismus abtun. So versuchten sie, die wiedererwachten Heimatgefühle als Teil des sozialistischen Staats- und Nationalbewußtseins zu deklarieren und damit über ihre eigenen Mühlen zu leiten. So formulierte einer der führenden DDR-Geschichtsdidaktiker: "Sozialistisches Nationalbewußtsein wird in beträchtlichem Maße aus den Quellen zur Heimat- und Lokalgeschichte gespeist". Und der Geschichtslehrplan von 1988 forderte folgerichtig: "Der Arbeit mit heimatgeschichtlichem Material ist durchgehend freier Raum zu widmen".[10] Das macht es verständlich, warum in den 80er Jahren eine Flut von Volks-, Dorf- und Stadtfesten über die Bevölkerung hereinbrechen konnte; im Jahre 1986 sollen es schon über 5.000 gewesen sein, wobei diese von ortsansässigen Klubs und Volkstanzgruppen, Betrieben und Kulturhäusern, Gemeinden und Schützenvereinen veranstaltet wurden.[11] So wie in den 70er Jahren der Versuch gescheitert war, in Abgrenzung zur Bundesrepublik ein besonderes DDR-Nationalbewußtsein zu etablieren[12], so verliefen jetzt die Bemühungen im Sand, die Heimatgefühle ideologisch in Beschlag zu nehmen. Allenfalls konnten die sie zum Ausdruck bringenden Feste zeitweise von den Reiseverboten und anderen Beschränkungen ablenken.

Feste stellen keinen Politikerersatz dar. So verschaffte sich der angestaute Unmut gerade bei den Kommunalwahlen am 8.5.1989 Luft. Doch erst freie Kommunalwahlen im Jahr darauf (6.5.90), die Inkraftsetzung der noch von der Volkskammer verabschiedeten neuen Kommunalverfassung am 17.5.1990 und der Einigungsvertrag vom 15.6.1989 haben den Weg freigemacht für eine Wiederherstellung der kommunalen Selbstverwaltung auf dem Gebiete der DDR. Diese sah sich sogleich einem durch die Mißwirtschaft der SED-Führung und überzogenen Wendeerwartungen hervorgerufenen gewaltigen Aufgabenberg gegenüber: Die ruinöse technische Infrastruktur der Kommunen ist zu reparieren und zu modernisieren. Ein gewandeltes Verhältnis Kommune - Wirtschaft erfordert eine aktive Wirtschaftsförderung. Selbst wo diese erfolgreich sein sollte, bleibt die Zahl der Arbeitslosen vergleichsweise hoch. Die Gemeinden stehen deshalb vor zahlreichen sozialen Aufgaben. Nach der Übernahme der Schulträgerschaft müssen überdies Gemeinden und Kreise einen überalterten Baubestand den Bedürfnissen eines gegliederten Schulwesens anpassen. Nicht zu vergessen sind schließlich die kulturellen Aufgaben, die vielfach bislang in den Händen von Betrieben oder Massenorganisationen lagen. Dieser Aufgabenkatalog wird erweitert durch DDR-Erblasten wie die Regelung der Eigentumsfragen, die Verwaltung und Reprivatisierung eines umfänglichen Wohnungsbestandes und die Bewältigung ökologischer Probleme.[13] Dies alles würde bereits eine gut eingespielte und finanziell abgesicherte Verwaltung überfordern. In den neuen Bundesländern treffen diese Herausforderungen aber auf eine im Aufbau begriffene Verwaltung, deren Angehörige sich erst in einem für sie neuen, überaus komplexen Rechtssystem zurechtfinden müssen. So sehen sich viele Kommunalverwaltungen - vor allem die der kleineren Gemeinden mit einem geringen hauptamtlichen Personalbestand - starken Belastungen und Überforderungen ausgesetzt. Es wurde daher schon kurz nach der Wende der Ruf nach einer kommunalen Gebiets- und Vewaltungsreform laut. Zu deren Wortführern machten sich bald die aus dem Westen gekommenen Leihbeamten in Länderministerien, Kreisen und Gemeinden. Dabei verwiesen sie auf die Ziele, Abläufe und Ergebnisse der Gebietsreform in den westlichen Bundesländern.

Das Muster: Die kommunale Gebiets- und Verwaltungsreform in den alten Bundesländern?

Gebietsreform - mit diesem Begriff verband die Öffentlichkeit bis vor kurzem die Vorstellung der Ende der 60er und Anfang der 70er Jahre durchgeführten kommunalen Gebietsreform in Westdeutschland.: Diese hatte sich zweierlei zum Ziel gesetzt: Zum einen wollte sie das Stadt-Umland-Problem lösen; dieses war dadurch entstanden, daß im Zuge einer stürmischen Wirtschaftsentwicklung die Städte ihre Grenzen gesprengt hatten und in ihr Umland hinausgewachsen waren; d. h. kommunale Planungs- und städtische Wirtschafts- und Siedlungsgebiete fielen auseinander. Das Ergebnis dieser Planungsanarchie zeichnete sich überdeutlich in den breiigen Stadträndern ab. Zum anderen wollte sie die Verwaltungskraft des ländlichen Raumes stärken, dessen Landgemeinden - übrigens im Unterschied zu den Bundesländern heute - zu diesem Zeitpunkt noch von nebenamtlichen Kräften verwaltet wurden. Diese waren z. B. mit der ihnen übertragenen Aufgabe der Bauleitplanung überfordert.[14] Damit fiel die letzte Stufe in einer Planungshierarchie von Bundesraumordnung, Landeplanung und Regionalplanung aus, die dem Wildwuchs der Neubausiedlungen und der Zersiedlung des flachen Landes entgegenwirken sollte. Die von einer effizienten Planung Wunder erwartenden Reformer glaubten daher, die kommunale Planungs- und Verwaltungskraft in den schwächer besiedelten ländlichen Räumen durch eine Zusammenlegung von kleineren Gemeinden verstärken zu können. Dabei orientierten sie sich an den Effektivitätsrechnungen eines nicht unbekannten deutschen Verwaltungswissenschaftlers, der mit mathematischer Genauigkeit den Beweis dafür anzutreten glaubte, daß eine leistungsfähige Gemeindeverwaltung eine Mindesteinwohnerzahl voraussetze, um wirtschaftlich arbeiten und eine angemessene Infrastruktur anbieten zu können. Fridolin Wagner ging dabei u. a. davon aus, daß eine zweistufige Hauptschule einen Einzugsbereich von 5.000 bis 8.000 Einwohnern, ein Hallenbad von 5.000 und ein Bauhof von 10.000 Einwohnern voraussetze. Diese sollte auch der Integration in der Gesamtgesellschaft dienen; Wagner sprach vom "Integrationswert" der kommunalen Verwaltung, worunter er unter Anlehnung an Rudolf Smend die Ausrichtung der Bedürfnisse der lokalen Teilgesellschaften auf die Notwendigkeiten der gesamtstaatlichen Ordnung verstand.[15]

Die für Kommunalfragen zuständigen Landesgesetzgeber haben aufgrund unterschiedlicher Traditionen, topographischer Voraussetzungen und parlamentarischer Mehrheitsverhältnisse recht verschiedene Konsequenzen aus diesen Berechnungen gezogen. Am weitesten ging das vergleichsweise stark urbanisierte Nordrhein-Westfalen. Von den 2.355 Gemeinden blieben nur 398 übrig, deren Teilorte in den ländlichen Flächengemeinden im Unterschied zur Bezirksverfassung der Städte keine kollegiale Ortschaftsvertretung besitzen. Dieser Konzentrations- und Zentralitätsprozeß ist von den anderen Bundesländern nicht nachvollzogen worden. Hessen und Baden-Württemberg freundeten sich mit einer dezentralisierten Einheitsgemeinde kleineren Zuschnitts an, Rheinland-Pfalz versuchte die Eigenständigkeit der Gemeinden durch die Bildung einer sich darüber wölbenden Verbandsgemeinde zu bewahren, die der in Niedersachsen und Schleswig-Holstein gewählten Form der Samtgemeinde bzw. des Amtes ähnelt. Bayern ermutigte seine durch Zusammenschlüsse und Eingemeindungen größer gewordenen Gemeinden zur Bildung von Verwaltungsgemeinschaften. Wie sieht die politische Bilanz dieser damals als "Jahrhundertwerk" gefeierten Reform aus? Mit ihr ist vor allem die kommunale Landkarte der ländlichen Räume in einer nicht wieder zu erkennenden Weise umgestaltet worden: An einem Mittelbereich orientierte

Landkreise wurden aufgelöst, Dörfer verloren ihre jahrhundertalte Gemeindeeigenständigkeit und sahen sich in ihrer Identität bedroht. Während die Durchschnittsgröße der Landkreise von 145.000 auf 210.000 Einwohner anstieg, vergrößerte sich die Einwohnerzahl der Gemeinden von 2.500 auf 7.100. Daraus ist zu schließen, daß entsprechend den Reformerwartungen die Gemeinden heute über eine arbeitsteilige, leistungsfähige Verwaltung verfügen. Diese erfordert allerdings ihren Preis, d. h. die Reform hat nicht zu einer Kosteneinsparung geführt. Wie Beobachtungen und Untersuchungen bestätigen, ist jedoch das Ziel einer Infrastrukturverbesserung erreicht worden. Ungeachtet dessen wird in einem gewandelten wissenschaftlichen und politischen Klima diese Reform heute eher mit kritischen Augen betrachtet. Unter anderem macht man ihr zum Vorwurf, den Demokratiegrundsatz und die örtliche Verbundenheit der Bürger nicht genügend beachtet zu haben.[16] Diese Kritik ist nicht isoliert zu sehen. In der sozialwissenschaftlichen Diskussion wird heutzutage die Integrationsfrage neu gesehen und bewertet. Dabei besteht weitgehend Konsens darüber, daß sie weniger von "oben" gedacht und durchgesetzt, als vielmehr von "unten" erlebt und verwirklicht werden sollte. "Unten" - das ist vor allem der noch überschaubare, vertraute Nahraum und das mit ihm korrespondierende soziale Umfeld, in dem die Menschen Verwurzelung und Halt finden; aus ihm können sie überdies auch Kraft für das Alltagsgeschehen und das öffentliche Leben ziehen. Bei einer Bedrohung dieses Umfeldes gewinnt daher der "territoriale Imperativ" an Überzeugungskraft: Heimatverlust und Heimatsehnsucht liegen bekanntlich dicht nebeneinander.[17]

Der Kompromiß: Die kommunale Gebiets- und Verwaltungsreform in den neuen Bundesländern

Den Menschen in den neuen Bundesländern wird ein hohes Maß an Umstellung abverlangt: Staat, Wirtschaft, Soziales, Schule, Abgaben - es gibt kaum einen Bereich, der nicht in den Transformationsprozeß hineingezogen ist. Warum soll ihnen jetzt auch noch die Veränderung der kommunalen Identifikationsräume zugemutet werden? Wird dadurch nicht überdies noch im Aufbau befindliche Verwaltung einem hohen Unsicherheitsfaktor ausgesetzt? Die aus dem Westen kommenden Verwaltungsreformer verkennen dies alles nicht. Dennoch glauben sie, daß eine kommunale Gebiets- und Verwaltungsreform im Hinblick auf die Steigerung der Verwaltungskraft der Kommunen und Kreise als eine Voraussetzung des Aufbaus Ost unabdingbar ist. Heißt dies, daß sie nur wenig aus den Erfahrungen der westlichen Bundesländer gelernt haben? Menschen wachsen in einem gegebenen Rahmen auf, den sie solange unbefragt akzeptieren, solange seine Widersprüche und Mängel nicht allzu offensichtlich werden. Dies gilt auch für den kommunalen Bereich. Überzeugt von der Güte ihrer heimatlichen Gemeindeverfassungen, versuchen Leihbeamte aus Baden-Württemberg und Bayern den Sachsen und Thüringern die Vorteile der Urwahl des Bürgermeister und die Bildung von Verwaltungsgemeinschaften schmackhaft zu machen. Ihre aus Norddeutschland stammenden Kollegen wiederum setzen auf Segnungen der Amtsverfassung, die sie auch den Mecklenburg-Vorpommern, Brandenburgern und Sachsen-Anhaltiner zukommen lassen wollen. Dabei würde man jedoch den Wegbereitern der Reform Unrecht tun, wenn man sie allein als Exekutoren westdeutscher Vorstellungen einschätzen wollte.[18] Abgeschreckt von den Gemeindeidentitäten auslöschenden (bis hin zum postalischen Wegfall des Ortsnamens) Beispiel Nordrhein-Westfalens, stellen sie ihre Lernfähigkeit und Sensibilität dadurch unter Beweis, daß sie sich um einen Kompromiß zwischen Effektivitätssteigerung und Identitätsbildung bemühen.[19] Mecklenburg-Vorpommern hat die "Ämterverfassung" eingeführt. Diese geht auf Preußen zurück, wo sie die Kreisordnung von 1.872 den kleineren Landgemeinden vorschrieb, die sich die Kosten einer eigenen professionellen Verwaltung nicht leisten konnten. An ihrer Stelle nahm der Amtsvorsteher mit seinen Mitarbeitern die Verwaltung in die Hand. Die Institution des Amtes hat sich in der alten Bundesrepublik nur in Schleswig-Holstein gehalten. Während sie in den ehemals preußischen Landesteilen von Rheinland-Pfalz die Grundlage für die Bildung von Verbandsgemeinden darstellte, war das Amt in Nordrhein-Westfalen der Ausgangspunkt für die Schaffung von großflächigen Einheitsgemeinden. Es wäre jedoch zu kurz gegriffen, wenn man den Rückgriff auf die Institution des Amtes allein den aus Schleswig-Holstein stammenden Beratern zuschreiben wollte. Es ist auch die einwohnerschwache Siedlungsstruktur - 82 Einwohner pro m^2 - (Baden-Württemberg 261 Einwohner pro m^2) in weiten Teilen Mecklenburg-Vorpommern in Betracht zu ziehen, die der Gründung von Großgemeinden engegenstand. Die Ämterbildung ist inzwischen abgeschlossen: Von den 1.082 kreisangehörigen Gemeinden sind 1.027 in 122 Ämtern zumeist auf freiwilliger Grundlage zusammengefaßt worden, die eine durchschnittliche Einwohnergröße von 5.800 besitzen. Über den Gemeinden und Ämtern wölbt sich der Kreis. Mit der Kreisgebietsreform von 1.7.1993 ist die Zahl der Landkreise von 31 - davon einer mit nur 16.000 Einwohnern - auf 12 größere reduziert worden. Die Auseinandersetzungen über den Zuschnitt der neuen Landkreise gingen dabei vor allem um die Berücksichtigung der alten Landesgrenzen zwischen Mecklenburg und Pommern. Insbesondere die pommerschen Landesteile pochten auf die Beachtung der historischen Grenzen und damit der Erhaltung des Identitätsraumes Vorpommern. Sie konnten sich jedoch nicht durchsetzen.

In Brandenburg war die Ausgangslage für die Gemeindegebietsreform ähnlich wie die in Mecklenburg-Vorpommern: Sieht man vom Berliner Umland ab, so stellt sich die Mark ebenfalls als dünnbesiedelte Landschaft dar. Doch auch historische Gründe sprachen hier für den Rückgriff auf die Amtsverfassung. Im Unterschied zum nördlichen Nachbarland wählte man in Brandenburg eine andere Form des Amtsausschusses: Jede Gemeinde entsendet hier - unabhängig von ihrer Größe - zwei Verteter in diesen: den Bürgermeister und einen von der Gemeindevertretung zu bestimmenden Vertreter. Demgegenüber hängt in Mecklenburg-Vorpommern die Anzahl der weiteren

Vertreter von der Einwohnergröße ab: Je angefangene 1.500 Einwohner kann dort ein weiterer Vertreter vom Gemeinderat in den Amtsausschuß entsandt werden. Es wird sich in den nächsten Jahren zeigen, ob diese Regelung besser als die in Brandenburg getroffene in der Lage ist, das Demokratiedefizit der Amtsverfassung auszugleichen. Darauf dürfte auch die Stellung des Amtsdirektors einwirken: In Mecklenburg-Vorpommern steht neben dem hauptberuflichen Verwaltungsleiter ein ehrenamtlicher Amtsvorsteher. In Brandenburg sitzt hingegen der Amtsdirektor auch dem Amtsausschuß vor. Die Kreisreform wurde in Brandenburg zusammen mit der Ämterbildung schon im Dezember 1992 abgeschlossen. Aus den bisherigen 38 Kreisen entstanden 14 großflächige Kreise. Das Neugliederungsgesetz hat jedoch die Namen der Kreise und die Sitze der Kreisverwaltung nicht festgelegt; es wollte beides der einvernehmlichen Regelung der unmittelbar betroffenen Kreistage überlassen. Diese für die Identitätsbildung der neuen Kreise nicht unwichtige Frage mußte jedoch wegen mangels einer einvernehmlichen Lösung in den Kreisen vom Gesetzgeber selbst entschieden werden.

Im Unterschied zu den vier anderen neuen Bundesländern wollte man in Sachsen-Anhalt erst nach den Kommunalwahlen im Jahre 1994 an die Gebiets- und Verwaltungsreform herangehen. Das Vorpreschen der Nachbarn ließ jedoch der Magdeburger Landesregierung keine Wahl: Das Land konnte sich dem Sog der Reformdiskussion nicht entziehen. Im Unterschied zu den anderen neuen Bundesländern hat man stärkeren Wert auf das Freiwilligkeitsprinzip gelegt. Zunächst wurden die 1.350 Gemeinden des Landes (davon 540 mit weniger als 500 Einwohner) aufgefordert, sich in Verwaltungsgemeinschaften zusammenzuschließen. Deren Gemeinschaftsausschuß setzt sich ausschließlich aus Bürgermeistern zusammen. Das Ziel ist vorgegeben. Alle Gemeinden Sachsen-Anhalts mit weniger als 3.000 Einwohnern sollen sich zu Verwaltungsgemeinschaften zusammenschließen. Im Juli 1993 war dieses Ziel schon fast erreicht: Nur noch 34 Gemeinden standen aus. Zu Ende geführt war zu diesem Zeitpunkt schon die Kreisreform: Aus 37 Kreisen wurden 21 neue gebildet. Dabei gab es selten Auseinandersetzungen, weil sich die Reform auf freiwillige Absprachen zwischen den Kreisen bezog. Deren Zuschnitt erfolgte daher weniger der Verwaltungslogik als vielmehr den Identifikationsgefühlen. Allerdings führte diese Strategie zu unterwünschten Nebenfolgen: 10 der neuen Kreise bleiben unter dem Richtziel von 100.000 bis 120.000 Einwohnern.

Ebenfalls auf die Freiwilligkeitsphase setzt Thüringen. Hier waren Regierung und Landtag darum bemüht, eine "eigenständige Thüringer Verwaltungsinstitution" zu finden. Diese sollte aus drei Komponenten bestehen: Einheitsgemeinde, Einheitsgemeinde mit Ortschaftsverfassung und Verwaltungsverband. Dieses differenzierte Angebot dürfte einer der Gründe dafür sein, daß die Gemeindegebietsreform in diesem Bundesland die Gemüter in den 1.699 Gemeinden nicht allzu sehr aufgewühlt hat. Umso heftiger wurden die Vorschläge der Regierung zur Kreisreform diskutiert. Das hatte u. a. damit zu tun, daß sich das Land aus Kreisen zusammensetzte, die sich auf historische Landschaften berufen konnten. Damit im Zusammenhang steht offensichtlich, daß die Landräte nach der Wende als "Kreisfürsten" eine starke Stellung gewonnen haben. Nach dem am 15.7.1993 verabschiedeten Kreisreformgesetz wird es in Thüringen anstelle von 35 Landkreisen aber nur noch 17 Landkreise und fünf kreisfreie Städte geben.

Entgegen den Erfahrungen westlicher Berater schlugen auch in Sachsen die Wellen der Kreisgebietsreform hoch. Der Regierungsentwurf mußte sich gerade durch die CDU-Landtagsmajorität erhebliche Abänderungen gefallen lassen. Nach dem Kreisreformgesetz vom 25.5.1993 wird es in Sachsen nur noch 23 anstatt der bisherigen 48 Kreise geben. Diese weisen einen Einwohnerdurchnitt von 135.000 im Vergleich zu den bisherigen von 69.000 auf. Gegenüber der zeitlich vorgezogenen Kreisreform trat die Gemeindeverwaltungsreform etwas in den Hintergrund. Dabei sollen sich in Sachsen die kleinen Gemeinden in "Verwaltungsverbänden" (Körperschaften des öffentlichen Rechts) oder Verwaltungsgemeinschaften (hier übernimmt eine 'erfüllende Gemeinde' die Verwaltungsgeschäfte für die anderen Mitgliedergemeinden) mit mindestens 5.000 Einwohnern zusammenfinden. Dörfer mit weniger als 2.000 Einwohnern werden sich künftig mit einer "papierlosen" Verwaltung begnügen, d. h. sie verfügen dann zwar über einen Gemeinderat und einen ehrenamtlichen Bürgermeister, doch bei der Verwaltungstätigkeit müssen sie sich der "Schreibstube" der Verwaltungsgemeinschaft bzw. des Verwaltungsverbandes bedienen.

Der Ausblick:
Auf dem Wege zu einer "komplexen Identität"?

Die kommunalen Verwaltungs- und Gebietsreformgesetze sind mit großen Landtagsmehrheiten verabschiedet. Werden sie aber auch von den unmittelbar Betroffenen akzeptiert? Überraschend genug gab es vor allem auf Kreisebene den leidenschaftlichsten Protest. Dabei waren die damit befaßten Leihbeamten aufgrund ihrer westlichen Erfahrungen davon ausgegangen, die Frage der Kreisgrenzen und -sitze berühre nur eine begrenzte Schicht von Politikern, Beamten und Geschäftsleuten. Sie hatten dabei die besondere Position des Kreises in der ehemaligen DDR nicht bedacht: Er verteilte die knappen finanziellen und materiellen Mittel an Gemeinden und Einwohner. Das wirkt sich noch heute auf seinen Stellenwert in den Augen der Bevölkerung aus. Und auf lokaler Ebene? Hier fielen schon im Vorfeld des Gesetzgebungsprozesses die Reaktionen zwiespältig aus. Dies bestätigt eine Untersuchung aus Sachsen-Anhalt.[20] Auf der einen Seite stehen diejenigen, die die vor kurzem erst zurückgewonnene Eigenständigkeit ihrer Gemeinde nicht zugunsten einer größeren Verwaltungseffizienz geopfert sehen wollen; auf der anderen sind jene zu finden - sie bekleiden oft genug Ämter und Mandate - die sich der Einsicht beugen, der Aufbau Ost überfordere die kleinräumige kommunale Verwaltungskraft. Ihnen wurde die Zustimmung zu den Reformgesetzen dadurch erleichtert, daß zunächst die politische Eigenständigkeit der meisten Gemeinden erhalten bleiben soll.

Der Kreis besitzt eine "Doppelnatur": Er stellt eine Verbindung von unterer staatlicher Verwaltungsbehörde und Selbstverwaltungskörperschaft dar. Anders ist die "Doppelnatur" der Gemeinde beschaffen: Sie verkörpert sowohl eine Verwaltungseinrichtung vor Ort als auch eine Bürgergemeinschaft. Es kann nicht übersehen werden, daß diese für die klassische Ortsgemeinde kennzeichnende Verbindung durch die in den neuen Bundesländern eingeführten Konstruktionen des Amtes bzw. der Verwaltungsgemeinschaft auseinandergerissen wird. Diese bilden nicht nur die Schreibstuben der unter ihrem Dache zusammengeschlossenen Gemeinden, sondern ihre Verantwortungsgremien treffen auch wichtige Entscheidungen für die Einwohner der Raumschaft. Der Begriff Einwohner ist hier nicht von ungefähr gewählt. Die Gemeindebürger können zwar ihre Gemeindeorgane bestellen, beim Amt bzw. bei der Verwaltungsgemeinschaft bleiben sie jedoch "draußen" vor der Tür. Mit anderen Worten: Deren Verwaltungsausschüsse setzen sich aus Bürgermeistern und Gemeinderäten zusammen. Es wird sich zeigen, ob dieses Demokratiedefizit bürger- und sachnahen Entscheidungen und der Herausbildung kommunaler Identitäten dienlich ist oder ob diese "Schieflage" nicht nur zu einem Übergewicht der Verwaltung, sondern auch zur Erosion von Identitäten und zu einem Abbau von Identifikationsgefühlen führt.

Heimat kann nicht nur ererbt, sondern auch durch eine gestaltende Teilnahme am kommunalen Leben erworben werden.[21] Dabei ist Partizipation nur eine identifikationsstiftende Komponente unter anderen, wobei verschiedene Auffassungen darüber bestehen, wie diese zu erklären sind und welchen Stellenwert sie besitzen. Einige Autoren - wie Ina-Maria Greverus - gehen in Anlehnung an die vergleichende Verhaltensforschung davon aus, daß ein psychologisches Grundbedürfnis nach räumlicher Verwurzelung und Gestaltung bestehe.[22] Andere - wie Heiner Treinen - führen die Identifikation mit der räumlichen Einheit auf die Funktionalität der in der Wohngemeinde ablaufenden sozialen Bezüge zurück.[23] Hartmut Esser kritisiert beide Erklärungsansätze aus unterschiedlichen Gründen: zum einen ließen sich territoriale Bedürfnisse nur schwer nachweisen; zum anderen sei keinerlei mechanisch-kausale Verbindung zwischen räumlichen Funktionen von sozialen Beziehungen und der Identifikation von Personen mit dem Raum feststellbar. Er selbst faßt die territoriale Identifikation als Spezialfall der kognitiven Handlungs- und Entscheidungstheorie auf, d. h. Menschen würden aus einem Angebot an Identifikationsmöglichkeiten diejenigen auswählen, für die der Nutzen am höchsten, die Kosten jedoch am niedrigsten bleiben.[24] Wie läßt es sich aber erklären, daß Menschen bereit sind, Opfer für das Eigenleben ihrer Gemeinde zu erbringen?

Beide - Identifikation und Identität - können eine Verbindung im Lokalismus eingehen. Dabei richtet sich der "politische Lokalismus" auf die politische Gestaltung der Gemeindeverhältnisse und deren Vertretung nach außen - der "soziale Lokalismus" drückt hingegen eine Einbindung in das örtliche Zusammenleben aus. In der DDR war der politische Lokalismus als eigenständige Kraft und Erscheinung nicht gefragt, der soziale Lokalismus reduzierte sich vielfach auf sich einigende Notgemeinschaften. Die kommunale Gebiets- und Verwaltungsreform schont zwar den kaum zu Kräften gekommenen politischen Lokalismus, sie ist aber wenig geeignet, diesen aufgrund von Demokratiedefiziten zu stärken. So wird es auf zweierlei ankommen: Zum einen - trotz der Umstellungsprobleme der Bürger und ihrer Politikverdrossenheit - dem kommunalen Leben in den Ortsgemeinden politische Formen und Inhalte zu geben; zum anderen dem sozialen Lokalismus durch die Gründung oder Wiederbelebung von Vereinen einen Rückhalt zu verschaffen. Sollte beides gelingen, so käme dies vermutlich einer Intensivierung der Gemeindeidentifikation zugute. Wenn aber die überlokalen Einrichtungen des Amtes oder der Verwaltungsgemeinschaft von diesen Bemühungen ausgespart bleiben, könnte darunter das labile Verhältnis zwischen Ortsgemeinde und Verwaltungsgemeinschaft, zwischen Bürgergemeinschaft und Bürokratie, zwischen Identität und Effizienz Schaden leiden. Auch die Verwaltungsgemeinschaften und Ämter brauchen ein gewisses Maß an Identität und Identifikation, immer unterstellt, daß beide zur Problemidentifizierung, Integration und Partizipation beitragen. Die Chancen, beides zu erlangen, hängen nicht nur von gemeinsamen Einrichtungen und dem bürgerschaftlichen Willen, sondern auch von einer konsensfähigen, identifikationsfördernden Namensgebung und von gespeicherten Erfahrungen ab, d. h., von historischen Zusammengehörigkeitsgefühlen. Falls es nicht bereits zu spät ist, sollten die Kommunalreformer diese Erfahrung berücksichtigen: Historischer Kultur- und sozialer Verwaltungsraum gehören tunlichst zusammen. So kann den Menschen in den neuen Bundesländern geholfen werden, wieder eine "komplexe Identität" zu gewinnen, in der neben Deutschland, Europa und dem eigenen Bundesland auch die Kommunalräume einen vom Staat abgesetzten und Identifikationen auf sich ziehenden Platz einnehmen.

Tabelle 1: Affektive Bindungen der Bürger in den neuen Bundesländern an politische Gemeinschaften
(Bettina Westle: Nationale Identität im Umbruch, in: Politische Bildung, 1/1992)

Monat		Gemeinde		Land		DDR		Deutschland		Westeuropa		Osteuropa	
		März	S/O	März	S/O	März	S/O	März	S/O	März	S/O	März	S/O
stark	1	38,9	40,7	48,5	47,4	32,1	27,2	50,0	38,6	16,1	11,9	8,8	8,5
ziemlich	2	37,4	38,6	30,3	37,0	42,9	39,0	32,3	42,2	34,1	37,9	31,3	32,5
wenig	3	19,3	16,3	13,5	11,7	19,6	22,8	16,2	16,7	37,8	39,5	44,2	47,3
gar nicht	4	4,3	4,3	7,7	3,9	5,5	10,9	1,7	2,5	12,1	10,7	14,5	11,7
Mittelwert		1,89	1,84	1,80	1,72	1,98	2,17	1,70	1,83	2,46	2,49	2,65	2,62
KA n		18	52	22	50	19	52	20	50	22	48	18	60

Gesamt N März 1990: 1450, Sept./Okt. 1990: 897

Quellen: IVS, gewichtet

Tabelle 2: Bevölkerung, Fläche und Bevölkerungsdichte
sowie Zahl der kreisfreien Städte/Stadtkreise, Landkreise und Gemeinden in den neuen Bundesländern
(Vorläufige Übersicht nach dem Gesetzgebungsstand vom 1.7.1993)

Land	Bevölkerung		Fläche		Dichte				Anzahl der		
	insgesamt in 1000	in %	in qkm	in %	E/qkm	kreisfreien Städte vorher/nachher		Landkreise vorher/nachher		Gemeinden vorher/nachher	Gemeindeverbände Ämter/Samtgemeinden/Verbandsgemeinden/Verwaltungsgemeinschaften Anzahl der Ämter/Samtgemeinden/Verwaltungsgemeinschaften
Mecklenburg-Vorpommern	1963,9	2,5	23838	6,7	82	6	6	31	12	1117 / 1.095	122
Brandenburg	2631,2	3,4	29059	8,1	91	4	4	38	14	1775 / 1.673	160
Sachsen-Anhalt	2965,0	3,8	20445	5,7	145	3	3	37	21	1350 / 1.260	130
Thüringen	2683,9	3,4	16251	4,6	165	6	5	35	17	1699 / ca. 1600	
Sachsen	4900,7	6,3	18337	5,1	267	7	-	48	23	1623	
Berlin (O)	1279,2	1,6	403	0,1	3174	-	-	-	-	1	
neue Länder	16433,8	21,1	108333	30,3	152	28		189		7565	
Schleswig-Holstein	2559,3	3,3	15728	4,4	163	4	4	17	11	1378 / 1131	davon 1029 in 119 Ämtern
Niedersachsen	7169,2	9,2	47439	13,3	151	16	9	60	38	3976 / 1031	davon 744 in 142 Samtgemeinden
Nordrhein-Westfalen	16789,7	21,6	34070	9,5	493	38	23	57	31	2334 / 396	
Hessen	5541,2	7,1	21114	5,9	262	9	5	39	21	2684 / 426	
Rheinland-Pfalz	3640,1	4,7	19848	5,6	183	12	12	39	24	2905 / 2304	davon 2253 in 163 Verbandsgemeinden
Baden-Württemberg	9374,0	12,0	35751	10,0	262	9	9	63	35	3379 / 1111	davon 922 in 272 Verwaltungsgemeinschaften
Bayern	10989,6	14,1	70554	19,8	156	48	25	143	71	7073 / 2051	davon 1083 in 346 Verwaltungsgemeinschaften
Saarland	1053,1	1,4	2570	0,7	410	-	-	7	6	345 / 52	
Hamburg	1595,3	2,0	755	0,2	2114	1	1	-	-	1 / 1	
Bremen	660,4	0,8	404	0,1	1634	2	2	-	-	2 / 2	
Berlin (W)	2046,1	2,6	480	0,1	4261	1	1	-	-	1 / 1	
alte Länder:	61418,0	78,9	248713	69,7	247	136	91	425	237	24078 / 8506	
insgesamt	77851,8	100	357046	100	219	175		614		31643	

Anmerkung: Einwohner: Stand 12/1989 (neue Länder) und 6/1989 (alte Länder).
Quellen: Sächsisches Staatsministerium des Inneren, Entwurf eines Denkmodells zur Kreisreform, Stand: 14.11.1991, Tabellen 1 und 2; Knemeyer-Graf, Kreisgebietsreform in Bayern, Mitteilungen des Landkreisverbandes Bayern, Juni 1982, Knemeyer: Kommunale Gebietsreform in den neuen Bundesländern, Landes- und Kommunalverwaltung, H. 6/1992, S. 179, Eigene telefonische Umfrage bei den Gemeindetagen.

Anmerkungen

1 Stobbe, O. (1965). Geschichte der deutschen Rechtsquellen, Leipzig 1860 (S. 36). Neudruck Graz.

2 Heffter, H (1950). Die deutsche Selbstverwaltung im 19. Jahrhundert. Stuttgart.

3 Knemeyer, F.-L. (1990) (Hrsg.). Aufbau der kommunalen Selbstverwaltung in der DDR. Baden-Baden.

4 Weber, M. (1976). Wirtschaft und Gesellschaft (S. 160 ff). Tübingen.

5 Rutz, W., Scherf, K. & Strenz, W. (1993). Die fünf neuen Bundesländer. Darmstadt.

6 Schneider, H. (1993). Der Aufbau der Kommunalverwaltung und kommunalen Stelbstverwaltung in den neuen Bundesländern In: Aus Politik und Zeitgeschichte (36) 18-27.

7 Eibl-Eibesfeld, I (1984). Die Biologie des menschlichen Verhaltens-Grundriß der Humanethologie. München.

8 Friedrich, C. J. (1995). Der Verfassungsstaat der Neuzeit (S. 273). Berlin.

9 Hoscislawski, Th. (1991). Bauen zwischen Macht und Ohnmacht - Architektur und Städtebau in der DDR. Berlin.

10 Szalai, W. ((1993). Wie funktionierte die Identitätsbildung in der DDR? In: U. Uffelmann (Hrsg.), Identitätsbildung und Geschichtsbewußtsein nach der Vereinigung Deutschlands (S 84-85). Weinheim.

11 Sauer, B. (1989). Volksfeste in der DDR. In Der Bürger im Staat (3) 213.

12 Kosing, A. (1976). Nation in Geschichte und Gegenwart - Studie zur historisch-materialistischen Theorie der Nation. Berlin (Ost).

13 Schneider, H. (1994). Kommunale Selbstverwaltung, Gebietsreform und ländliche Kommunalpolitik. In: H. Schneider & R. Voigt (Hrsg.). Gebietsreform in ländlichen Räumen. Erfurt.

14 Wagner, F. (1969). Der Neubau der Verwaltung. Berlin

15 Smend, R. (1928). Verfassung und Verfassungsrecht. München.

16 Gunst, D. (1990) Gebietsreform, Bürgerwille und Demokratie - Entsprach die kommunale Gebietsreform tatsächlich und rechtlich dem Gemeinwohl? In Archiv für Kommunalwissenschaften (29) 189-209.

17 Greverus, I.-M. (1972). Der territoriale Mensch. Frankfurt.

18 Marquart, Ch. (1993). Regieren lernen in Kantinen. Deutsche Szene: Junge Aufsteiger beleben die Dresdner Verwaltung. In FAZ (4.8.)

19 Schmidt-Eichstaedt, G. (1993). Kommunale Gebietsreform in den neuen Bundesländern. In: Aus Politik und Zeitgeschichte (36) 3-14.

20 Feldmann, S. (1992). Zur Organisation der Gebietsreform, dargestellt am Beispiel der Verwaltungsgemeinschaft Bernburg-Land, Sitz Preußlitz (unveröffentlichts Manuskript).

21 Bausinger, Hermann (1983). Auf dem Wege zu einem neuen, aktiven Heimatverständnis. In: Der Bürger im Staat (4) 211-217.

22 Greverus, I.-M. (1972). Der territoriale Mensch. Frankfurt.

23 Treinen, H. (1974). Symbolische Ortsbezogenheit. In P. Atteslander & B. Hamm (Hrsg.), Materialien zur Siedlungssoziologie. Köln.

24 Esser, H. (1984). Lokale Identifikation von Einheimischen und Ausländern im Ruhrgebiet. In: Essener Gespräche zur politischen Kultur (1).

Herbert Raisch

Zur Innovation raumbezogener Identität in Deutschland nach der Vereinigung - Schwerpunkt Ostdeutschland

"Vor uns liegt die schwierige Aufgabe, die deutsche Einheit so zu vollenden, daß es in ganz Deutschland gleiche Lebensverhältnisse gibt und somit das Selbstwertgefühl der Menschen im Osten gestärkt wird". Mit diesen Worten hat Willy Brandt im Dezember 1990 die erste Sitzung eines frei gewählten gesamtdeutschen Bundestages im Berliner Reichstagsgebäude eröffnet. Daß die Lebensverhältnisse in West und Ost noch lange nicht gleich sein werden, ist inzwischen deutlich geworden. Wie aber steht es mit dem Selbstwertgefühl der Menschen im Osten? - Hat sich die objektive Situation oder die subjektive Einschätzung verschlechtert oder gebessert? Hat der Vereinigungsprozeß Fakten offenbart und Mentalitäten entstehen lassen, die das ostdeutsche *Identitätsverständnis* seit 1990 verändert haben?

Immer noch gilt das Hauptinteresse der meisten Untersuchungen den ökonomischen Problemen und *nicht den realen Lebenssituationen* der Menschen nach der Wende, obwohl seit langem bekannt ist, daß Vertrautheit und Geborgenheit, Verhaltens- und Bewertungssicherheit, Handlungskompetenz und Kontinuität Fundamente der Gestaltung lokaler und regionaler Alltagswelten darstellen[1]. Diese menschlichen Bedürfnisse werden vor allem auch durch *räumliche Identität* geprägt als Resultat der Sozialisation, insbesondere der Interaktion in räumlich definierbaren Gruppen.[2]

Wie man sich räumliche Identifikation aneignet durch ständige Mitwirkung an der Gestaltung des Umfeldes, so kann man diese Identität auch verlieren, sie kann sich wandeln. Gerade in Zeiten rascher gesellschaftlicher Veränderungen droht *Identitätsverlust* mit gravierenden Folgen.

Dieser Beitrag zur raumbezogenen Identitätsforschung basiert auf empirischen Untersuchungen, die im Sommersemester 1993 mit 40 Studierenden der Pädagogischen Hochschule Heidelberg vorgenommen wurden. Das Projekt, von dem hier nur ein ganz kleiner Teil vorgestellt werden kann, umfaßte drei Stufen:

> 1) *Gruppendiskussion:*
> Je 10 Personen (5 Frauen und 5 Männer zwischen 20 und 55 Jahren) in Heidelberg und Dresden.
>
> 2) *Qualifizierte Befragung (Einzelexploration von ca. 1 Stunde):*
> Je 20 Personen (10 Frauen und 10 Männer zwischen 14 und 62 Jahren) in Heidelberg und Dresden.
>
> 3) *Quantitative Erhebung (Fragebogeninterviews):*
> 823 Personen ab 14 Jahren in Dresden und im östlichen Erzgebirge.

Die Auswertung der Gruppendiskussionen und der Einzelgespräche bildete die Basis für die Formulierung der Fragestellungen in der Quantitativen Erhebung.

Arbeitslosigkeit:Ausgrenzung - Entfremdung - Ohnmacht

Im vierten Jahr nach der Wiedervereinigung ist, angesichts von 4 Millionen registrierter Arbeitslosen in ganz Deutschland, der Verteilungskampf zwischen Ost und West in vollem Gange. Kein Platz mehr für Rücksichten. Die Dramatik des wirtschaftlichen Niedergangs in den neuen Ländern wird vielfach noch unterschätzt. Insgesamt ist die Zahl der Beschäftigten um etwa ein Drittel zurückgegangen, von den West-Ost-Transferzahlungen fließen rund 70 Prozent in den Konsum statt in produktive Investitionen. Der Umsatz des gesamten ostdeutschen verarbeitenden Gewerbes war 1993 kleiner als der Umsatz des größten deutschen Unternehmens Daimler-Benz. Der ostdeutsche Anteil am deutschen Export beträgt gerade 2 Prozent[3]. Ein selbsttragender Aufschwung ist bislang nicht in Sicht.

Viele Industrien gibt es nicht mehr. Die Treuhandanstalt gilt als "Jobkiller" und "Plattmacher", wie unsere Interviews immer wieder bezeugen. Ihr Auftrag, der Verkauf der einstigen DDR-Staatsbetriebe ist fast abgeschlossen. Von den 12.000 Betrieben stehen heute noch etwa 700 zum Verkauf. Allein in Thüringen sind 70 Prozent der industriellen Arbeitsplätze seit der Wende verschwunden. Die Befragungen zeigen, daß die Menschen nicht verstehen können und wollen, daß früher exportfähige Produkte jetzt nicht mehr verkäuflich sein sollen. Als Beispiel wird uns vorgerechnet: "Die Deutsche Waggonbau Ammendorf (DWA), ein anerkannt moderner Betrieb, ist akut gefährdet, weil man Hermes-Bürgschaften verweigerte und die Konkurrenz im Westen jammerte. 20.000 Menschen arbeiten bundesweit im Waggonbau, aber nur 12.000 werden benötigt. Ein abgebauter Arbeitsplatz kostet im Westen rund 70.000 Mark, im Osten aber nur 9.000 Mark. Da könne man den Taschenrechner getrost in der Schublade lassen"[4]. Der Wegfall der Märkte im ehemaligen Ostblock ist dabei auch kein Argument mehr. Natürlich sanken die ostdeutschen Exporte nach Osteuropa 1992 um mehr als 37 Prozent, die westdeutschen Exporte dorthin stiegen jedoch gleichzeitig um 16 Prozent. Verständlich der Fingerzeig aus dem Osten auf die westdeutsche Kohle- und Stahlproduktion, auf die Werften und die Landwirtschaft. Bischoferode war nur ein Symbol für den inzwischen angesammelten Zorn der Ostdeutschen und ihr neues Selbstbewußtsein.

1) Zukünftige persönliche Situation

Frage: Wie sehen Sie in den kommenden fünf Jahren Ihre persönliche Situation?	
Repräsentativumfrage von 823 Personen ab 14 Jahren in Ostdeutschland.	
Von je 100 Befragten finden ihre zukünftige Situation ...	
eher optimistisch	52
gleichbleibend	27
eher pessimistisch	21

Mit der Wiedervereinigung am 3.10.1990 wurde dem Osten ein im Westen über vierzig Jahre langsam gewachsenes System 1:1 übergestülpt. Aber dieses System funktioniert im Osten nicht, kann nicht funktionieren, weil es für eine andere gesellschaftliche Wirklichkeit bestimmt ist. Westliche Wirtschaft ist in die ostdeutsche Welt eingebrochen mit zahllosen Folgen: ungeübtes Konsumverhalten, hemmungslose Verschuldung, ein anderer Zeittakt der Arbeit, ineffiziente Organisationsformen und vieles mehr. West diktiert Ost die Lebensbedingungen. Daß die Zerstörung ostdeutscher Strukturen auch im ökonomischen Bereich über das Notwendige hinausgeht, ist mit Händen zu greifen. Die schlimme Folge jedoch ist die *Arbeitslosigkeit*. Offiziell liegt die Quote bei rund 15 Prozent; rechnet man alle dazu, die im Vorruhestand sind, Altersübergangsgeld beziehen, sich in Umschulung oder Fortbildung befinden aufgrund von ABM-Hilfen, so beträgt die Zahl weit über 30 Prozent, in manchen Regionen über 50 Prozent.

2) Persönliche Situation seit der Wiedervereinigung

Frage: Hat sich Ihre persönliche Situation verändert?	
Repräsentativumfrage von 823 Personen ab 14 Jahren in Ostdeutschland	
Von je 100 Befragten finden ihre seitherige Situation ...	
verbessert	34
verschlechtert	20
etwa gleichgeblieben	45

3) Frauen in Ostdeutschland: Verlierer der Einheit?

Arbeitslosenquoten jeweils zur Jahresmitte in Prozent				
Jahr	West		Ost	
	Männer	Frauen	Männer	Frauen
1991	5,7	7,2	9,8	14,5
1992	6,2	7,4	10,4	20,1
1993	8,1	8,8	11,0	21,5

Anm.: Die Statistik erfaßt nur die offiziell gemeldeten Arbeitslosen. Hinzu kommen noch jene Frauen, die an ABM-Maßnahmen oder Umschulungen teilnehmen, die vorzeitig in Rente gegangen sind oder die resigniert haben und sich nicht mehr beim Arbeitsamt melden. Während in Westdeutschland vor 1990 nur jede zweite Frau berufstätig war, waren es in der DDR über 80 Prozent. Bundesanstalt für Arbeit

Oft wird gefragt: Wer sind die Verlierer der deutschen Einheit? - Die über 50jährigen? Die Jugendlichen? Die Frauen? - Wer bleibt am Ende als Gewinner übrig? Die Umfragen im Osten bezeugen ein düsteres Bild der allgemeinen wirtschaftlichen Situation. Nach der eigenen Situation befragt, antwortet aber über ein Drittel, daß es ihnen besser gehe als vor der Wende und nur einem Fünftel geht es angeblich schlechter; über die Hälfte sehen ihre persönliche Zukunft in den nächsten drei Jahren eher optimistisch und nur ein Fünftel pessimistisch. (Abb. 1 - 3)

Als Verbesserung werden die Güter der Freizeitgesellschaft, als Verschlechterungen jedoch Probleme der Befriedigung existentieller Grundbedürfnisse wie Arbeiten, Wohnen, Sicherheit genannt. (Abb. 4)

Sind das Widersprüche? - Nur auf den ersten Blick. Unser Sozialsystem sorgt dafür, daß niemand am Hungertuch nagen muß. Die persönliche wirtschaftliche Situation hat sich tatsächlich, wenn auch oftmals aufgrund nicht selbständig erwirtschafteter Mittel, für viele Ostdeutsche verbessert. Zusätzlich hat der Umtausch der Währungsunion am 1.7.1990 aus brachliegendem Ost-Geld der DDR-Konten klingende Westmünze gemacht und das hieß West-Autos, West-Reisen, West-Fernsehen, West-Konsum. - West-Feeling? - *Nein!*

4) Verbesserungen - Verschlechterungen nach 1990

Frage:	Was hat sich nach der Wiedervereinigung allgemein verbessert - verschlechtert?

Repräsentativumfrage von 823 Personen ab 14 Jahren in Ostdeutschland

Von je 100 Befragten nannten als

Verbesserungen

Freizeitangebote	49
Reisefreiheit	97
Medienvielfalt	97
Warenangebot	98

Verschlechterungen

Arbeitsmöglichkeiten	58
Zusammenleben	71
Mietpreise	75
Verkehrssituation/-sicherheit	86
Kriminalität	89

5) Vorzüge der Bundesrepublik - der DDR

Frage:	Worin liegen die Vorzüge der Bundesrepublik, worin lagen die Vorzüge der DDR?

Repräsentativumfrage von 823 Personen ab 14 Jahren in Ostdeutschland

Von je 100 Befragten nannten als

Vorzüge der	*Bundesrepublik*	*DDR*
Warenangebot	98	0
Lebensstandard	81	5
Persönliche Freizügigkeit	75	5
Politisches System	48	6
Beruflicher Aufstieg	37	33
Fürsorge des Staates	10	58
Schulsystem	12	65
Nachbarschaften/soziales Umfeld	5	78
Kriminalität	3	87
Kinderbetreuung	2	94
Sicherer Arbeitsplatz	1	95

Wenn man die Arbeitslosigkeit, den Ruin leistungsfähiger Betriebe, die Entwertung der Lebensgeschichte und der Qualifikation auch hochqualifizierter Berufe, die Unsicherheit der Wohn- und Eigentumsverhältnisse sieht, so sind das schon Zeichen von Identitätsverlust. Es haben sich aber bei weitem nicht nur die Wirtschaftsverhältnisse und das ökonomische Verhalten von Grund auf verändert. Das gesamte Sozialleben mit fast allen Gruppen und Instanzen, mit allen Gewohnheiten und Sicherheiten ist weggefegt und neu organisiert worden. Die rechtlichen, administrativen und sozialen Zustände und Regelungen wurden mit allen Konsequenzen über Nacht ausgewechselt. Und diese neue Ordnung, die hinten und vorne noch nicht klappt, wird vor allem als unermeßliche Zunahme von Bürokratie erlebt. Die demokratischen Elemente dieses ausgetüftelten Systems, nämlich insbesondere Schutz gegen Willkür und rechtliche Kontrollierbarkeit, werden als solche nicht verstanden, viele Sozialleistungen wegen des Antragdickichts von den Berechtigten nicht wahrgenommen. Nur westliche Verwaltungsfachleute und Juristen, Wirtschaftsfachleute und EU-Berater, westliche Schuldenhelfer und Sozialverwalter beherrschen dieses Instrumentarium und haben entsprechende Macht- und Führungspositionen inne, die von den Ostlern wiederum als eigene Unmündigkeit erlebt werden. *Wie lange wird dieser Zustand so bleiben?*

6) Bürger zweiter Klasse

Frage: Wie lange werden die Bürger Ostdeutschlands Bürger zweiter Klasse sein?
Repräsentativumfrage von 823 Personen ab 14 Jahren in Ostdeutschland
Von je 100 Befragten finden dies...
etwa 3 Jahre   2
etwa 5 Jahre   15
etwa 10 Jahre   65
mehr als 10 Jahre 15

Immer wieder wurde uns das in den Interviews an Beispielen eindrucksvoll vorgetragen bis hin zum Problem mit den Steuererklärungen, zur Gängelung und Vereinnahme durch Versicherungsvertreter und bis zu einem Gefühl des Ausgeliefertseins im Bankwesen. Hinzu kommt der Sprengstoff der sozialen Situation.

Gerade Jugendliche erleben diese kollektive Zurücksetzung, ja Ohnmacht, vor allem an ihren Eltern, über deren Arbeitslosigkeit und Verdrossenheit beim Beantragen von Renten, Wohnungsgeld, Sozialhilfe. Sie erleben sie aber auch als eigene Unsicherheit, als eine ihnen ganz neue Subjektivierung des Berufsrisikos. Vor der Wende hat es Lehrstellenmangel und Arbeitslosigkeit nicht gegeben.

Arbeitslos zu sein gilt im Osten noch immer als persönliches Versagen. Wenn man im Westen immer wieder auf die geringe Produktivität der Ostwirtschaft verweist und von einer "verdeckten Arbeitslosigkeit" spricht, die faktisch geherrscht habe, so mag das ökonomisch berechtigt sein. Für die Betroffenen ist aber - psychisch und sozial - der Unterschied trotzdem wie Weiß und Schwarz: Ob man von Arbeitslosengeld lebt (auch wenn dieses Geld eine andere Kaufkraft hat) oder von Arbeit, also von einem regulären Lohn, ist ein gravierender Unterschied. So gut wie alle hatten ja Arbeit, es war eine Beschäftigungsgesellschaft. Heute keine Arbeit mehr zu haben, ist aufgrund dieser Sozialisation noch viel schwerer zu ertragen als im Westen, gerade auch für die Frauen, die dort fast ebenso vollständig wie die Männer über ihren Beruf definiert und in der Gesellschaft anerkannt waren. Andreas Flitner, der in Jena am Pädagogischen Institut Aufbauarbeit leistet, hat dies expressis verbis ausgeführt: "Die ostdeutsche Bevölkerung steht heute unter Fremdheits- und Ohnmachtserfahrungen, die hier im Westen noch wenig zur Kenntnis genommen, jedenfalls in ihrer Reichweite unterschätzt werden".[5] Genau das sind unsere Erkenntnisse und Erfahrungen aus den Gesprächen und Befragungen im Osten. Entfremdung bedeutet jedoch nichts anderes als *Identitätsverlust*.

Verlust sozialer Räume

Immer wieder wurde behauptet, der egalisierende "Charme" der Plattenbauten habe in der ehemaligen DDR individuelle Züge von Städten und Dörfern verwischt, weil sich die Menschen den zentralistischen Planungskonzepten des Sozialismus unterzuordnen hatten. Heute wissen wir, daß dies nicht der Fall ist, schon allein aufgrund der wirtschaftlichen Misere. Aber trotz oft maroder Bausubstanz in den alten Städten und Dörfern, ist doch ein beachtliches Maß an Unverwechselbarkeit und Eigenart der Physiognomie erhalten geblieben ganz im Gegensatz zu den Folgen mancher westlicher Beton-Bausünden der sogenannten Moderne vor allem in den 70er Jahren.

Die Entwicklung in Ostdeutschland seit 1990 läßt jedoch befürchten, was auch unsere Befragungen offenbaren, daß sich historische Bausubstanz und damit ästhetisch-symbolische Werte als Zeichen der Identität in Stadt und Land aus Gründen der Funktionalität und des Zweckrationalismus (durch das Konsumdenken) rasch verändern. Modernisierung bedeutet vielerorts Reproduktion westlicher Raumelemente, weil sie eine Verbesserung der äußeren Lebensumstände verspricht, und deshalb wird sie einerseits akzeptiert. Die gesellschaftliche Transformation schlägt sich voll im Raumwandel nieder, aber um welchen Preis? Trotz äußerer Akzeptanz werden auch schon die weniger guten und die schlecht empfundenen Elemente artikuliert, eine deutliche Ambivalenz. Mai hat darauf eindringlich hingewiesen: "Zweifellos trifft der Umbau von Heimat in Ostdeutschland bei den Einheimischen auf relativ breite kognitive Akzeptanz, da er in erster Linie eine Verbesserung der Lebensbedingungen verheißt. Offenbar wird dabei die leidvolle Erfahrung westdeutscher Städte in den Wind geschlagen, die nach dem Krieg wertvolle historische Bausubstanz seelenloser Modernisierung geopfert hat. Doch bleibt der Vorgang ambivalent: kognitive Akzeptanz schließt Verlustgefühl und empfundene Bedrohung gewachsener räumlicher Identität keineswegs aus, je nach spezifischen Bedeutungsgehalten veränderter bzw. beseitigter Landschaftselemente für Individuen, Familien, Nachbarschaften".[6]

7) Lokale und regionale bauliche Veränderungen

Frage: Welche baulichen Veränderungen in Ihrem Ort, in Ihrer Stadt oder in Ihrer Region halten Sie für gut, weniger gut oder für ausgesprochen schlecht?

Repräsentativumfrage von 823 Personen ab 14 Jahren in Ostdeutschland.

Von je 100 Befragten finden die lokalen und regionalen baulichen Veränderungen

	gut	weniger gut	schlecht
Neue Straßenbeläge und Gehsteige	86	13	1
Renovierung der Häuser	82	16	2
Modernisierung der Schaufenster	77	19	5
Mehr Einzelhandelsgeschäfte	65	27	8
Neubau von Straßen/Umgehungsstraßen	56	34	10
zu viele Supermärkte, Getränkeshops, Baustoffhandlungen	40	45	15
zu viel Reklame (Schilderwald)	32	47	21
zu starke Veränderung alter Gebäude durch Geschäfte	24	48	28
Einbau von Discos und Spielhallen	6	52	42
zu viele Autocenter u. Möbelgeschäfte	25	30	45
neuartige Gaststätten in alten Gebäuden mit zahlreichen Fremden	21	33	46
keine Jugendtreffs/Jugendhäuser	5	28	67
Beseitigung alter Bäume und Alleen	0	17	83
Wohnungssituation (zu wenig gebaut)	0	9	91

Es wird also beim Einigungsprozeß im Sinne von Identitätsbildung sehr darauf ankommen, ob bei den raschen Veränderungen des ostdeutschen Raumes weit mehr als bisher mit der notwendigen Sensibilität ästhetisch-symbolische Raummuster in historischer Kontinuität (auch der Nachkriegsgeschichte) beachtet werden, damit Heimat von Menschen nicht von außen verfremdet und zerstört, sondern von den Betroffenen aktiv mitgestaltet und damit erworben werden kann.

Der rasche ökonomische Wandel verändert die Identitätsräume oft unkontrolliert und bedroht in hohem Maße soziale Räume. Durch den Verlust des Arbeitsplatzes, durch die erlangte Mobilität, durch Wegzug sind Zusammengehörigkeitsgefühl, Nachbarschaften, soziale Bindungen verlorengegangen. Besonders Jugendliche klagen darüber, daß sie keine Jugendfreizeitstätten (Jugendheime, Jugendtreffs) mehr in ihrer Nähe besitzen, daß es aber Kneipen, Discos, Spielautomaten genug gebe.[7]

So macht sich durch den Verlust sozialer Räume zunächst Desorientierung, Verunsicherung, Entwurzelung breit. Jugendliche fühlen sich nicht mehr geborgen, beheimatet. "Die Einrichtungen der DDR-Zeit für Jugendaktivitäten sind weithin weggebrochen, ein Auffangnetz ist bisher noch kaum geknüpft worden."[8] Fehlende Berufschancen, fehlende Arbeit, fehlende Wohnungen, fehlende Jugendräume, fehlende Jugendarbeit, Einführung der Leistungsschule statt der Einheitsschule - für Hauptschüler sehr problematisch - führen zu Nichtverstandenwerden, zu Angst und Aggression.[9] Solche sozialen Krisen, entstanden aus sozialräumlichem Identitätsverlust, bilden den Nährboden für aggressive Feindseligkeit gegenüber der "zivilen" Gesellschaft, für neue Gruppenbildung unter dem Slogan: "Was zählt, ist action!"

Das geht aus dem im Januar 1994 veröffentlichten Bericht zur Jugendkriminalität des sächsischen Landeskriminalamts deutlich hervor.[10] Danach ist die Kriminalität der 14- bis 18jährigen in Ostdeutschland weit höher als im Westen. Die Studie beschreibt für 1992 auch die Gewichte innerhalb der neuen Länder. So war im Bundesvergleich der Anteil der 14- bis 18jährigen an der Gesamtzahl der ermittelten Tatverdächtigen in Mecklenburg-Vorpommern mit knapp 18 Prozent am höchsten. In Brandenburg und Sachsen betrug dieser Anteil rund 15 Prozent, dicht dahinter liegen Thüringen und Sachsen-Anhalt. In den westlichen Ländern kommt lediglich Nordrhein-Westfalen mit 11 Prozent über die Zehn-Prozent-Marke. Das LKA erwartet für 1994 einen weiteren Anstieg der Jugendkriminalität. Die Beamten des Dezernats für Jugendprävention in Dresden machen für die hohe Kriminalität die Orientierungslosigkeit unter den Jugendlichen in Ostdeutschland verantwortlich, den krassen Wandel von Werten und Idealen. Aus gefürchteten Autoritäten seien über Nacht Feinde geworden. Der früher angeblich allgegenwärtige "Klassenfeind" habe sich plötzlich zum Freund gewandelt. Die staatlich gelenkte Ausbildung sei in sich zusammengefallen. Das spürten vor allem die Lehrer sehr nachhaltig. Um Klassenarbeiten zu entgehen, kündigten dem LKA zufolge z.B. Schüler in sächsischen Großstädten ihren Schulen telefonisch und schriftlich Bombendrohungen an. Schwere Prügel seien längst an der Tagesordnung. Oft seien die Lehrer überfordert, wenn es um eine angemessene Reaktion auf gewalttätiges Verhalten gehe.

Nach dem Schulbesuch wissen dann viele Jugendliche kaum etwas mit sich anzufangen. Es drohten Langeweile und Tristesse, stellt das LKA Sachsen fest. Gab es vor der Wende allein in Dresden rund 100 Treffpunkte für Jugendliche, sind es jetzt wesentlich weniger als 20. Mit dem Zusammenbruch vieler Betriebe schlossen auch deren

Jugendclubs. Auf dem Land ist die Situation noch düsterer. Häufig sind daher Imbißbuden oder Spielhallen Ersatz für weggebröckelte Angebote. Mark Brodbeck-Georgii, der Psychologe des sächsischen Jugendgefängnisses Zeithain, stellt fest, damit sei ein großer Leerraum entstanden. Zu eigener Initiative, zum Organisieren eines Jugendraums beispielsweise, seien nur wenige Jugendliche im Osten fähig. Mit dem Verlust des Arbeitsplatzes seien bei den Heranwachsenden oftmals auch wichtige soziale Verbindungen verlorengegangen. "Für viele ist eine sichere Welt zusammengefallen".[11] Nicht wenige suchten Halt bei rechtsextremistischen Gruppen.

Bei einer immer größer werdenden Gruppe spielt auch der Alkoholkonsum eine Rolle. Nach Schätzungen der Landesstelle für Suchtgefahren in Sachsen trinkt im Freistaat jedes zehnte Kind unter 15 Jahren täglich Bier, Schnaps oder Wein.[12]

Das LKA Sachsen ist der Ansicht, daß Orientierungslosigkeit, Alkohol und Gruppenzwänge auch die Gründe für einen drastischen Anstieg der Fremdenfeindlichkeit waren. Die Zahl der ermittelten Straftaten Rechtsradikaler stieg in Sachsen von 210 im Jahr 1991 (davon 150 "fremdenfeindliche Handlungen") auf 600 (in 290 Fällen gegen Ausländer gerichtet) im Jahr 1992. Als häufigste Straftat wurde der Diebstahl registriert: Fast jedes dritte Eigentumsdelikt wurde von Kindern oder Jugendlichen verübt, jeder zweite Autodiebstahl ging 1992 auf das Konto von Heranwachsenden.[12]

Angst um die eigene Wohnung

Viele Menschen empfinden, daß ihre eigene Wohnung, ihr letzter persönlicher Rückzugsort, gefährdet ist. Wohnraum war in der DDR knapp, aber hochsubventioniert, entsprechend billig waren die Mieten. Oft wurden leerstehende Wohnungen von den Menschen "besetzt" und auf eigene Kosten renoviert, wohlgemerkt nicht von irgendwelchen autonomen Gruppen, sondern von ganz normalen Bürgern.[13] Heute kommt die Angst um die eigene Wohnung sogleich nach der Angst um den Arbeitsplatz. Seit der Wende sind die Mietpreise explodiert. Bei 70 Prozent Westlohn müssen fast Westmieten bezahlt werden, da die Wohnungsbaugesellschaften kostendeckend arbeiten müssen. Dies ist eine Sisyphusaufgabe, weil fast 50 Milliarden DM Altschulden in diesem Bereich nicht durch die Mieten allein erwirtschaftet werden können. Als Folge bleiben immer neue Mietsteigerungen. Heute gibt es in den neuen Bundesländern über 2 Millionen Wohngeldempfänger, fast jeder dritte Haushalt ist auf finanzielle Hilfe vom Staat angewiesen, um das Dach über dem Kopf zu bezahlen. Trotzdem sind Mietschulden - früher ein Kavaliersdelikt - heute zur Existenzfrage geworden. Hinzu kommt die Demütigung: "Wer einmal die Räumung einer Wohnung miterlebt hat, die Gleichgültigkeit der Vollstrecker, die Kälte der Behörden, der weiß, wie groß die Demütigung für uns ist. Wir haben nichts weiter getan, als arbeitslos zu sein", erklärte uns ein 54jähriger Dresdener im Interview.[14] Und ein anderer klagte: "Am schlimmsten in unserer Wohnung sind die undichten Fenster. Bei Regen läuft das Wasser nur so herein. Wir müssen ständig Tücher zwischen die Fenster legen. Bei starkem Regen laufen wir mit Eimern hin und her, um das Wasser aufzufangen. Und jetzt noch die Mieterhöhung. Ich kann mir die steigenden Lebenshaltungskosten nicht leisten. Wohin soll ich denn gehen?"[14]

Da klingt es wie Hohn, wenn immer wieder darauf hingewiesen wird, daß der Wohnungsbau in den neuen Ländern 1993 und 1994 jeweils um 35 Prozent gesteigert wird. Das sind jeweils gerade etwas mehr als 30.000 neue Wohnungen - ein Tropfen auf den heißen Stein. Allein in Dresden besteht ein höherer Bedarf. Dazu kommt, daß viele Neubauwohnungen leerstehen: Quadratmeterpreise in den Städten haben längst Westniveau erreicht. 20 Mark und mehr sind keine Seltenheit - soviel kostete früher die ganze Wohnung. Kein Wunder, daß die Demütigung tief sitzt, wenn es um den ureigensten Lebensraum geht.

Die Schere öffnet sich immer weiter

Eines der wichtigsten Anzeichen für Identitätsverlust ist die Spaltung der Gesellschaft in Arm und Reich, in Oben und Unten. Regine Hildebrandt, Brandenburgs Sozialministerin, betonte, "das Zusammenleben ist viel schwieriger, als wir gedacht haben. Dies gehört zu den verspäteten Erkenntnissen im Osten; daß sich die Menschen in den beiden Systemen mit der Zeit auseinander gelebt haben, das merken wir erst jetzt. Dennoch ist die Ost-West-Ungleichheit nur ein befristetes Problem. Wir haben zunehmend ein Oben-Unten-Problem".[15] Deutschland ist zur Zeit also zweimal gespalten - in Arm und Reich sowie in Ost und West. Nachdem sich im Westen die Gesellschaft in den vergangenen Jahren zunehmend aufgeteilt hatte zwischen Wohlhabenden und Minderbemittelten, macht die einst recht homogene Gesellschaft in den neuen Bundesländern diese Entwicklung jetzt nach. Gleichzeitig ist das Wohlstandsgefälle zwischen Ost und West immer noch immens. Der erste gesamtdeutsche Armutsbericht belegt, daß in den neuen Bundesländern 14,8 Prozent der Bevölkerung als "einkommensarm" gelten.[16] Allerdings ist dieser Anteil von 1991 bis 1992 um 1,4 Prozent zurückgegangen. Im Westen blieben die Zahlen im gleichen Zeitraum konstant: 7,5 Prozent der Bevölkerung galten 1992 als arm.

Nach den international gültigen Kriterien wird als arm bezeichnet, wer über weniger als 50 Prozent des durchschnittlich verfügbaren Haushaltseinkommens verfügen kann. Warnend hebt deshalb der Armutsbericht hervor, aus dem Rückgang der Armutsquote im Osten dürfe nicht auf eine ausschließlich positive Einkommensentwicklung geschlossen werden.[16] Die gesamtdeutsch ermittelten Quoten könnten nicht verdecken, daß sich in den neuen Ländern die Einkommen ausdifferenzierten und der Bevölkerungsteil zunehme, der nicht am Aufschwung partizipiere. Im Osten zeichne sich "die Herausbildung einer Armutspopulation nach westdeutschem Muster" ab.[16] Der Bericht weist zudem nach, daß besonders große Familien und Alleinerziehende von den wirtschaftlichen Nöten betroffen seien. Beide Gruppen hätten am Rückgang der Armenquote im Osten nicht profitiert und drohten, dauerhaft ausgegrenzt zu bleiben. Dabei ballen sich die Probleme für sie verhängnisvoll zusammen. Bei großen Familien und Alleinerziehenden häufen sich die Notlagen aus mangelndem Einkommen sowie Mangel an Arbeit, Wohnen und Bildung. Im Gegensatz zum allgemeinen Trend stieg der Anteil dieser "kumulierten Armen" im Osten an. Die Armut in den neuen Ländern sei zudem "vor allem eine Armut der Kinder und Jugendlichen".[16] Bei den gleich mehrfach Unterversorgten haben Paare mit zwei Kindern einen Anteil von knapp 16 Prozent und Paare mit drei und mehr Kindern einen Anteil von gut 40 Prozent. Zwar stellen auch im Westen Kinder statistisch gesehen ein besonderes Armutsrisiko dar, die Zahlen sind aber bei weitem nicht so kraß. Im Osten beziehen zudem besonders viele Kinder und Jugendliche Sozialhilfe. Ihr Anteil an den Sozialhilfeempfängern beträgt knapp 44 Prozent, im Westen sind es etwa 30 Prozent, so daß auch in den neuen Bundesländern die These von einer "Infantilisierung der Armut" gelte.

"Ostalgie" - die Sehnsucht nach der vermeintlichen Nische des alten Regimes

Je mehr sich aber die wirtschaftliche Entwicklung nach unten bewegt, desto verklärter erscheint den Ostdeutschen die eigene Vergangenheit. "Ostalgie" heißt das in Ost-Neudeutsch. Die Menschen sehnen sich nach der vermeintlichen "Wärme" des alten Regimes, genauer: nach ihrer Nische. "Was ist uns denn geblieben nach der Wiedervereinigung? Nicht einmal der FKK-Urlaub an der Ostsee, weil die Wessi-Moral jetzt zum Textilbaden zwingt, aber vielleicht bleibt der "Grüne Pfeil?"[17] Die Menschen im Osten sind sensibel gegenüber Demütigungen. Bischoferode war ein Signal! Die Kommunalwahlen in Brandenburg im Dezember 1993 brachten der PDS als eigentlicher Gewinnerin des Urnengangs erhebliche Stimmengewinne. Sie resultieren vor allem aus einer bewußten Rückbesinnung auf die ostdeutsche Identität, auf das "Wir-im-Osten-Gefühl". Und schon treten Leute auf, die Vorschub für eine neue Ost-West-Ideologie liefern, indem Vorzüge und Nachteile beider Gesellschaften einfach gegeneinander aufgerechnet werden. Hans-Joachim Maaz preist z.B. die Ehrlichkeit, Offenheit, Echtheit, Emotionalität, Herzlichkeit, Solidarität "der ostdeutschen Nischenkultur"[18], und Peter Bender sieht nachträglich den Mauerbau positiv: "Die SED-Herrschaft richtete politische und seelische Verwüstungen an, die bei den mittleren und älteren Jahrgängen nie mehr ganz zu heilen sind; aber sie bewahrte die DDR-Bürger, indem sie sie einsperrte, vor mancher Verführung und Verflachung der westlichen Überflußgesellschaft".[19] Gegen eine solche DDR-Verklärung macht Rainer Eppelmann sehr deutlich Front: "Wir Menschen neigen alle dazu, zu vergessen oder die Vergangenheit mit rosaroter Brille zu betrachten. Das ist eine Wurzel dafür, daß es heute Leute gibt, die feuchte Augen bekommen, wenn sie an die schöne, schöne DDR denken. Sie schwärmen von sozialer Sicherheit, billigen Fahrpreisen und Mieten und haben dabei völlig verdrängt, warum drei Millionen DDR-Bürger abgehauen sind, warum Menschen ihr Leben dafür riskiert haben, über die Mauer zu gehen, warum Leute, das was sie in zehn oder zwanzig Jahren fleißiger Arbeit aufgebaut haben, stehen und liegen ließen. Dies hat doch nicht nur etwas mit der Hoffnung auf ein besseres materielles Leben im Westen zu tun gehabt. - Am 9. November 1989 waren wir das glücklichste Volk der Welt und meinten, daß wir uns ab sofort nur noch liebend und knutschend in den Armen liegen müßten. Wir haben dabei nicht zur Kenntnis genommen, daß in über 30 Jahren Mauer aus Beton und Stacheldraht, aus Schießbefehl und Minen eine große Zahl von anderen Mauern unbemerkt gewachsen ist - Fremdsein, Vorurteile, Nichtbegreifenkönnen oder -wollen, Interesselosigkeit. Jetzt laufen wir gegen die Mauern, weil wir zum ersten Male direkt miteinander zu tun haben. Das tut weh. Aber je schmerzhafter, um so besser. Nur so werden sich genügend Leute finden, das Zeug wegzuräumen".[20]

Martin und Sylvia Greiffenhagen weisen ebenfalls die DDR-Nostalgie und die simple Verrechnung von "Lebenszielen" (mit der Behauptung ihrer raschen Angleichung) zurück, indem sie die Hintergründe für die großen Unterschiede zwischen der ostdeutschen Arbeitsgesellschaft und der westdeutschen Freizeitgesellschaft, zwischen kleinbürgerlich-materialistischer Orientierung und bürgerlich-postmaterialistischer Lebensauffassung herausarbeiten.[21] In keinem Falle würden sich die ostdeutschen Erfahrungen und die daraus resultierende Nostalgie für eine Kritik am westdeutschen Hedonismus eignen. Westdeutsche Selbstkritik, die aus den ambivalenten Erfahrungen einer hedonistischen Spätkultur entsteht, unterscheide sich grundsätzlich von ostdeutscher Fremdkritik, die eine Zivilisationskritik verlängert wie sie deutsche Politikgeschichte viel zu lange begleitet habe. Andererseits "können die Westdeutschen nicht erwarten, daß die Ostdeutschen spätkulturelle Lebensauffassungen mit den Vorsilben "plural", "multi" und "post" gutheißen und in kurzer Zeit übernehmen. Dafür bedürfte es der Übernahme postmaterieller Bedingungen und ihrer Geschichte. Das braucht Zeit. Überdies reichen vielleicht die materiellen Ressourcen für einen solchen Wandel gar nicht aus. Der kulturelle Vereinigungsprozeß würde in diesem Fall um Jahrzehnte verzögert, weil dann nur noch durch Migrationsbewegungen eine kulturelle Durchmischung zu erwarten wäre. Und während dieser Zeit wird sich die westdeutsche Gesellschaft selbst weiterentwickeln."[19] Kann man aufgrund solcher Analysen und aufgrund der realen Lebenssituationen in Ostdeutschland überhaupt noch von *nationaler Identität* im ursprünglichen Sinne sprechen?

Unterschiedliche Identitäten

Die Frage, ob sie stolz seien, Deutsche zu sein, beantworteten im Juni 1993 von den 823 Befragten in Dresden und Umgebung 66 Prozent mit Ja, 12 Prozent mit Nein und 20 Prozent wußten nicht so recht, was sie antworten sollten. Zwei Drittel der Befragten brachten damit ein "Wir-Gefühl" im Bezug auf Deutschland zum Ausdruck. Nach den Gründen ihrer Einstellung befragt, wurden mehrheitlich zunächst Merkmale der politischen Ordnung in der Bundesrepublik Deutschland angegeben, nämlich Freiheit und Demokratie, sogleich gefolgt von den wirtschaftlichen und sozialen Leistungen des Systems, was angesichts der realen Situation einigermaßen überrascht. Danach erst folgten spezifische Eigenschaften der Deutschen, wie Fleiß, Ordnungssinn, Können, Durchsetzungsvermögen, sodann Leistungen in den Bereichen Sport und Kultur und schließlich auch die abwechslungsreiche Landschaft, Naturschönheiten und das Zuhause mit Freunden und Bekannten. Ganz eindeutig bekannte sich, so gefragt, eine Mehrheit bewußt zu nationaler Identität. Fragt man jedoch, ob sich die Menschen eher als Deutsche oder als Ostdeutsche fühlen, so bekennen sich 58 Prozent als Ostdeutsche und 38 Prozent als Deutsche. (Abb. 8) Interessant dabei ist, daß sich eine Mehrheit der 14 - 17jährigen als Deutsche und fast zwei Drittel der 30 - 49jährigen, vor allem die 50 - 64jährigen, als Ostdeutsche fühlen. Hier zeigen sich Auswirkungen der realen Lebensumstände, über die Kluft zwischen Ost und West hinaus historische Traditionen, ein starkes "Ost-Wir-Gefühl", ostdeutsche Identität.

8) Deutscher oder Ostdeutscher

Frage: Fühlen Sie sich eher als Deutscher oder eher als Ostdeutscher?		
Repräsentativumfrage von 823 Personen ab 14 Jahren in Ostdeutschland		
Von je 100 Befragten fühlen sich im Alter von ...		
	als Deutsche	als Ostdeutsche
14 - 17 Jahren	52	44
18 - 29 Jahren	38	58
30 - 49 Jahren	34	62
50 - 64 Jahren	30	65
65 Jahren und älter	35	63
Insgesamt fühlen sich 38 Prozent als Deutsche und 58 Prozent als Ostdeutsche.		

9) **Identitätsaussagen**

Frage: Welchem Raum fühlen Sie sich verbunden?	
Repräsentativumfrage von 823 Personen ab 14 Jahren in Ostdeutschland	
Von je 100 Befragten fühlen sich jeweils verbunden ...	
ihrer Gemeinde	90
der Region Erzgebirge/Sachsen	92
Deutschland	65
der Europäischen Union	25
Europa	46
der gesamten Welt	12

Was aber bedeutet in diesem Zusammenhang "Identität" und wie ist das Verhältnis der nationalen Identität zu anderen Identitäten zu sehen?

Identität bedeutet, ganz allgemein, daß die Angehörigen einer bestimmten Gruppe, also auch eines Staates, Gemeinsamkeiten entdecken, durch die sie sich von anderen unterscheiden und abgrenzen. Sie sind sich dieser gemeinsamen Merkmale bewußt und handeln danach, auch im Aufbau einer politischen Ordnung. Objektive Merkmale der nationalen Identität sind die gemeinsame Herkunft, Sprache und Kultur. Die Angehörigen einer solchen Gruppe werden durch einen gemeinsamen Willen geprägt, indem sie sich mit dem eigenen Staat identifizieren. Nationale Identität zeigt sich darin, daß sich diese Menschen dem *eigenen Staat* bewußt zugehörig fühlen und ihn und seine Ordnung bejahen. Durch solche Gemeinsamkeiten begründet, ist sie gleichbedeutend mit einem Zusammengehörigkeit ausdrückenden "Wir-Gefühl".[22]

Versucht man Identität differenzierter zu erfassen, so zeigen die Interviews, daß sich die meisten Befragten (92%) ihrer eigenen Region (Sachsen/Erzgebirge) verbunden fühlen, gleichzeitig aber auch 90 Prozent ihrer eigenen Gemeinde und noch 65 Prozent gleichzeitig auch als Deutsche. (Abb. 9) Weniger als die Hälfte identifizieren sich mit Europa (nur ein Viertel mit der Europäischen Union) und nur 12 Prozent auch mit der Welt. Wie wird diese Haltung begründet, wie ist sie zu erklären?

Die Befragungen zeigen, daß nationale Identität, mit der die Orientierung auf Staat und Nation verbunden ist, zwar noch eine wichtige Rolle spielt, aber bei weitem nicht dominiert. Nationale Identität wird also von einer lokalen und einer regionalen, aber auch von einer europäischen und einer globalen Identität ergänzt, was mehrere Umfragen für Westdeutschland ebenfalls belegen[22]. Besonders lokale und regionale Identität, überschaubare Identitätsräume, spielen für die Menschen zunehmend eine wichtige Rolle und sind dementsprechend stark ausgeprägt. Mit der auch im Osten einsetzenden Individualisierung der Gesellschaft scheinen sich die Menschen auch hier überschaubaren Einheiten, der lokalen und regionalen Ebene, zuzuwenden. Natürlich ist damit die Gefahr verbunden, individuelle lokale und regionale Interessen mit Nachdruck zu vertreten, oft unsolidarisch, egoistisch.

Ambivalent sind die Antworten auf die Frage nach einer *europäischen Identität*. Einerseits zeigen die Interviews, daß für eine starke Minderheit in Ostdeutschland ein europäisches Zusammengehörigkeitsgefühl existiert, das durch gemeinsame Wertvorstellungen wie Freiheit, Demokratie, Menschenrechte und Menschenwürde sowie auch durch soziale Marktwirtschaft begründet wird. Diese Grundwerte haben als Fundament der Europäischen Einigung nach dem Zweiten Weltkrieg, nach der Erfahrung mit totalitären Regimen ebenso eine entscheidene Rolle gespielt wie auch auf dem Weg zur deutschen Einheit, und dies war eben kein nationaler Weg. Man muß sich immer vor Augen halten, was Hans-Dietrich Genscher sagte: "Es ist ein einmaliger Vorgang in der Geschichte, daß ein Weltreich wie die Sowjetunion sein Herrschaftsgebiet freiwillig und ohne Ausnutzung seiner militärischen Potentiale aufgegeben hat. Es ist ein einmaliger Vorgang, daß ohne Einsatz der Mittel der Repression der Weg zur Demokratie begonnen wurde. Das war keine Laune des Schicksals. Das war eine Bestätigung des Freiheitswillens für ein Europa und auch das Ergebnis einer konsequenten und konzeptionellen Politik. Sie wurde möglich, weil die damalige Bundesrepublik Deutschland sich durch ihre Politik in den westlichen Zusammenschlüssen, in der Europäischen Gemeinschaft, im Nordatlantischen Bündnis, aber auch durch ihre Zusammenarbeit mit den östlichen Nachbarn ein hohes Maß an Vertrauen erworben hat. Es war Verantwortungspolitik und nicht Machtpolitik. Wir haben die deutsche Einheit verspielt durch Nationalismus und Faschismus, und wir haben die deutsche Einheit zurückerhalten als gute Europäer. Das an die Adresse aller derjenigen, die der Meinung sind, wir könnten auf den alten Weg zurückkehren. Unser Weg ist der Weg der Verantwortungspolitik. Und diese innere Haltung muß auch unseren künftigen Weg bestimmen. Nationalistische Überheblichkeit hat unser Volk immer wieder ins Unglück gestürzt und unsere Nachbarn mit uns. Noch einmal haben wir eine Chance erhalten und diese Chance heißt Europa. Eine andere haben wir nicht. Wir dürfen sie nicht noch einmal verspielen, und Deutschland trägt hier in der Tat eine große Verantwortung".[23]

Allerdings identifiziert sich erst ein Viertel der Befragten mit der Europäischen Union (EU). Man befürchtet, daß die EU ein großer Staat mit zentralistischen Tendenzen werden könnte (zahlreiche Vorschriften, Regelungen, undurchschaubare Bürokratien, Korruptionsgefahren), der überall ins politische, wirtschaftliche und soziale Leben eingreift. Es zeigt sich zwar ein Kern an EU-Identität, da die EU als Werte- und Friedensgemeinschaft anerkannt wird. Immer wieder wurden jedoch auch Zweifel an der Handlungsfähigkeit der EU geäußert, vor allem im Zusammenhang mit den Vorgängen im ehemaligen Jugoslawien. Die dezidierte Nachfrage zeigte, daß die EU aber keineswegs als Einbuße oder Verlust nationaler Identität bewertet wird, im

Gegenteil, man solle sie als Wirtschafts- und Friedensgemeinschaft stärken und rasch nach Osten ausweiten, ohne die nationale Identität dadurch zu ersetzen. Hieraus wird das *Nebeneinander* auch dieser beiden Identitäten sichtbar, aber auch die Einsicht, daß es verstärkt die Aufgabe der Politik sein muß, darauf hinzuarbeiten, eine eigenständige europäische Identität als stabile Größe entstehen zu lassen.

Interessant ist wiederum, daß sich eine Minderheit der Befragten in Ostdeutschland zugleich auch zu einer *globalen Identität* bekennen. Hier bleiben die Begründungen für ein Weltbürgertum allerdings vage und beschränken sich auf die Forderungen nach gleichen Lebenschancen und Gerechtigkeit für die Menschen in den Entwicklungsländern, für globalen Umweltschutz oder für allgemeine Friedenspostulate. Aber es zeigt sich Konsens in der Einsicht, daß unsere Verantwortung nicht an den Grenzen Europas endet. Die Überwindung von Hunger und Not in der Dritten Welt ist eine globale Herausforderung.

Die Frage der Identität ist quantitativ wie qualitativ differenziert zu betrachten. Es handelt sich um ein Nebeneinander von lokaler, regionaler, nationaler, europäischer und globaler Identität, die sich ergänzen. Jede Identität besitzt eigene Qualitäten, wandelt sich, wird immer neu erfahren und erworben.

Zur Innovation nationaler Identität

Wie aber steht es um die Qualität unserer nationalen Identität? - Unlängst erlebte ich in einer Diskussion, daß ein Kritiker vehement forderte, man solle das Gespräch über die nationale Identität sofort beenden, da sie von Intellektuellen ohne Not vom Zaun gebrochen worden sei und in der jetzigen Situation nur Unheil anrichte. Die Beiträge dieses Bandes belegen, daß es sehr wohl notwendig ist, sich zu Wort zu melden, wenn es um die deutsche Einheit und ihre Folgen geht.

Jens Reich hat zum Rücktritt Heitmanns formuliert: "Ich bedaure, daß Heitmann zurückgetreten ist. Was ich besonders bedaure, ist, daß im Osten der Eindruck entstanden ist, der hat nichts zu bestellen, weil er ein Ossi ist. Das halte ich für das Unangenehmste an der Sache. Daß Äußerungen zu kritisieren sind, das ist klar. Der Kandidat ist eben auch kein Monarch und kein Thronfolger. Es gab eine Reihe von Dingen, die zeigten, der ist aus der Ossi-Provinz, und deshalb hat er diesen Schlag abgekriegt. Das ist nicht gut angekommen in der Bevölkerung im Osten; da hat sie irritiert reagiert."[24] Solche Demütigungen und Enttäuschungen führen zur Entfremdung, vertiefen die Kluft und verhindern Identität. Ostdeutsches Minderwertigkeitsgefühl muß aber aufgelöst, Ohnmacht durch sensibles Verhalten des Westens in Selbstbewußtsein verwandelt werden, damit Identität wieder wachsen kann. Was aber soll konkret geschehen, daß durch innere Vereinigung nationale Identität entsteht und welcher Art sollte sie sein?

1. *Es ist notwendig,* Konzepte zu entwickeln, um in ganz Deutschland, vor allem aber im Osten, die Schere zwischen Arm und Reich, zwischen Oben und Unten nicht weiter auseinanderklaffen zu lassen. Dazu gehören in Ostdeutschland vor allem: Rasche Verwirklichung des Rechts auf Arbeit, damit auch Langzeitarbeitslose nicht auf Dauer ausgegrenzt bleiben; Verstärkung des sozialen Wohnungsbaus für Einkommensschwache; Umgestaltung des Familienlastenausgleichs in einen bedarfsgerechten Kinderlastenausgleich; gerechte Verteilung der Lasten auf alle Gruppen in Form eines neuen *sozialen Netzes* (die Menschen im Osten haben trotz des jahrzehntelangen Mißbrauchs der Macht durch die SED einen sicheren Sinn für soziale Gerechtigkeit ausgebildet).

2. *Es ist notwendig,* mit Hilfe von Investitionen, unter Ausschluß ineffektiver Bürokratien (z.B. Vereinfachung des Steuerrechts) rasch raumordnende Maßnahmen zu ergreifen, um gleichwertige regionale Lebensbedingungen zu schaffen. Dies ist expressis verbis im Grundgesetz, Art. 72 (2) 3 GG, im Bundesraumordnungsgesetz § 1, § 2 sowie im Bundesraumordnungsprogramm von 1975, I.1., Abs. 2 zugesichert: "Gleichwertige Lebensbedingungen im Sinne dieses Programms sind gegeben, wenn für die Bürger in allen Teilen des Bundesgebiets ein quantitativ und qualitativ angemessenes Angebot an Wohnungen, Erwerbsmöglichkeiten und öffentlichen Infrastruktureinrichtungen in zumutbarer Entfernung zur Verfügung steht und eine menschenwürdige Umwelt vorhanden ist; in keinem dieser Bereiche soll ein bestimmtes Niveau unterschritten werden." Es geht also nicht mehr um die Entwicklung eines punkt-axialen Systems, sondern um die *jeweils vorrangige Entwicklung der endogenen Potentiale* eines jeden Raumes, vorrangig um eine ihm angemessene Ausstattung. Hierbei sollte man verstärkt auf die negativen Folgen eines Akkulturationsprozesses achten.[25] Wenn man den Menschen in Ostdeutschland durch Akkulturation lokale und regionale Identifikationsräume überformt und zerstört, ist auch ihre nationale Identität bedroht.

3. *Es ist notwendig,* daß sich die Menschen im Westen und im Osten Deutschlands gegenseitig wahrnehmen, einander verstehen und voneinander lernen. Nur so lassen sich Mauern in den Köpfen und in den Herzen überwinden. Jahrzehntelang haben die Menschen ganz andere Lebenserfahrungen gesammelt. Nun ist *ein neuer gesellschaftlicher Konsens* notwendig, der nicht mehr durch den Druck der Systeme, sondern von Einsicht, Vertrauen und Verantwortung getragen werden sollte, damit neue Identität wachsen kann. Das verlangt Behutsamkeit im Umgang miteinander, Achtung und Solidarität, was nicht heißen soll, einem "Harmoniemodell" das Wort zu reden. Wichtige soziökonomische Neuansätze sind darin zu suchen: Viele Reiche im Westen müssen ihr *Verhältnis zum Geld ändern* und viele Menschen im Westen sollten ihr *Verhältnis zum Faktor Zeit überprüfen.* Bedeutet das nicht, Identität neu lernen und einüben? - Zeit ist im Westen ein harter Standortfaktor geworden. Zeitgefühl und Zeitmaß unterscheiden sich gravierend in West- und Ostdeutschland. "Viele im Westen erleben Zeit nicht mehr als Kontinuität, als erfüllte Dauer. Diese Leute haben

die Zeit eingeteilt in winzige kleine Bits, und die werden der Reihe nach münzenweise ausgegeben. Ich habe das östliche Zeitgefühl erlebt: mehr Zeit haben. Man könnte darüber nachdenken, ob Zeit nicht zu sehr als Kapital betrachtet, in Effizienz ausgedrückt wird. Es gibt auch noch andere Dinge. Der Umgang der Menschen miteinander ist im Osten wesentlich ruhiger, konsensfähiger. Das sehen sie schon, wenn sie hören, daß Bärbel Bohley gesagt hat: 'Mit dem Heitmann darf man so nicht umgehen'. In der Westlichen Arbeitswelt geht man ganz scharf, wettbewerbs-, konkurrenzartig miteinander um. Wir hatten da eine andere Kultur. Natürlich hat das alles ja auch Nachteile: Unser Zeitgefühl war von einer gewissen Laisser-faire-Haltung begleitet, und damit sind wir ja nicht gut gefahren. Aber Sie müssen selbst urteilen, was Sie lernen können."[24] (Jens Reich) - Sollte man sich nicht fragen, was Lebensglück bedeutet? Hat dies nicht etwas mit Identifikation zu tun? - Sicherlich werden die Mentalitätsunterschiede zwischen Ost und West vermutlich noch lange bleiben. Ein genaues Hinhören und Wahrnehmen wird jedoch kulturelle Bereicherungen offenbaren.

Viele Menschen müssen ihr *Verhältnis zum Faktor Raum neu ordnen.* Durch die Verkürzung der Distanzen glauben Menschen, Räume stehen stets und in jeglicher Nutzung zur Disposition, ohne zu beachten, daß Räume Charaktere haben. Auch die Natur läßt sich nicht ungestraft pressen und Kulturlandschaften verlieren allzu schnell ihre identifikationsbildende Eigenart. Dies gilt es zu beachten bei den raumwirksamen Veränderungen der Geofaktoren in Ostdeutschland.

4. *Es ist schließlich notwendig,* nationale Identität neu zu fassen, zu begreifen und zu bestimmen. Dies ist möglich durch die Besinnung auf *die sittlichen Werte unserer Verfassung,* in denen sich Menschlichkeit und Freiheitlichkeit ausdrücken. Hans-Dietrich Genscher fordert: "Es ist notwendig, daß gerade das vereinte Deutschland jenen Verfassungspatriotismus lebt, der alle Politikbereiche auf die Grundwerte unserer Verfassung gründet. Eine so verstandene größte Verantwortung eröffnet auch die Chance, das Verhältnis von Bürgern und Politik neu zu bestimmen."[25] Das bedeutet nichts anderes als nationale Identität im Sinne von völkisch-genealogischer Identität zu überwinden, rückwärts gewandte, auf Abgrenzung bedachte Identität überflüssig zu machen. Ernst machen mit der Verfassung bedeutet, einen neuen Politikdialog zu beginnen, um nationale Normalität durch Stärkung des Staatsbürgerrechts in Ost und West anzustreben. Eine Voraussetzung für eine neue nationale Identität wäre u.a. - auch unter den Aspekten europäischer und globaler Identität - gegeben, wenn in Deutschland nicht mehr das Abstimmungsrecht, sondern wie in anderen westlichen Ländern das *ius soli* gelte (danach wäre Deutscher, wer in Deutschland geboren wird). So verstanden ist Nation eben nicht mehr völkisch-genealogisch, sondern staatsbürgerlich-territorial zu definieren.

Identität neu erfahren, begriffen, erlernt, gelebt, *staatsbürgerlich-territoriale Identität,* bedarf aber vor allem der Angleichung von Oben und Unten, um die Chance zu eröffnen, unterschiedliche Identitätsräume wiederzugewinnen. Erst dann kann neue nationale Identität wachsen.

Anmerkungen

1 Mai, Ulrich: Kulturschock und Identitätsverlust. Über soziale und sinnliche Enteignung von Heimat in Ostdeutschland nach der Wende. In: Geographische Rundschau 45, 1993, H. 4, S. 232

2 Greverus, Ina Maria: Kultur und Alltagswelt. Eine Einführung in kulturanthropologische Fragestellungen. München 1978, S. 219 ff. - Mai, Ulrich: Gedanken über räumliche Identität. In: Zeitschrift für Wirtschaftsgeographie 33, 1989, H. 1/2, S. 12 ff. - Weichhart, Peter: Heimatbindung und Weltverantwortung. Widersprüche oder komplementäte Motivkonstellationen menschlichen Handelns? In: Geographie heute 1992, H. 100, S. 32. - Raisch, Herbert: Vom Heimatbegriff und seinen Wirkungen. Ein Essay. In: Heimatbewußtsein und Weltkenntnis. Der Erdkundelehrer in Baden-Württemberg. Sonderheft Heinsberg 1987, S. 29 ff.

3 Daten: Statistisches Bundesamt. - Wildermuth, Jörg: Die gedemütigte Gesellschaft. In: Südwestmagazin vom 2.10.1993, S. 1

4 Qualifizierte Befragung vom 2.6.1993 in Hermsdorf (Erzgebirge). Im Februar 1994 wurden für DWA Hermes-Bürgschaften gewährt.

5 Flitner, Andreas: Kollektive Ohnmacht und Gewalt. Bemerkungen zur Jugendszene in den neuen Bundesländern. In: Südwestpresse vom 20.11.1993, S. 35

6 Mai, Ulrich: 1993 a.a.O. S. 233

7 Opaschowski, Horst W.: Freizeit und Lebensqualität. Perspektiven für Deutschland vom B.A.T. Freizeit-Forschungsinstitut. Schriften zur Freizeitforschung Bd. 11. Hamburg 1993, S. 37

8 Flitner, Andreas: Ebda.

9 Schütz, A.: Der Fremde. Ein sozialpsychologischer Versuch. In: A. Schütz: Gesammelte Aufsätze II. Studien zur soziologischen Theorie. Den Haag 1972, S. 67. Mai, Ulrich: a.a.O. S. 236

10 Landeskriminalamt des Freistaats Sachsen (Hrsg.): Bericht zur Jugendkriminalität im Freistaat Sachsen. Dresden 1994

11 Ebda. S. 23

12 Ebda. S. 48 ff.

13 Wildermuth, Jörg: Ebda.

14 Qualifizierte Befragung vom 4.6.1993 in Dresden

15 Südwestpresse vom 21.1.1994, o.S.

16 Paritätischer Wohlfahrtverband und Deutscher Gewerkschaftsbund (Hrsg.): Erster gesamtdeutscher Armutsbericht. Bonn 1994, S. 11, 28, 36, 53 ff.

17 Qualifizierte Befragung vom 2.6.1993 in Hermsdorf (Erzgebirge)

18 Maaz, Hans-Joachim: Psychosoziale Aspekte im deutschen Einigungsprozeß. In: Aus Politik und Zeitgeschichte, B 19, 3.5.1991, S. 7. Vgl. auch Moeller, Michael Lukas und Maaz, Hans-Joachim: Die Einheit beginnt zu zweit. Ein deutsch-deutsches Zwiegespräch. Hamburg 1993.

19 Zit. nach Greiffenhagen, Martin und Sylvia: Die Mauer in den Köpfen. Eine Nation - zwei politische Kulturen. In: Stuttgarter Zeitung vom 11.12.1993, S. 49

20 Handelsblatt vom 10./11.12.1993, S. G 8

21 Greiffenhagen, Martin und Sylvia: Ein schwieriges Vaterland. Zur politischen Kultur im vereinigten Deutschland. München 1993, passim

22 Hrbek, Rudolf: Bauen am europäischen Haus. Zwischen deutscher und europäischer Identität. In: Südwestmagazin vom 31.12.1992, S. 1

23 Hans-Dietrich Genscher: Quo vadis Deutschland? Rede in der Universität Hohenheim. Mitt. d. Universitätsbundes Hohenheim, 23. Jg., H. 2, Oktober 1993, S. 14 f.

24 Stuttgarter Zeitung vom 28.1.1994, S. 3

25 Feist, Ursula: Zur politischen Akkulturation der vereinten Deutschen. In: Aus Politik und Zeitgeschichte, B 11-12, 1991, S. 32 f.

Autorenverzeichnis

Prof. Dr. Ulrich Bubenheimer
Berggasse 104
72762 Reutlingen

Prof. Dr. Gerd Hepp
Speckbachweg 14
79111 Freiburg

Prof. Dr. Dagmar Klose
Am Neuen Palais 10
14469 Potsdam
Haus 11

Prof. Dr. Joachim Maier
Heinrich-von-Kleist-Str. 7
69198 Schriesheim

Prof. Dr. Udo Margedant
Kümpelerstr. 30
53773 Hennef

Prof. Dr. Herbert Raisch
Bismarckstr. 49
72127 Kusterdingen

Prof. Dr. Dr. Herbert Schneider
Am Gertberg 29
69437 Neckargerach

Prof. Dr. Norbert Scholl
Angelhofweg 24 b
69259 Wilhelmsfeld

Prof. Dr. Herbert Schweizer
Hermann-Walker-Str. 5 a
69151 Neckargemünd

Prof. Dr. Jörg Thierfelder
Im Greut 29/3
73770 Denkendorf

Prof. Dr. Uwe Uffelmann
Im Bildsacker 23
69151 Neckargemünd-Dilsberg

FORSCHEN - LEHREN - LERNEN
Beiträge aus dem Fachbereich IV (Sozialwissenschaften)
der Pädagogischen Hochschule Heidelberg

In der Reihe FORSCHEN - LEHREN - LERNEN sind bisher erschienen:

Armin Reese (Hrsg.)
● Eigenständigkeit und Integration ●
Das Beispiel Rhein-Neckar-Raum
FLL Band 1, 288 Seiten, ISBN 3-7883-0862-1, kartoniert, DM 36,60 / öS 256,20 / sFr 36,60

Uwe Uffelmann (Hrsg.)
● Das Land zwischen Rhein und Odenwald ●
Eine Ringvorlesung zur Region
FLL Band 2, 224 Seiten, ISBN 3-7883-0861-3, kartoniert, DM 25,80 / öS 180,60 / sFr 25,80

Gunter Thiele (Hrsg.)
● Demokratisierung ●
● in der Französischen Revolution ●
Wirkungen auf Deutschland
FLL Band 3, 272 Seiten, davon 36 Seiten zeitgenössische Zeugnisse, 45 Bilddokumente,
9 Musikbeispiele mit Noten,
ISBN 3-7883-0870-2, kartoniert, DM 39,50 / öS 276,50 / sFr 39,50

Uwe Uffelmann in Verbindung mit Sabine Andresen, Dieter Burkhard,
Andreas Cser, Clemens Dahl, Hans-Jürgen Pandel, Heinz Pfefferle
● Problemorientierter Geschichtsunterricht ●
- Grundlegung und Konkretion -
FLL Band 4, 276 Seiten, ISBN 3-7883-0871-0, kartoniert, DM 39,50 / öS 276,50 / sFr 39,50

Zu beziehen sind diese Titel über den Buchhandel oder direkt über

Schulz-Kirchner Verlag
Schulz-Kirchner Verlag
Itzbachweg 2 / Postfach 9
D-65505 Idstein
Tel. (0 61 26) 5 22 01

FORSCHEN - LEHREN - LERNEN
Beiträge aus dem Fachbereich IV (Sozialwissenschaften)
der Pädagogischen Hochschule Heidelberg

Gerhard Büttner / Walter Dietz / Jörg Thierfelder (Hrsg.)
Religionsunterricht im Urteil der Lehrerinnen und Lehrer
Ergebnisse und Bewertungen einer Befragung Evangelischer ReligionslehrerInnen der Sek. I in B.-W.

FLL Band 6, 140 Seiten, ISBN 3-8248-0206-6, kartoniert, DM 28,60 / öS 200,20 / sFr 28,60

Dieses Buch enthält die Ergebnisse einer Befragung von über 400 evangelischen ReligionslehrerInnen zu verschiedenen Aspekten des Religionsunterrichts. Es geht um die Erwartungen der Schülerinnen und Schüler, um Schulbücher und alternative Unterrichtsformen und vor allem um den alten Lehrplan und Wünsche an einen neuen. Diese Befunde werden in einzelnen Beiträgen kommentiert und weitergeführt. Lehrplanmacher und -gestalter werden von den Ergebnissen und Anregungen profitieren können und für die empirisch orientierte Religionspädagogik ergeben sich einige interessante Einsichten und Fragestellungen. ReligionslehrerInnen vor Ort erhalten Anregungen für den eigenen Unterricht.

Dagmar Klose / Uwe Uffelmann (Hrsg.)
Vergangenheit - Geschichte - Psyche
Ein interdisziplinäres Gespräch

FLL Band 7, 224 Seiten, ISBN 3-8248-0207-4, kartoniert, DM 39,80 / öS 278,60 / sFr 39,80

Der Band dokumentiert eine interdisziplinäre wissenschaftliche Tagung vom Mai 1993 in Petzow, mit der sich der neu eingerichtete Lehrstuhl für Didaktik der Geschichte im Fachbereich Geschichtswissenschaften an der Universität Potsdam vorstellte, um seinen kognitionspsychologischen Forschungsansatz zu verhandeln.
Die Konferenz für Geschichtsdidaktik wurde um Unterstützung gebeten, da der Veranstalter seine Aktivitäten auch in die Bemühungen der Vereinigung der Geschichtsdidaktiker Deutschlands einbinden möchte, durch intensives Ost-West-Gespräch einen Beitrag der Disziplin zur inneren Wiedervereinigung zu leisten. Ein wesentliches Anliegen der Tagung bestand darin, sowohl die ostdeutschen Potentiale verschiedener Disziplinen zum Thema "Vergangenheit - Geschichte - Psyche" für die Weiterentwicklung der Geschichtsdidaktik verfügbar zu machen, als auch heutige geschichtliche Vorstellungen und politische Einstellungen von Schülern, Studenten und Lehrern der ehemaligen DDR im Hinblick auf Revisionskompetenz und zukünftiges historisches Lernen zu diskutieren.

Angelika Westermann
Entwicklungsprobleme der Vorderösterreichischen Montanwirtschaft im 16. Jh.
Eine verwaltungs-, rechts-, wirtschafts- und sozialgeschichtliche Studie als Vorbereitung für einen multiperspektivischen Geschichtsunterricht

FLL Band 8, 220 Seiten, ISBN 3-8248-0208-2, kartoniert, DM 39,00 / öS 273,00 / sFr 39,00

Die Bergbauorte Todtnau / Todtnauberg im Schwarzwald, Masevaux, Auxelles und Giromagny im Sundgau sowie St. Marie-aux-Mines im Lebertal werden erstmals gemeinsam als Amtssitze einer einheitlichen Montanverwaltung Vorderösterreichs dargestellt. Den Rahmen dafür gab die Bergordnung Maximilians I. von 1517 ab, die im Laufe des 16. Jahrhunderts nur an wenigen, wenn auch aufschlußreichen Stellen verändert wurde. Um zu erkennen, wie die Verwaltung des Berg- und Hüttenwesens ihre täglichen Aufgaben bewältigte, werden alle Ämter vom Bergrichter bis zum Silberbrenner und ihre Kompetenzen untersucht. Erst danach läßt sich das von dieser Verwaltung erzeugte massenhafte Schriftgut in seiner Interessengebundenheit beschreiben und anschließend die Entwicklungsprobleme der vorderösterreichischen Montanwirtschaft begründet ableiten. Die Zusammenfassung belegt nicht nur die überaus große Bedeutung einer verwaltungsgeschichtlichen Untersuchung für alle Fragestellungen der Bergbaugeschichte, sondern sie ermöglicht anschließend überzeugend nachzuweisen, daß erst auf diesem Wege ein eine alte europäische Grenze überschreitender, regionalgeschichtlich orientierter und der Multiperspektivität verpflichteter Geschichtsunterricht möglich wird.

Zu beziehen sind diese Titel über den Buchhandel oder direkt über den
Schulz-Kirchner Verlag • Postfach 9 • D-65505 Idstein • Tel. (0 61 26) 5 22 01